刑罚原理纲要

金翼翔 著

中国政法大学出版社
2019·北京

校庆筹备工作领导小组

组　长： 夏小和　刘晓红

副组长： 潘牧天　刘　刚　关保英　胡继灵　姚建龙

成　员： 高志刚　韩同兰　石其宝　张　军　郭玉生　欧阳美和　王晓宇　周　毅　赵运锋　王明华　赵　俊　叶　玮　祝耀明　蒋存耀

总序 GENERAL PREFACE

三十五年的峥嵘岁月，三十五载的春华秋实，转眼间，上海政法学院已经走过三十五个年头。三十五载年华，寒来暑往，风雨阳光。三十五年征程，不忘初心，砥砺前行。三十五年中，上海政法学院坚持“立足政法、服务上海、面向全国、放眼世界”，秉承“刻苦求实、开拓创新”的校训精神，走“以需育特、以特促强”的创新发展之路，努力培养德法兼修、全面发展，具有宽厚基础、实践能力、创新思维和全球视野的高素质复合型应用型人才，在中国特色社会主义法治建设征程中留下了浓墨重彩的一笔。

学校主动对接国家和社会发展重大需求，积极服务国家战略。2013 年 9 月 13 日，习近平主席在上海合作组织比什凯克峰会上宣布，中方将在上海政法学院设立“中国-上海合作组织国际司法交流合作培训基地”，愿意利用这一平台为其他成员国培养司法人才。此后，2014 年、2015 年和 2018 年，习主席又分别在上合组织杜尚别峰会、乌法峰会、青岛峰会上强调了中方要依托中国-上合基地，为成员国培训司法人才。2017 年，中国-上合基地被上海市人民政府列入《上海服务国家“一带一路”建设、发挥桥头堡作用行动方案》。五年来，学校充分发挥中国-上合基地的培训、智库和论坛三大功能，取得了一系列成果。

入选校庆系列丛书的三十五部作品印证了上海政法学院三十五周年的发展历程，也是中国-上海合作组织国际司法交流合作培训基地五周年的内涵提升。儒家经典《大学》开篇即倡导：“大学之道，在明明德，在亲民，在止于至善。”三十五年的刻苦，在有良田美池桑竹之属的野马浜，学校历经上海法律高等专科学校、上海政法管理干部学院、上海大学法学院和上海政法学院等办学阶段。三十五年的求实，上政人孜孜不倦地奋斗在中国法治建设的道路上，为推动中国的法治文明、政治进步、经济发展、文化繁荣与社会和谐而不懈努力。三十五年的开拓，上海政法学院学科门类经历了从单一性向多元性发展的过程，形成了以法学为主干，多学科协调发展的学科体系，学科布局日臻合理，学科交叉日趋完善。三十五年的创新，在我国社会主义法治建设进程中，上海政法学院学科建设与时俱进，为国家发展、社会进步、人民福祉献上累累硕果和片片赤诚之心！

所谓大学者，非谓有大楼之谓也，有大师之谓也。三十五部作品，是上海政法学院学术实力的一次整体亮相，是对上海政法学院学术成就的一次重要盘点，是上政方家指点江山、激扬文字的历史见证，也是上海政法学院学科发展的厚重回声和历史积淀。上海政法学院教师展示学术风采、呈现学术思想，如一川清流、一缕阳光，为我国法治事业发展注入新时代的理想与精神。三十五部校庆系列丛书，藏诸名山，传之其人，体现了上海政法学院教师学术思想的精粹、气魄和境界。

红日初升，其道大光。迎着佘山日出的朝阳，莘莘学子承载着上政的学术灵魂和创新精神，走向社会、扎根司法、面向政法、服务社会国家。在佘山脚下这座美丽的花园学府，他们一起看情人坡上夕阳抹上夜色，一起欣赏天鹅一家漫步在上合基地河畔，一起奋斗在落日余晖下的图书馆。这里记录着他们拼搏的青春，放飞着他们心中的梦想。

《礼记·大学》曰："古之欲明明德于天下者，先治其国。"怀着修身、齐家、治国、平天下理想的上政师生，对国家和社会始终怀着强烈的责任心和使命感。他们积极践行，敢为人先，坚持奔走在法治实践第一线；他们秉持正义，传播法义，为社会进步摇旗呐喊。上政人有着同一份情怀，那就是校国情怀。无论岁月流逝，无论天南海北，他们情系母校，矢志不渝、和衷共济、奋力拼搏。"刻苦、求实、开拓、创新"的校训，既是办学理念的集中体现，也是学术精神的象征。

路漫漫其修远兮，吾将上下而求索。回顾三十五年的建校历程，我们有过成功，也经历过挫折；我们积累了宝贵的办学经验，也总结了深刻的教训。展望未来，学校在新的发展阶段，如何把握机会，实现新的跨越，将上海政法学院建设成一流的法学强校，是我们应当思考的问题，也是我们努力的方向。不断推进中国的法治建设，为国家的繁荣富强做出贡献，是上政人的光荣使命。我们有经世济民、福泽万邦的志向与情怀，未来我们依旧任重而道远。

天行健，君子以自强不息。著书立说，为往圣继绝学，推动学术传统的发展，是上政群英在学术发展上谱写的华丽篇章。

上海政法学院党委书记 夏小和 教授

上海政法学院校长 刘晓红 教授

2019 年 7 月 23 日

序 I PREFACE I

高铭暄〔1〕

金翼翔博士的专著《刑罚原理纲要》即将出版，特邀我为之作序，我欣然应允。

论起来金翼翔博士和我还是有点渊源。我的老家在浙江玉环，早年间玉环县属于温州市（后划归为台州市），翼翔也是温州人，所以和我还是老乡。更巧的是，我的高中是在温州中学度过，后来得知翼翔也毕业于温州中学，如此跟我还可以算是校友。翼翔是赵秉志教授指导的博士，赵秉志教授是我指导的博士，论辈分论年纪，都可以算是我的徒孙一辈。不仅如此，翼翔的博士学位论文答辩的时候，我还是他的答辩委员会主席，所以与本书也是颇有渊源。

将要出版的《刑罚原理纲要》乃是以金翼翔博士的博士学位论文为基础修改而来，原题目叫作《刑罚本质论纲》。博士论文答辩乃是获得博士学位的实质学术评审的最后环节，翼翔的博士论文答辩过程因为时隔多年，许多细节我已经记不太清，不过大致印象还是有的。只记得他的整体理论体系是非常宏大的，他自己对于理论中的许多基本概念也都提出了独创性的观点，这些观点当时还是引起了不小的争议，答辩委员会的专家们对这些观点的意见

〔1〕 高铭暄，男，汉族，中共党员，1928年5月生，浙江玉环人，中国人民大学法学院教授，北京师范大学京师刑事法律科学研究院名誉院长、京师首席专家，中国刑法学研究会名誉会长。他是当代著名法学家和法学教育家，新中国刑法学的主要奠基者和开拓者。作为唯一全程参与新中国第一部刑法典制定的学者、新中国第一位刑法学博导、改革开放后第一部法学学术专著的撰写者和第一部统编刑法学教科书的主编者，为我国刑法学的人才培养与科学研究做出重大贡献。高铭暄教授于2019年9月暨新中国成立七十周年之际荣获“人民教育家”国家荣誉称号。

也存在不小的分歧，我当时也对其中的概念选用等问题提出了批评意见。整个答辩过程应该说也是非常激烈，不过翼翔最终还是通过了这一考验。

应该说刑罚本质的这一选题我还是认可的。我国刑法学研究在相当长的一段时期内主要侧重于犯罪论的部分，而对刑罚论的研究相对较少。但是研究较少并不代表不够重要。刑罚原理本身应该是刑法学研究非常重要的部分，具有奠定刑法学研究逻辑基础的地位。因此应当鼓励年轻学者向这些重要但是相对冷门的领域进军。

翼翔博士毕业后在上海政法学院任教，本书出版也正值上海政法学院建校三十五周年纪念之际。上海政法学院是一所在法学专业领域颇有影响的学校，尤其是其刑事法学科群更是在全国享有很高的知名度。《刑罚原理纲要》一书的主题也很能体现上海政法学院的专业特色，很具有代表性。

祝愿金翼翔博士学术事业英姿勃发，也祝愿上海政法学院事业各项蒸蒸日上！

是为序。

高铭暄

2019年9月

序 II PREFACE II

刑罚基础理论研究的新探索

——金翼翔著《刑罚原理纲要》序言

赵秉志[1]

欣闻金翼翔博士的专著《刑罚原理纲要》即将出版，该书在以其博士学位论文《刑罚本质论纲》的基础上修改而成，今日能够顺利付梓并即将面世，作为他博士生导师，我自然为他感到由衷的高兴。

翼翔君本科、硕士都毕业于西北政法大学，2011年考入北京师范大学刑事法律科学研究院跟随我攻读刑法专业博士学位。那一年我指导了两名博士生，还有一位是王鹏祥，现任河南师范大学法学院院长和刑法学教授。我国传统典故中便有大鹏金翅鸟一说，他们二人名字似乎都与这一传说有关，预示着展翅翱翔之意。

在我曾经指导的数十位博士生中，翼翔君算是很有鲜明性格的一位。他快人快语，特立独行，不喜人云亦云。俗语讲文如其人，而为人之性格也会在其论著学术著作中得到体现。翼翔的博士论文选题及其将要出版的《刑罚原理纲要》便是如此。对于我所指导的博士生，根据当时国家刑事法治的热点和我的学术关注重点，我往往会给他们的博士论文选题方向有一个大致的建议，而博士生们也大多会侧重围绕我的建议选择博士论文选题。比如翼翔这一届及其前面两届的博士都选择的是偏重与死刑改革有关的主题，其后两届的研究方向则转向为反腐败刑事法治的主题，唯独翼翔君的博士论文选题

〔1〕 赵秉志，北京师范大学刑事法律科学研究院教授、博士生导师，新中国首届刑法学博士，中国刑法学研究会会长。

可谓独树一帜。

翼翔他的博士论文选题为《刑罚本质论纲》，看到这个题目，刚开始我是有点担心的。因为这个选题属于基本理论问题，博士学位论文一般提倡“小题大做”，即抓住某个理论节点进行深入研究，而这种基本理论的宏大叙事则需要全面把握和长期沉淀。记得那一天在办公室讨论他的博士论文选题时，正好我的同事刘志伟教授也在，我们对他的这个选题以及备选题目都进行了讨论。后来翻看翼翔入学时的研究计划确实就是以此为主题，说明他的研究旨趣一以贯之，没有改变；根据他所提供的材料，他在选题之际就已经成文数万字，可见他对于自己的学术规划还是有一定的准备和信心的。另一方面，刑罚原理属于刑法学的基本理论，同时也涉及犯罪学、刑事执行法学、刑事政策学乃至心理学、社会学等相关学科的理论知识，具有丰富的学术内涵，但是我国刑法学研究在刑罚论方面的研究相比较犯罪论而言要薄弱一些，这些年我国刑法学界不少学者都认识到这一点而在努力予以弥补，多年来我也比较注意引导博士生选择刑罚论部分的内容为博士论文选题，但刑罚基础理论方面的选题由于难度较大、不容易把握和写好，而常常让人望而却步。[1]所以，看到有年轻学者愿意在刑罚基础理论领域进行耕耘，为该领域研究添砖加瓦，应当予以肯定和鼓励。于是我们最终决定尊重翼翔个人的学术兴趣，也选择相信他的学术钻研能力。这样就通过和肯定了他的博士论文以刑罚原理为选题。经过深入研究和认真写作，他的博士论文最终通过了答辩，他也顺利获得了法学博士学位。

2013年年底，当时北京师范大学刑事法律科学研究院正好召开国际会议，翼翔因为英语能力比较突出，所以给他安排了接待美国专家的任务。据翼翔讲就是在与美国专家的交流过程中，他介绍了自己的研究，美国专家对此表示很感兴趣于是邀请他专程赴美做了一场学术报告。这一经历也从侧面印证了翼翔的研究也得到了外国刑事法学者的关注与认可，也取得了一定的国际影响。

《刑罚原理纲要》一书从学术脉络上看，既具有继承性，又具有开创性。

---

〔1〕 在我自1993年至2019年指导并已通过答辩的71篇刑法学博士论文中，属于刑罚总论范畴的有26篇，约占比三分之一强，但大多是关于刑罚种类和刑罚制度的研究之作，关于刑罚基础理论的研究非常之少。参见赵秉志：《大变革时代的中国刑法问题研究——赵秉志自选集》，法律出版社2017年版，附录三：赵秉志教授指导的博士名录，第834~840页。

一方面，该书主要分为两大部分，一是刑罚报应论，二是刑罚功利论。这两部分理论乃是刑罚原理的基本内容，从刑法学的肇始之初便奠定了其基本结构，而本书也继承了这一基本理论框架并对之进行了深入的研究。另一方面，该书在概念选用、理论体系等方面也做出了作者自己的贡献，既对相关概念进行了调整，更重要的是对现有理论体系进行了拓展，比如在报应论部分，该书尝试创建了新的理论体系，将刑罚报应论分为社会属性和规范属性，并将社会属性分为报复性和该当性；将规范属性分为权威来源、评价标准、主体关系，这些内容都是以往论述报应论的论著所不具备的。而在功利论部分，本书将传统三层五元的体系拓展到五层十三元，进行了大幅度的理论建构探索。这些内容都标志着本书对刑罚基本理论进行重要创新的探索和贡献，是本书最难能可贵之处。

翼翔博士毕业后得以进入上海政法学院任教。该校有我所熟悉的诸多刑法学界的同行好友，如该校闫立（严励）教授、姚建龙教授、彭文华教授等。我前不久开会遇到这些朋友也曾询问翼翔近况，他们都表示翼翔热爱教学，工作努力。据翼翔自己所说，所在学校暨学院领导对他关怀有加，并鼓励他在教学和科研方面都做出成绩。因此，他在繁忙的教学工作之余，经过一段时间的努力，将其博士论文修改充实成书稿交付出版，这说明他没有辜负我当初的信任和那些对他博士论文进行评阅、答辩的导师们的肯定，也没有辜负他所在单位领导们的期望。

据悉，本书乃是作为上海政法学院建校三十五周年校庆纪念丛书出版，学校在所有提交的出版申请中选取了三十五本纳入该丛书予以出版以兹纪念，由此可见该套丛书的整体出版规格和学术定位很高，能够入选该套丛书也是一种荣幸，作为翼翔的博士导师我也为此感到高兴。

最后，衷心祝愿金翼翔博士在学术道路上继续努力，能够出版更多优秀的作品。也向上海政法学院三十五周年校庆表示祝贺，祝愿该校蓬勃发展，为中国法治事业培养输送更多的优质人才。

是为序。

赵秉志
2019 年 9 月 23 日

前言 FOREWORD

本书依据本人博士论文《刑罚本质论纲》修改而成。原博士论文《刑罚本质论纲》包含两大部分内容，分别是《刑罚报应论纲》和《刑罚功利论纲》，其中《刑罚功利论纲》同时也是本人的硕士论文。由于报应与功利的话题存在内在关联性，本人在硕士论文写作过程中不仅撰写了《刑罚功利论纲》（三万字），还另外撰写了《刑罚报应论纲》（三万字）。本人博士论文的最初写作计划是写作《刑罚本质三大纲要》，即《刑罚报应论纲》《刑罚功利论纲》《刑罚权论纲》，其中前两部分的写作较为顺利，在原有研究的基础上对理论体系上做出了拓展和创新，并对内容和篇幅进行了充实和完善，可惜的是《刑罚权论纲》的写作当时未能完成（至今尚未完成），因此博士论文最终仅收录了《刑罚报应论纲》和《刑罚功利论纲》两大部分，而没有收入《刑罚权论纲》，并以《刑罚本质论纲》（十五万字）定稿。

本人对本书出版规划如下：第一版题为《刑罚原理纲要》，内容收录《刑罚报应论纲》与《刑罚功利论纲》；第二版题为《刑罚原理》，对前书原有内容进行充实完善，并增加收录《刑罚权论纲》；第三版题为《刑罚学》，将前书《刑罚原理》作为该书的总论，并对原有内容进行充实完善，并设置分论部分，论述具体刑罚制度、刑罚实证研究、刑罚比较研究等内容。

本书力图实现语句简明扼要。这种做法的原因在于两个方面：①本书理论体系庞大，部分概念较为复杂，语句冗长不便阅读。②不以文学修辞弥补论述不足。笔者在文献考察时发现，很多学者在理论建构无法深入的情况下就试图加强语句的文学性表达来弥补论述的薄弱，笔者反对这种“掺水”的做法和治学态度，因此行文力求简明扼要。

本书将参考文献按照与主题的关联程度进行分类，共分为两大类六小类，两大类分别是专题文献和综合文献，专题文献分为：刑罚报应论、刑罚功利论、刑罚、刑事法律科学这四个小类，综合文献分为：法学、哲学社会科学两个小类，共计两大类六小类。

这种参考文献编排体例的优势在于：①参考文献能够反映作者的文章质量，方便读者了解作者的文献掌握情况，从而方便读者对文章作出评价。②方便读者查找所需文献信息。

本人对引注做出了改进。引注的宗旨是方便读者进行反向文献考察，因此对于同时存在期刊发表、文集收录、译文的文献，笔者会尽可能为读者提供全面信息，方便读者进行反向文献考察。除此以外，笔者对本书引注作了以下改进：

（1）用脚注不用尾注。要看尾注每次都要翻到文章（或书）的结尾，以章节为单位的尾注则位于书的中间，且每章之后都有。这些做法为阅读带来极大不便，不仅缺乏效率，还会加速书籍磨损。又如 APA 规范的引注在正文仅表明作者姓氏和出版年份，如（Robinson 2013），在尾注中查找原文很不方便，如果同一作者在同年的著作不止一篇，更会造成信息冲突。相比之下，脚注就在引文同页，只要低头就可看到。当前著作的引注已经越来越多采用脚注的形式，但部分论文尤其是自然科学的论文依然采用尾注，因此倡导一种新的学术规范是有必要的。

（2）用原文不用译文。脚注的文献出处用原文表示，必要时作简要翻译。引注是为了方便读者检索原文，如果用中文表示，那么读者就无法追踪文献。所以外文脚注全部采用原文。引用外文时，笔者会尽量附上已出版或发表的中文译本，笔者引用中文译本时也会尽量附上原文及其文献出处。

（3）用全称不用缩写。引注采用缩写的情况有若干种，一种是重复引用同一著作时采用“同前注 X”的方式，这种情况在中文和外文中都存在。这种做法的弊端在于查找引注就要翻页，检索极其不便。另一种缩写情况是外文引注对刊物名称采用缩写，这种情况既可能导致刊物信息冲突，也会对读者理解造成很大困扰。对此进行辩护的理由是学术传统，但这种理由在当代早已过时。缩写的原因在于早年印刷技术的限制，引注太多会造成铅字短缺、排版烦琐，这种弊端在以字母为语言单位的西方更为严重。现代印刷采用激光照排技术，电脑编辑文本，上述弊端早已不复存在。这种情况下，引注格式应当尽量保证信息准确，方便读者理解。出于习惯的考虑，笔者会在必要之处在缩写引注之后附上全称。

（4）用最优而非最新。许多注释规范会要求作者引用译著时选用最新译本，这种做法要求太苛刻，并非所有作者都有能力获得最新出版的文献。而最新版的文献其内容也未必是最优的。所以对有多个译本的经典著作，笔者会尽量考察多个译本并选取其中最优文本。

目 录 CONTENTS

CHAPTER1 第1章

绪 论

刑罚原理，报应功利，二元一体，对立统一。

1.1 引 言

刑罚原理的研究旨在回答一个问题：为什么惩罚犯罪人？而这一领域的研究在经历了两千多年的思想争鸣后形成了报应与功利二元对立统一的基本理论格局。笔者的研究以这一框架为基础，对报应与功利的理论各有发展，并在发展的基础上对其对立统一关系作了更加细致的建构，也使得我们对“为什么惩罚犯罪人”这一终极命题有了更为深刻的理解。本章前言部分旨在将学界研究与笔者研究做一对比，从而使读者能够迅速了解本书的价值之所在。

本书力图实现写作体例清晰，因此主体内容分为刑罚报应论和刑罚功利论两部分，每部分除概念以外，主要包括历史梳理和理论体系两大部分。笔者将所有前人理论都纳入历史梳理部分，而将笔者的独立贡献集中于理论体系之中。当然，尽管历史梳理部分主要针对前人理论，但依然包含笔者学术贡献，如新学说的介绍、学术发展的误读与纠正。

需要注意：会有读者误认为刑罚原理是刑罚报应论与刑罚功利论的对立统一，所以其论述重点乃是二者的对立统一，这是不对的。刑罚原理包含刑罚报应论与刑罚功利论，所以本书的核心内容在于论述报应是什么、功利是什么。报应与功利的关系是本书的重要组成部分，但并非核心内容。

1.2 综 述

本书将现当代学者的研究放到学术综述之内，而将现代之前学者的研究放到历史梳理之中。尽管如此，这种划分依然存在相互交叉重叠的地方，还请读者注意。

1.2.1 学界研究现状

1.2.1.1 国内研究现状

国内早期对刑罚原理的研究内容集中于刑法学教材或刑法学专著的刑罚部分。

国内较早对刑罚原理问题进行专题研究的学者有马克昌、邱兴隆、谢望原、霍存福等。马克昌教授主编的《刑罚通论》是较早对刑罚问题进行系统研究的著作。[1]该书在“刑罚的本质”标题下对报应刑论和目的刑论进行了阐述。遗憾的是该部分内容只占全书的极小一部分，该书的大部分内容集中于具体刑种和刑罚裁量制度。邱兴隆教授对刑罚原理的体系建构做了大量奠基性工作，他和许章润教授合著的《刑罚学》乃是当时第一本以“刑罚学”为题的著作。[2]此外，他的《刑罚理性导论》[3]《刑罚理性评论》[4]及其博士论文《刑罚根据论》[5]都对刑罚本质理论的整体建构和系统深化做出了非常重要的贡献。谢望原教授的著作也从整体上对刑罚原理（刑罚价值）理论进行了建构[6]，此外他还从比较研究的角度，对欧陆刑罚基本理论的学说进行了介绍和评价，他的《欧陆刑罚制度与刑罚价值原理》为国内学者提供了比较研究的素材。[7]霍存福教授则从法制史的角度，对报应论的问题进行了深入研究。他的《复仇 报复刑 报应说》可以认为是关于刑罚报应论的一部优

[1] 马克昌主编：《刑罚通论》，武汉大学出版社 2002 年版。

[2] 邱兴隆、许章润：《刑罚学》，中国政法大学出版社 1999 年版。

[3] 邱兴隆：《刑罚理性导论——刑罚的正当性原论》，中国政法大学出版社 1998 年版。

[4] 邱兴隆：《刑罚理性评论——刑罚的正当性反思》，中国政法大学出版社 1999 年版。

[5] 邱兴隆：《关于惩罚的哲学：刑罚根据论》，法律出版社 2000 年版。

[6] 谢望原：《刑罚价值论》，中国检察出版社 1999 年版。

[7] 谢望原：《欧陆刑罚制度与刑罚价值原理》，中国检察出版社 2004 年版。

秀作品[1]，这本书史料充分，分析精辟，对中国古代的复仇现象、刑罚中的报复因素、刑罚报应主义理论进行了广泛考察和深入梳理，对有关报应的文化思想以及历史实践表现出十分精准地把握能力。

在早期对刑罚原理的研究热度退却之后，学界对该领域的关注经历了一段沉默期，但近年来对这一领域研究的关注程度又在逐渐升温，著作数量也在逐年攀升。有关该领域的代表性著作有：黄立《刑罚的伦理审视》[2]、高艳东《刑事可罚根据论纲》[3]、韩轶《刑罚目的的建构与实现》[4]、王立峰《惩罚的哲理》[5]、李川《刑罚目的理论的反思与重构》[6]、徐久生《刑罚目的及其实现》[7]。

从总体上看，刑罚原理的内容在改革开放后随着整个中国学术研究的复苏而得到迅速的发展，刑罚原理的现有体系也是在那个时候得到了基本的确立。而近十年以来的学术研究虽然在论证和论据上有所进步，但是没有能够对传统理论体系形成突破或创新。绝大部分学者的依然是在传统理论体系的框架之下讨论问题，只是在各方面的实证研究和论据上有所更新而已。而与犯罪论的研究相比，刑罚论的研究更是显得薄弱。[8]

1.2.1.2　国外研究现状

1. 大陆法系研究现状。大陆法系国家对于刑罚的研究相对较为缺乏。基斯特雅考夫斯基（苏俄时代的刑法学家）指出：在刑法中，第一把交椅无疑义地应属于刑罚。在刑罚中表现了刑法的灵魂与思想。[9]但这一点在刑法学

---

〔1〕 霍存福：《复仇 报复刑 报应说——中国人法律观念的文化解说》，吉林人民出版社2005年版。

〔2〕 黄立：《刑罚的伦理审视》，湖南师范大学2004年博士学位论文。另见黄立：《刑罚的伦理审视》，人民出版社2006年版。

〔3〕 高艳东：《刑事可罚根据论纲》，西南政法大学2005年博士学位论文。

〔4〕 韩轶：《刑罚目的的建构与实现》，中国人民公安大学出版社2005年版。

〔5〕 王立峰：《惩罚的哲理》，清华大学出版社2006年版。

〔6〕 李川：《刑罚目的理论的反思与重构》，山东大学2007年博士学位论文。另见李川：《刑罚目的理论的反思与重构》，法律出版社2010年版。

〔7〕 徐久生：《刑罚目的及其实现》，中国政法大学2009年博士学位论文。另见徐久生：《刑罚目的及其实现》，中国方正出版社2011年版。

〔8〕 高铭暄、赵秉志主编：《刑罚总论比较研究》，北京大学出版社2008年版，第6页脚注2。

〔9〕 苏联司法部全苏法学研究所主编：《苏联刑法总论》（下册），彭仲文译，大东书局1950年版，第491页。转引自邱兴隆：《刑罚的哲理与法理》，法律出版社2003年版，第3页。

专著的内容比例上却没有得到体现。例如：费尔巴哈的《德国刑法教科书》共有490页，其中“刑罚的本质及种类”仅6页。〔1〕李斯特的《德国刑法教科书》共有513页，其中“刑罚的社会功能”以及“刑罚与保安处分”的内容总共有20页。〔2〕牧野英一的《日本刑法通义》共有386页，其中“刑罚之意义”与“刑罚之目的”两个标题的内容仅1页。〔3〕大塚仁的《刑法概说（总论）》共有517页，其中“刑罚的本质及刑罚权”仅有3页。〔4〕野村稔的《刑法总论》共有506页，其中“刑罚的意义”一章仅有5页。〔5〕西田典之的《日本刑法总论》共有357页，其中“刑罚的目的”一章仅有10页。大谷实的《刑法总论》共500页，其中“刑罚和刑罚权”一节仅有2页。〔6〕日本少壮派学者松宫孝明最新的《刑法总论讲义》中“刑罚权与刑罚正当化根据”仅占1页。〔7〕中国台湾地区的刑法学研究受到德国、日本刑法学研究的深远影响，在刑罚基本理论方面的研究状况也与德日极为相似。陈子平的《刑法总论》全书共有556页，其中“刑罚的本质”与“刑罚权”仅2页。〔8〕尽管刑法学教科书本身内容十分丰富，因此刑罚基本理论所占比例并不会十分显著，但10页不到的论述篇幅显然是十分单薄的。这种现象与德日刑法中“犯罪论”——构成要件理论研究进行对比的时候会显得更加突兀，因为前者的著述汗牛充栋，二者之间反差极大。西班牙学者玛利亚·胡赛·法孔·易提亚（Maria José Falcón y Tella）和费尔南多·法孔·易提亚（Fernando Falcón y Tella）也指出，与犯罪理论相比刑罚理论的著作是很匮乏的。〔9〕

---

〔1〕［德］安塞尔姆·里特尔·冯·费尔巴哈：《德国刑法教科书》（第14版），徐久生译，中国方正出版社2010年版，第134~140页。

〔2〕［德］李斯特：《德国刑法教科书》（修订译本），徐久生译，法律出版社2006年版，第8~10页，第399~409页。

〔3〕［日］牧野英一：《日本刑法通义》，陈承泽译，中国政法大学出版社2003年版，第23页。

〔4〕［日］大塚仁：《刑法概说（总论）》（第3版），冯军译，中国人民大学出版社2003年版，第437~439页。

〔5〕［日］野村稔：《刑法总论》，全理其、何力译，法律出版社2001年版，第469~474页。

〔6〕［日］大谷实：《刑法讲义总论》（新版第2版），黎宏译，中国人民大学出版社2008年版，第455~457页。

〔7〕［日］松宫孝明：《刑法总论讲义》（第4版补正版），钱叶六译，中国人民大学出版社2013年版，第256页。

〔8〕陈子平：《刑法总论》（2008年增修版），中国人民大学出版社2009年版，第687~688页。

〔9〕Maria José Falcón y Tella & Fernando Falcón y Tella, *Punishment and Culture*, Leiden, Boston: Martinus Nijhoff Publishers, 2006, p. 1.

总体上看，大陆法系国家在该方面的研究与中国当代的研究十分相似，二者都已过了理论大爆炸的年代，现有理论体系处在相对稳定状态。而相比之下，大陆法系对于刑罚原理的研究甚至不如中文领域的。中文领域近年来的研究虽然没有实现重大理论突破，但是学者依然在进行着努力，即使学术成果的质量没有实现飞跃，但是一定学术成果的数量依然表明该领域研究所具有的活力。而反观以德国、日本为代表的大陆法系国家，其对刑罚原理的研究则一直停留在刑法学初兴时期，显示出欠缺、忽视、薄弱的状况。

笔者认为，造成大陆法系现状的原因包括理论和现实两个方面。理论上，大陆法系国家的法学理论相当发达，已经到了相对成熟的阶段，其创新的空间和动力也就十分有限。现实上，大陆法系国家大部分都属于发达国家，社会相对稳定和法制相对健全使得这些国家的刑事司法的运行相对平稳，因此现实没有为刑事法律思想创新提供足够的动力。

值得一提的是日本学者平野龙一（1920—2004 年），他所倡导的机能主义刑法学是学界反思的突出体现。机能主义刑法学，指将犯罪学与刑事政策学的目的观念向刑法学领域全面贯彻，认为在刑法学领域中，占据优势地位的不是犯罪构成理论，而是刑罚理论，并且主张从刑罚论开始重新构筑犯罪论。所以，机能主义刑法学的研究顺序不是从犯罪论到刑罚论再到刑法各论，而是从刑罚论到责任论再到犯罪论，最后论述刑法各论。[1]

2. 英美法系研究现状。尽管大陆法系国家和地区有着发达的刑法学传统，但在刑罚原理研究方面不仅没有优势，反而要落后于英美法系国家。相比之下，英美法系，更准确地说是英语国家，主要包括美国、英国、加拿大等国家的学者对刑罚原理进行了深入的研究，其在刑罚本质方面的研究显得十分繁荣，既有广度，又有深度。对于以上判断，我国学者谭淦表达了相同的观点。[2]

英语国家对刑罚研究的重视表现在以下几个方面：

（1）英语刑法学教科书中有相当一部分著作开篇即介绍刑罚的目的：例如理

---

〔1〕 周振杰：《日本刑法思想史研究》，中国法制出版社 2013 年版，第 151 页。

〔2〕［德］米夏埃尔·帕夫利克：《人格体 主体 公民：刑罚的合法性研究》，谭淦译，中国人民大学出版社 2011 年版，译序第 1 页。

查德·伯尼（Richard J. Bonnie）等人的《刑法学》（*Criminal Law*）〔1〕、马库斯·达博（Markus D. Dubber）等人的《美国刑法：案例、法典与评论》（*American Criminal Law: Cases, Statutes, and Comments*）〔2〕、约翰·开普兰（John Kaplan）的《刑法学：案例与材料》（*Criminal Law: cases and materials*）〔3〕、约书亚·德雷斯勒（Joshua Dressler）的《刑法学》（*Criminal Law*）〔4〕和《美国刑法精解》（*Understanding Criminal Law*）〔5〕、史蒂芬·萨尔茨伯格（Stephen A. Saltzburg）的《刑法学：案例与材料》（*Criminal law: cases and materials*）〔6〕、理查德·辛格（Richard G. Singer）等人的《刑法学》（*Criminal Law*）〔7〕、约瑟夫·库克（Joseph G. Cook）等人的《刑法学》（*Criminal Law*）〔8〕等。在这些著作中，刑罚本质、刑罚目的或刑罚理性都排在全书第一章或者第二章（紧跟绪论之后）。笔者认为这种体例安排一方面体现了英美法系对该领域内容重要性的强调，另一方面体现了其实用主义的方法论逻辑——先得搞清楚刑罚能干什么，再讨论怎么用刑罚去治理犯罪。

（2）英美法系研究的优势还体现在较强的实用主义和实证主义的特点上，这种实用主义主要体现在理论研究与司法实践的有效互动上，司法实践能够为理论研究提供丰富的研究素材，而理论研究也能够及时分析总结司法实践的经验教训，并为司法实践的改进和发展提供智力支持。其实证主义主要体现在研究方法上，实用主义的风格使得英美法系的学者能够勇于突破学科规训和学科界限，广泛采用心理学、经济学、统计学、生物学、建筑学等多种

---

〔1〕 Richard J. Bonnie, Anne M. Coughlin, John C. Jeffries Jr. & Peter W. Low, *Criminal Law*, 2nd ed., New York: Foundation Press, 2004.

〔2〕 Markus D. Dubber & Mark G. Kelman, *American Criminal Law, Cases, Statutes, and Comments*, New York: Foundation Press, 2005.

〔3〕 John Kaplan, Robert Weisberg, Guyora Binder, *Criminal Law: Cases and Materials*, Thomson/West, 2008.

〔4〕 Joshua Dressler, *Criminal Law*, 5th ed., Thomson/Reuter, 2009.

〔5〕 Joshua Dressler, *Understanding Criminal Law*, Matthew Bender & Company, Inc., 2009. 中文译本参见：［美］约书亚·德雷斯勒：《美国刑法精解》（第4版），王秀梅等译，北京大学出版社2009年版。

〔6〕 Stephen A. Saltzburg, *Criminal law: cases and materials*, Matthew Bender & Company, Inc., 2009.

〔7〕 Richard G. Singer & John Q. La Fond, *Criminal Law*, 5th ed., Aspen Publishers, 2010.

〔8〕 Joseph G. Cook, Linda Malone, Paul Marcus & Geraldine Szott Moohr, *Criminal Law*, revised 6th ed., Lexis Nexis, 2009.

学科的知识和方法来促进刑事法学理论的发展。例如刑罚报应论的实证主义研究就是该领域研究最为前沿的内容之一。

英美法系研究的缺陷主要在于实用主义的研究风格使得学者更关注现实问题，而在一定程度上忽略抽象理论问题，如概念的选用和基本理论体系的建构。这就使得英美法系在这方面的研究中积累了许多新的知识要点，但这些知识要点处于一种散乱的状态，必须对这些知识要点进行梳理和整合才能够实现刑罚基本理论体系的创新和发展。

1.2.2 研究现状不足

现有国内外研究呈现出以下不足：

(1) 研究宗旨上，重评论、轻充实。以刑罚报应论为例，报应论的探讨不可避免要对康德、黑格尔等经典作家的思想进行梳理。但笔者发现，许多学者在行文中把对这些知名学者的学说阐述、评论、梳理作为主体内容，忽视了对刑罚报应论的本体建构和充实。又例如“神意报应—道义报应—法律报应”乃是报应论学说进化的三种形态，属于历史的范畴，而很多学者却将这部分内容作为报应论理论体系的主体部分进行论述，这显然是不合适的。这种评论式的研究并没有为刑罚本质的具体内容作出贡献，刑法学的知识体系也并不因此得到拓展。相比之下，笔者对该部分内容论述乃是放在报应论的历史梳理之下进行，而报应论的理论体系部分则更关注笔者自己对于报应论体系的建构。

(2) 研究内容上，重批判、轻建构。这一问题在刑罚报应论、刑罚功利论的研究中表现比较突出。在刑罚报应论的研究中，很多学者在对刑罚本体的探讨还没穷尽的情况下，迫不及待地引入犯罪因素的考察，这种做法不利于刑罚学本体的解构和建构。例如，美国学者 Richard J. Bonnie 等人所著的《刑法学》就在报应论是什么还没说清楚的情况下，直接开始探讨可谴责的主体，包括犯罪人的精神疾病等。[1] Paul Robinson 也在对一般威慑和特别威慑没有进行深入探讨的情况下很快就把问题引向了犯罪既遂和未遂问题

---

[1] Richard J. Bonnie, Anne M. Coughlin, John C. Jeffries Jr. & Peter W. Low, *Criminal Law*, 2nd ed., New York: Foundation Press, 2004.

的考察。[1]笔者认为这种批判应该是无效的。正如科学实验要考察某个要素时，需要将其他要素隔离或使其保持不变，否则就无法准确衡量单个要素性质。报应对于许多犯罪是不适用的。在刑罚功利论的研究中，学者往往都要从人的目的性、剥夺的非人道性、矫正的非人道性和不科学性、威慑的非人道性和不科学性等角度对刑罚功利论进行一番批判，这些批判的结果甚至给读者造成一种错觉——“刑罚无用，留它何用?”又如许多学者在讨论康复（rehabilitation，本书称为正向主观个别抑制）时主要讨论的乃是人身危险性及其评估[2]，必须承认人身危险性评估乃是讨论康复时所必须论及的问题，但它只是相关内容，而非刑罚主观个别抑制的核心内容，这些学者的做法是避重就轻、顾此失彼的。很少有学者能够对刑罚功利论各要素的具体内容进行积极正面地建构和充实，也很少有学者能够从正面对威慑、矫正、剥夺等刑罚作用的具体效果进行客观公正、定性定量的分析。在刑罚功利论是什么还没说清楚的情况下，所谓批判更像是无病呻吟。

（3）研究方法上，重思辨、轻实证。这一问题表现在两个方面，第一是缺乏独立自主的实证研究，第二是缺乏对其他学科最新研究成果的借鉴吸收。缺乏独立自主实证研究的原因是多方面的：客观上相关研究需要较大的人力财力投入，也需要有关犯罪与刑罚统计数据的收集渠道保持通畅，而满足这些条件都是存在难度的。但对其他学科最新研究成果的借鉴则是完全可以进行的，事实上，在学科分化愈加深入、学科融合及交叉学科研究兴起的背景下，借鉴吸收其他学科最新研究成果（尤其是犯罪学等）乃是刑法学发展的有效途径，也是刑事法律科学知识拓展与融合的必经之路。

本书旨在改变此前研究重评论轻充实、重批判轻建构、重思辨轻实证等不足，加强理论充实，加强体系建构，加强科学实证，从而将刑罚本质问题的研究推进到一个新的层次。本书的贡献可以分为技术贡献和实质贡献，技术贡献是形式上的，实质贡献是内容上的，技术贡献从一定程度上能够反映实质贡献。本书的实质贡献在于理论建构、知识整合、文献梳理这三个方面。本书的技术贡献在于行文简明扼要、参考文献改进和引注体例改进这三个方面。

---

〔1〕 Paul H. Robinson, *Criminal Law*, *Cases Studies & Controversies*, New York: Aspen Publishers, 2005.

〔2〕 Andrew von Hirsch, Andrew Aashworth and Julian Roberts, *Principled Sentencin*, 3rd edition, Oxford and Portland: Hart Publishing, 2009, p. 1.

CHAPTER 2 第2章

概 论

概论部分会介绍本书所涉及的概念，主要包括“概念解析”和“概念辨析”两大部分，概念的解析是指对概念本身的定义以及相关属性的阐述，概念的辨析是指将概念与相关概念进行对比，从而明确其相似、相异、相关之处。

概念部分所阐述的概念包括：刑罚、刑罚本质、刑罚的目的、刑罚的价值、刑罚的正当性根据等。刑罚报应论、刑罚功利论等概念将在各章之下进行具体阐述。

2.1 刑 罚

2.1.1 刑罚的概念解析

刑罚，《新华词典》的解释是：“刑法规定的、人民法院对犯罪人适用的、由专门机关执行的最严厉的法律制裁措施。”

《刑事法学大辞书》的解释是：“统治阶级以国家名义惩罚犯罪的一种强制方法。它使犯罪人遭受一定的痛苦和剥夺，并对犯罪人及其犯罪行为予以否定评价。惩罚是刑罚的自然属性。对犯罪人适用刑罚，就意味着对其人身权利、政治权利或财产权利予以不同程度的剥夺，这种剥夺必然会给犯罪人造成精神上乃至肉体上一定的痛苦。刑罚在惩罚犯罪的同时，也会起到一定的教育、儆戒作用，但这种作用是以惩罚为前提的，在惩罚的基础上实现的。”[1]该解释是笔者考察的文献中解释得最为精辟的一种，如果说本书乃是刑罚原理纲要，那么该段解释几乎可以认为就是本书的纲要。

2.1.2 刑罚的概念辨析

2.1.2.1 刑罚与惩罚

刑罚与惩罚的概念可以按照涵盖范畴从大到下排列如下：广义惩罚—刑罚—狭义惩罚。广义惩罚乃是一个抽象和广泛的概念，在医学、心理学、教育学、社会学中普遍存在。人们采用这一词语来描述所有的制裁措施。刑罚的概念小于广义惩罚，仅指司法系统对于违法者采取的惩罚。而随着法律体系的逐渐发展和法律部门的分化，法律又逐渐区分为民法、刑法、行政法等法律部门，因此法律体系的惩罚也逐渐分化为民事惩罚、刑罚、行政处罚。现在所称的刑罚则专指刑法所规定的对于犯罪人所采取的惩罚措施。狭义惩罚的概念小于刑罚，这是因为现代刑罚体系并不是简单剥夺犯罪人权益或施加其痛苦，而是在剥夺权益的同时基于刑事政策的考量对犯罪人采取有针对性的矫正、改造措施，帮助犯罪人回归社会。因此现代刑罚体系不仅包含狭义的惩罚，还包含一部分积极改造的内容。

2.1.2.2 刑罚的外文考察

与刑罚相对应的概念，英语作 punishment，德语作 Strafe，法语作 châtiment，西班牙语作 castigo。[2]

英文中 punishment 与 penalty 的用法与中文惩罚与刑罚的用法存在异曲同工之处。简单地说，punishment 要重于 penalty，punishment 侧重自然伦理，penalty 侧重社会规范；punishment 具有更强的自然法学派色彩，penalty 具有更强的实证法学派的色彩。punishment 具有更强烈的道德谴责和耻辱化的含义[3]，

---

〔1〕 杨春洗、高铭暄、马克昌、余叔通主编：《刑事法学大辞书》，南京大学出版社 1990 年版，第 556 页。

〔2〕 Maria José Falcón y Tella & Fernando Falcón y Tella, *Punishment and Culture*, Leiden, Boston: Martinus Nijhoff Publishers, 2006, p. 2.

〔3〕 Maria José Falcón y Tella & Fernando Falcón y Tella, *Punishment and Culture*, Leiden, Boston: Martinus Nijhoff Publishers, 2006, pp. 10-11.

penalty体现更为中立的事实判断和无涉感情的价值判断。[1]普通法的传统会将犯罪和刑罚分为infamous和non-infamous两种，前者意指声名狼藉、臭名昭著，而后者则无名誉上之侮辱和贬低。而punishment在道义名誉上的谴责显然要强于penalty。[2]

语言转换不可避免地会存在信息丢失，此种语言中所包含的信息不一定能在其他语种中得到体现，因此对概念进行多语种的分析和界定能够帮助我们了解概念本身的含义，也能够帮助我们了解刑罚这一社会现象的地域文化差异。

2.2 刑罚原理的概念体系

刑罚总论问题中最令人感到眼花缭乱的便是诸多基本概念的关系。这些概念包括刑罚本质、刑罚目的、刑罚正当化根据，又包括报应、功利、预防——这些概念之间究竟是一种什么样的关系？以下将对这一问题进行廓清。

笔者将刑罚总论中出现的概念分为两大类：抽象概念和具体概念。抽象概念主要是指刑罚本质、刑罚目的、刑罚价值、刑罚正当性根据等概念；具体概念主要是指刑罚报应论、刑罚功利论等概念。抽象概念乃是上位概念，具体概念乃是下位概念。不同学者在具体概念的选择和阐述上大同小异，一般不会离开报应、功利等关键词。但不同学者在抽象概念的选择上存在较大差异，分别有人使用刑罚本质、刑罚目的、刑罚价值、刑罚正当性根据，等等。这是因为关于报应论、功利论等具体概念的理论乃是刑罚基本理论的基本问题，其内容范畴在学者中存在很大的共识，即使学者之间选择立场不同，但其著书立说的内容范畴也基本一致。但是，不同的学者在上位抽象概念的选择和理论体系的建构上存在较大差异，主要分为两种情况：一种是采用多

---

〔1〕 另可参见Pollock and Maitland, true afflictive punishment (History of English Law). Bentham invented the word "afflictive punishment" (Rationale of Punishment 1830, p. 83). James Stephen, Legal punishment that it should always connote... moral infamy (Hisotry of Criminal Law II, p. 171.) Lasswell and Donelly, Distinguish between "condemnation sanctions" and "other deprivations" ("The Continuing Debate Over Responsibility: an Introduction to Isolating the Condemnation Sanction", *Rale Law Journal*, 1959, p. 68).

〔2〕 Joel Feinberg, "The Expressive Function of Punishment", *The Monist*, 1965, 49 (3): 397-408. 本文引自Joel Feinberg, Jules Coleman et al., *The Expressive Function of Punishment*, *Philosophy of Law*, 7th ed., Wadsworth, 2004, p. 770.

元上位抽象概念体系，一种是采用一元上位抽象概念体系：

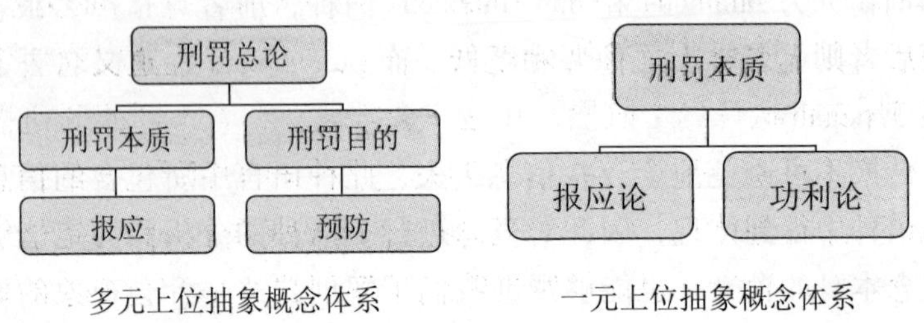

多元上位抽象概念体系　　　　一元上位抽象概念体系

多元上位抽象概念的理论体系在刑罚总论部分一般同时采用刑罚本质、刑罚目的、刑罚功能等多个概念，在这种情况下，其采用的“刑罚本质”乃是狭义的，关于刑罚本质的内容也都被进行了非常具体的限定；一元上位抽象概念的理论体系在刑罚总论部分采用单一的抽象概念，有人选择刑罚本质，有人选择刑罚目的，各有不同，此时如果学者选择刑罚本质，其含义便是广义的，其内容则包含了刑罚基本理论的绝大部分内容。

2.2.1　刑罚原理的多元上位概念体系

这一观点采用多元上位抽象概念，即同时采用刑罚本质、刑罚目的、刑罚价值、刑罚正当性根据等多个概念，并在不同的上位抽象概念下分配不同的下位具体概念内容。部分学者对刑罚总论的抽象概念进行了严格区分，并将刑罚本质界定为报应，“在此种观念下，刑罚本身即是目的，且并无其他欲达到之目的性存在”〔1〕。

德国学者 Max Erst Mayer（迈耶）指出：这些争论的缘起是将刑罚的本质和目的混为一谈，要解决这些争议，必须弄清三个问题：①法律的问题，即刑罚是什么？刑罚的本质是什么？②刑事政策的问题，即如何适用刑罚，应从重处罚还是从轻处罚？③法哲学的问题，即对国民进行处罚，现行的处罚方式正当吗？从这三个问题出发会产生各种对立的理念，但这些理念并不对所有问题而只对其中一个问题具有正确性。因此，折中派将上述完全不能协调的问题硬扯到一块，最终仍解决不了问题。在这里，Mayer 提出了“分配理

〔1〕 Vgl. Zipf, aaO., S. 37; Streng, *Strafrechtliche Sanktionen*, 1991, S. 8；林山田：《刑罚学》，台湾商务印书馆 1983 年版，第 57 页。

论”，法律上的问题即“刑罚的本质是什么”，应根据报应刑论来解决；刑事政策上的问题即“如何进行处罚”，应根据预防刑论解决。[1]在实际操作上，刑罚在与立法者、法官、监狱执行官的关系上，可以分为刑罚的法定刑、刑罚的量定与刑罚的执行三个阶段，在这三个阶段存在着不同的刑罚指导理论理念（刑罚目的）：报应、法的确证与目的刑。[2]可见 Mayer 对刑罚本质与刑罚目的、刑罚正当化根据进行了区分：刑罚的本质是指“刑罚是什么”，应根据报应刑论解决；刑罚目的是“如何使用刑罚，应从重处罚还是从轻处罚”，在制刑阶段应以报应为目的、在量刑阶段应报应与预防并重、在行刑阶段应以预防为目的；刑罚的正当化根据是指“对国民进行处罚，现行的处罚方式正当吗”这一问题。《德国联邦宪法法院判例集》中就写道：“各种犯罪性惩罚，根据其本质，是通过使人遭受痛苦的方法的报应。”[3]

日本学者泷川幸辰在《刑罚的本质——报应》一文中明确指出，对刑罚本质、刑罚目的、刑罚存在的理由以及刑罚正当化应加以有区别的见解。他认为，“刑罚是什么，其本质是如何”的问题，“应如何处罚、应该严峻还是应该宽大、应该是威慑犯人的目的还是改善犯人的目的，还有对不能犯的目的是什么”的问题，以及“因何种理由处罚是正当的、如何使现在处罚正当化”的问题，是应该进行区别看待的。对此，他写道：“我认为，第一个问题是法律方面的问题，第二个问题是政策方面的问题，第三个问题是文化方面的问题，都有各自特有的任务。然而，学者往往无视其差别，企图将这三个问题放在同一个基础上予以解决，徒劳的纷争促成了问题的错综复杂。”[4]

日本学者木村龟二就对刑罚的本质、目的与正当根据三个概念进行了区分。他认为，在科处刑罚的正当理由的意义上，刑罚的正当根据意味着刑罚的理由正当化；在作为科处刑罚根据必须存在犯罪的意义上，刑罚的正当根据意味着刑罚的理由条件。但不管是正当化还是理由条件，都与刑罚没有关系。刑罚目的在论理形式上是指“刑罚”的目的，也应该与刑罚的本质相区别，但离开刑罚目的是不可能把握刑罚本质的。刑罚本质是刑罚的当为问题，

---

〔1〕 马克昌主编：《近代西方刑法学说史略》，中国检察出版社 2004 年版，第 233 页。

〔2〕 张明楷：《外国刑法纲要》，清华大学出版社 1999 年版，第 16 页。

〔3〕 BVerfGE, Bd. 22, f. 132.

〔4〕 马克昌主编：《近代西方刑法学说史略》，中国检察出版社 2004 年版，第 297 页。

必须与刑罚的事实问题、存在问题相区别。[1]

日本学者大场茂马认为："'刑罚是作为犯罪的报应加于行为者的痛苦'，必须是'正义报应'，即'对行为者欲为的意思逾期所谓的行为的正当的报应'。不要将此与刑法的目的，即'保护生活利益与维持法律秩序'相混同。"[2]由此可见，大场茂马同时采用了刑罚本质和刑罚目的两个上位抽象概念，并把刑罚本质界定为报应，把刑罚目的界定为保护生活利益与维持法律秩序。

日本学者泷川幸辰指出："刑罚是对犯罪的报应，对恶行的恶报。对于刑罚的要素，从以前的认识看就不少。前述意义的报应，即对恶行不给予恶报的刑罚在任何社会都不存在。不言而喻，刑罚是宽大的还是残酷的，是合乎目的的还是盲目的，不具有对恶行以反作用性质恶报的一个都没有。相反，索性现在将恶报作为它的征表考虑即使不是刑罚的唯一要素，而也称为联结犯罪与刑罚的唯一普遍妥当的本质要素。刑罚的本质在于报应，报应的内容在于给犯罪人造成一定的痛苦，而报应的目的又在于对社会秩序的维护。"同时，泷川幸辰也指出刑罚以一般预防和特别预防为目的。他认为若对一般预防和特殊预防都要求其符合目的性的刑罚，并根据正义性的要求（报应），将犯罪的人、被害人、社会上的一般人都作为人来对待，就应该发现其协调一致之处。社会感情，就是这个协调一致之处的意思。[3]

也有学者从历史角度对这种现象进行了阐述，认为："对于刑罚的主要思潮，根本上可分为两个主要阶段的演变，其主要思想的区分，则在于对刑罚目的见解的不同。从应报思想的'刑罚本质即目的'的观念，即所谓'刑罚本身目的'（Selbstzweck der Strafe）到预防思想的区分刑罚本质与目的。"[4]此处不赘。

多元上位概念体系具有一定的合理性，但其缺陷更加显而易见，一会造

---

〔1〕 李海东主编：《日本刑事法学者》（上），法律出版社、成文堂1995年版，第179~180页。

〔2〕［日］大塚仁：《刑法中新旧两派的理论》，日本评论社1983年版，第178页。转引自马克昌主编：《刑罚通论》，武汉大学出版社1999年版，第30页。

〔3〕［日］泷川幸辰：《泷川幸辰刑法著作集》（第1卷），世界思想社1981年版，第200、201、556、690页。转引自马克昌主编：《近代西方刑法学说史略》，中国检察出版社2004年版，第296~301页。

〔4〕 柯耀程：《刑罚理念的变迁》，载何秉松主编：《全球化时代犯罪与刑罚新理念》，中国民主法制出版社2011年版，第538页。

成理论割裂，二会造成理论重复。①由于上位概念过多，而每个上位概念之下都必须论述更为详细的内容，因此就出现了僧多粥少的局面，学者们就不得不对各个下位具体概念的具体内容进行进一步的肢解，这样才能保证每个上位概念下都能分到适当比例的论述内容，内容篇幅分配的需要导致了理论割裂。例如，报应论与功利论的二元对立统一关系乃是刑罚基本理论中最为经典的部分，但如果把刑罚本质界定为报应、刑罚目的界定为功利，那么就生硬地割裂了二者的关系。②被肢解的理论本身具有内在联系，但又被安排到了不同的板块，因此在论述中就会不可避免地出现理论重复。例如，矫正、威慑、剥夺等内容都属于刑罚功利论的范畴，但在区分刑罚目的、刑罚价值、刑罚功能的情况下，这些内容就需要被分配到多个地方，相同的内容在调整措辞后需要重新进行论述。

以下学者的著述都不同程度地出现这种问题：①陈兴良教授在《刑法哲学》中“刑罚本体论”之下，论述了道义报应、法律报应、个别预防、一般预防；[1]又在“刑罚目的二元论”之下论述了报应与预防的对立统一。他在《本体刑法学》中刑罚的功能之下论述了剥夺、矫正、感化、威慑、鉴别、补偿、安抚、鼓励八项功能；[2]又在“刑罚的目的之下”论述了报应与预防。他在《刑法的价值构造》中“刑罚的价值观”下论述了报应与预防。②张明楷教授在其《刑法学》（第4版）中“刑罚的观念”之下论述了刑罚的概念、刑罚的目的、刑罚的功能。并在第一节“刑罚的概念”下使用了“二、刑罚正当化根据”的标题，并在该标题下讨论了绝对主义（刑罚报应论）、相对主义（侧重刑罚功利论）、并和主义（报应与功利的折中）。他在书中明确刑罚的目的是预防犯罪，并在刑罚目的的内容下讨论了特殊预防和一般预防。他在刑罚的功能下又进一步区分了赖以实现特殊预防的刑罚功能和赖以实现一般预防的刑罚功能，前者包括限制、消除再犯条件的功能、个别威慑功能、教育感化功能；后者包括一般威慑功能、法制教育功能、安抚补偿功能、强化规范意识功能。[3]③张小虎教授在《刑罚论的比较与建构》中“刑罚本质”的标题下论述了报应主义、目的主义、折中主义。他进一步将报应主义

---

〔1〕 陈兴良：《刑法哲学》，中国政法大学出版社1992年版，第335~353页。

〔2〕 陈兴良：《本体刑法学》，商务印书馆2001年版，目录第11、12页。

〔3〕 张明楷：《刑法学》（第4版），法律出版社2011年版，第452~465页。

分为神意报应、道德报应、法律报应三种形态，将目的主义分为一般预防、特殊预防，并将一般预防进一步分为执行威吓主义、立法威吓主义、积极一般预防三类，将特殊预防分为剥夺犯罪能力主义、矫正改善主义两类。但在该书后续的章节中还有“刑罚目的”和“刑罚机能”的论述，而在这两大标题之下，其论述内容基本上没有脱离报应与功利这两大主题。

多元上位概念体系出现混乱的原因在于两个方面，一是语言的开放性，二是概念的抽象性。①语言开放性是指语言的含义乃是一个开放、动态的过程，在不同的语境下会有不同的含义。②概念抽象性是指本质、价值、属性、目的这些词语都是哲学上十分抽象的概念。抽象性为这些概念的内涵外延的界定提供了很大的空间，从而导致这些概念本身存在交叉重叠。吴宗宪教授的评价可谓一针见血：“尽管在文字表述和具体内容上有所不同，但是，各种刑罚哲学的核心内容可能都是相同的，这些内容具有超越时空性。”〔1〕

综上所述，笔者最终没有采用多元上位概念的体例。需要注意的是，各种理论设计并无必然对错，关键在于何种体系更加合理。

2.2.2 刑罚原理的一元上位概念体系

一元上位抽象概念体系是指在刑罚原理中采用一个上位抽象概念来统帅其他下位具体概念。不同学者在概念的选用上也存在差异，而不同的概念选用也有各自的优劣。

(1) 刑罚目的。采用刑罚目的的学者十分广泛：林山田（刑罚的意义与目的）〔2〕、罗克辛（原标题为：刑罚与保安处分的目的与正当化）〔3〕、西田典之〔4〕、Singer 和 John Q. La Fond（purpose，即刑罚的目的）〔5〕、徐久生

---

〔1〕 吴宗宪：《西方国家刑罚哲学述评》，载赵秉志主编：《京师法律评论》（第 1 卷），北京师范大学出版社 2007 年版，第 139 页。

〔2〕 林山田：《刑罚学》，台湾商务印书馆 1983 年版。

〔3〕 ［德］克劳斯·罗克辛：《德国刑法学总论（第 1 卷）：犯罪原理的基础构造》，王世洲译，法律出版社 2005 年版，第 32 页。

〔4〕 ［日］西田典之：《日本刑法总论》，刘明祥、王昭武译，中国人民大学出版社 2007 年版，第 11~14 页。

〔5〕 Richard G. Singer & John Q. La Fond, *Criminal Law*, 5th ed., Aspen Publishers, 2010.

《刑罚目的及其实现》[1]、邱帅萍《刑罚目的的理论研究——基于近代刑罚的思想史的解读》[2]。还有韩轶《刑罚目的的建构与实现》[3]、曾明生《刑法目的论》[4]、李川《刑罚目的理论的重构与反思》[5]、John Kaplan《刑法学：案例与材料》（刑罚的目的与界限）[6]、Joseph G. Cook 等人的《刑法学》[7]、Richard J. Bonnie 等人的《刑法学》[8]等。

（2）刑罚正当化根据。采用刑罚正当化根据的学者有：儒攀基奇[9]、邱兴隆[10]、高艳东[11]、松宫孝明[12]。邱兴隆教授的博士论文以《关于惩罚的哲学——刑罚根据论》为题，而在其后续的研究中逐渐确定了“刑罚正当化根据”的概念选定。儒攀基奇将刑罚功利论的上位概念称为刑罚正当理由，并把刑罚的正当理由分为：报应主义（talionic justification）、实用主义（pragmatic justification）、绝对主义（categorical justification）。[13]在儒攀基奇的分类中，其“实用主义”与本书的“刑罚功利论”基本相同，通说将报应主义分为相对报应和绝对报应，而儒攀基奇则将相对报应称为报应主义，将以康德、黑格尔为代表的绝对报应独立出来称为绝对主义。儒攀基奇的这种分

---

[1] 徐久生：《刑罚目的及其实现》，中国政法大学 2009 年博士学位论文。另见徐久生：《刑罚目的及其实现》，中国方正出版社 2011 年版。

[2] 邱帅萍：《刑罚目的的理论研究——基于近代刑罚的思想史的解读》，北京师范大学 2012 年博士学位论文。

[3] 韩轶：《刑罚目的的建构与实现》，中国人民公安大学出版社 2005 年版。

[4] 曾明生：《刑法目的论》，中国政法大学出版社 2009 年版。

[5] 李川：《刑罚目的理论的反思与重构》，山东大学 2007 年博士学位论文。另见李川：《刑罚目的理论的反思与重构》，法律出版社 2010 年版。

[6] John Kaplan, Robert Weisberg, Guyora Binder, *Criminal Law: Cases and Materials*, Aspen Publishers, 2008.

[7] Joseph G. Cook, Linda Malone, Paul Marcus & Geraldine Szott Moohr, *Criminal Law*, revised 6th ed., Lexis Nexis, 2009.

[8] Richard J. Bonnie, Anne M. Coughlin, John C. Jeffries Jr. & Peter W. Low, *Criminal Law*, 2nd ed., New York: Foundation Press, 2004.

[9] [斯洛文尼亚] 卜思天·M. 儒攀基奇：《刑法——刑罚理念批判》，何慧新等译，中国政法大学出版社 2002 年版，第 82~83 页。

[10] 邱兴隆：《刑罚的哲理与法理》，法律出版社 2003 年版。

[11] 高艳东：《刑事可罚根据论纲》，西南政法大学 2005 年博士学位论文。

[12] [日] 松宫孝明：《刑法总论讲义》（第 4 版补正版），钱叶六译，中国人民大学出版社 2013 年版，第 256 页。

[13] [斯洛文尼亚] 卜思天·M. 儒攀基奇：《刑法——刑罚理念批判》，何慧新等译，中国政法大学出版社 2002 年版，第 82~83 页。

类比较罕见，在理论体系的逻辑和层次上也有瑕疵，不为学界广泛采纳。

刑罚正当化，德文作 Rechtfertigung staatlicher Strafe，英文中作 justification of punishment，英文领域采用这一概念的学者有 Philip Bean〔1〕、Philip L. Reichel〔2〕、Stephen A. Saltzburg〔3〕、Joshua Dressler〔4〕。

（3）刑罚价值。谢望原教授是采用“刑罚价值”的代表学者，其代表作有《刑罚价值论》〔5〕和《欧陆刑罚制度与刑罚价值原理》〔6〕。

（4）刑罚哲学。吴宗宪教授在其《当代西方监狱学》中将这一归属称为刑罚哲学，并将刑罚哲学大致分为惩罚哲学与矫正哲学，而惩罚哲学又可分为报应、威慑、剥夺犯罪能力三个主要方面。可见，报应属于惩罚哲学的子概念，惩罚哲学属于刑罚哲学的子概念。

（5）刑罚功能。采用“刑罚功能”的学者有：陈兴良〔7〕、张明楷〔8〕、钟安惠（刑罚功能论）〔9〕、胡志军〔10〕。

（6）刑罚分配原则。美国学者 Paul H. Robinson 就采用了刑罚分配原则的概念。但分配原则的措辞在逻辑层次上过低，不具有上位抽象概念的统帅能力。从逻辑上看，只有先确立了目的，才可以进一步讨论如何分配，分配是为实现一定的目的而进行的。既然如此，为什么不直接用目的来进行定义呢？当然，也可以认为刑罚目的和刑罚分配原则是相辅相成的，目的决定分配原则，原则体现分配目的。这一观点是合理的，但依然无法解决分配原则在措辞上缺乏统帅性的问题。

（7）矫正哲学。Todd Clear 等人采用了“矫正哲学”的措辞，并认为矫正的目的有四种：报应、威慑、剥夺犯罪能力和改造，此外，他们还把“恢

〔1〕 Philip Bean, *Punishment*, Oxford: Martin Robertson & Company Ltd., 1981.（在该书中，作者采用了“justification”，即正当性或正当化理由的措辞。）

〔2〕 Philip L. Reichel, *Corrections: Philosopies, Practices, and Procedures*, Allyn and Bacon, Boston, 2001, p. 62.

〔3〕 Stephen A. Saltzburg, *Criminal Law: Cases and Materials*, Matthew Bender & Company, Inc., 2009.

〔4〕 Joshua Dressler, *Criminal Law*, 4th ed., Thomson/West, 2007.

〔5〕 谢望原：《刑罚价值论》，中国检察出版社 1999 年版。

〔6〕 谢望原：《欧陆刑罚制度与刑罚价值原理》，中国检察出版社 2004 年版。

〔7〕 陈兴良：《本体刑法学》，商务印书馆 2001 年版，目录第 11、12 页。

〔8〕 张明楷：《刑法学》（第 4 版），法律出版社 2011 年版，第 452~465 页。

〔9〕 钟安惠：《西方刑罚功能论》，中国方正出版社 2001 年版。

〔10〕 胡志军：《刑罚功能新论》，山东大学 2011 年博士学位论文。

复性司法”（restorative justice）作为一种新的矫正目的。[1]

（8）刑罚理性。邱兴隆教授也曾一度采用刑罚理性的措辞，如《刑罚理性导论》《刑罚理性评论》。

（9）刑罚原理。美国学者 Markus D. Dubber 等人的 *American Criminal Law* 就采用了刑罚原理（rationale of punishment）的措辞[2]。

（10）刑罚本质。有学者将刑罚本质进一步分为人性本质、哲学本质、阶级本质与法律本质四级本质说。也有学者认为，刑罚本质在人性、哲学、阶级、法律四个层次上具有不同的内容。[3]采用“刑罚本质”概念的还有大谷实[4]（原文采用了刑罚的本质和机能）、木村龟二[5]等。

2.3　概念小结

上述各种理论安排并无对错，但各有优劣。

刑罚目的的优势在于能够很好地统帅报应论和功利论两大部分。其劣势在于“目的”的措辞具有较强的主观色彩，尽管刑罚乃是人为设置的制度，但是它的诞生并非是完全主观的结果，它的运行也不可避免地会受到客观规律的制约，因此笔者没有采用刑罚目的的措辞。

刑罚正当化根据的论证逻辑存在问题。刑罚正当化与报应论的关系在论证上比较顺畅，但与功利论则存在冲突。“正当化”回答的问题是：为什么刑罚是正当的？报应论对此的回答是：不为什么，这么做就是对的。如果进一步解释则又会出现多种理论形态：因为这是神的旨意——神意报应理论；因为这是道德的要求——道义报应理论。但是同样的论证方法用到刑罚功利论

---

〔1〕 Todd Clear, George F. Cole & Michael Reisig, *American Corrections*, 7th ed., Thomson/Wadsworth, Belmont, CA, 2006, pp. 64-69.

〔2〕 Markus D. Dubber & Mark G. Kelman, *American Criminal Law*: *Cases*, *Statutes*, *and Comments*, New York: Foundation Press, 2005.

〔3〕 赵秉志主编：《海峡两岸刑法总论比较研究》（下卷），中国人民大学出版社 1999 年版，第 355~367 页。

〔4〕 ［日］大谷实：《刑法总论》（新版第 2 版），黎宏译，中国人民大学出版社 2008 年版，第 457 页。

〔5〕 ［日］木村龟二主编：《刑法学词典》，顾肖荣、郑树周等译，上海翻译出版公司 1991 年版，第 406 页。

上却会出现问题。为什么刑罚是正当的？刑罚功利论对此的回答是：因为刑罚有用。但是“有用”和“正当”是两个不同的命题，尤其是在区分道义论和功利论的前提下更是如此。有用的不一定是正当的，合理性不能够论证合法性，目的也不能够论证手段。暴力是解决问题有用的方式，但并不一定是正当的方式，这一类比用在刑罚上恰到好处，因为刑罚正是国家使用暴力。这种论证还隐藏着一个更为严重的隐患，那就是它容易走向“只要目的正当，可以不择手段”的极端主义误区，而对刑罚功利论在历史发展上的各种批判恰恰集中在这一点上。由此可见刑罚正当化根据与刑罚功利论的概念存在冲突，因此笔者没有采用这一刑罚正当化根据的概念。

刑罚价值概念的优势在于能够很好地统帅刑罚报应论和刑罚功利论的内容。其劣势在于，我国在“价值”方面的研究上往往将“价值”定义为客体对于主体的有用性，而这一定义的层次在价值哲学上是比较低的，如果区分本体价值和工具价值的话，这一定义仅突出了工具价值，而忽略了本体价值。

刑罚哲学概念的劣势在于，在学科分化的背景下，哲学是学科划分的一个专业术语，哲学本身是一个学科，XX 学科如果加上哲学二字还可以专指研究某学科内部最为形而上的理论部分，如法哲学。因此刑罚哲学的概念可能让人产生误解。而事实上，英美国家的刑罚哲学中的哲学（philosophy）也更倾向于“观念”，更多针对的是人类知识对于刑罚这一现象的理解，更准确的称谓是刑罚观念，而不是作为一个学科的哲学。

刑罚分配原则的概念的问题在于层次过低，无法起到统领全局的效果。但这一概念并非没有道理。因为如果采用了刑罚目的的概念，那么要实现刑罚的目的就必须在刑种的选择和刑度的裁量上进行考虑，所以说刑罚目的的内容必然会体现在刑罚分配上，也只有在刑罚分配时才能真正具体落实刑罚的目的。

矫正哲学的概念体系缺陷在于逻辑结构本末倒置，其直接的原因在于矫正概念甚嚣尘上之时，美国将刑罚等同于监狱，监狱等同于矫正，于是就有了矫正等同于刑罚的观念，因此才造成了概念体系的本末倒置。这种本末倒置反映了刑法中的教条主义倾向，将刑罚哲学直接称为矫正哲学，将刑罚功利论直接称为预防主义，将刑罚对犯罪的作用直接定义为威慑等情况都反映了这一点。要改变这种教条主义的论调，就必须避免过于自负武断地对刑罚原理进行单一论调的论述，要以谦逊的态度来对待刑罚原理。

几经权衡，笔者最终将本书名称定为《刑罚原理纲要》。

CHAPTER3 第3章

刑罚报应论

该部分对刑罚报应论的内容进行阐述。

历史梳理部分，笔者继承传统的血族复仇、血亲复仇、同态复仇，以及神意报应、道义报应、法律报应的论述顺序。在历史梳理部分，笔者对一些散轶的学说进行考察，补充了刑罚报应论的学术史，另一方面笔者将相关领域最为前沿的实证研究纳入这一体系中来，加强了该部分的理论性，使得知识体系更加丰富。

理论体系部分，笔者通过对刑罚报应论内容的本体进行解构，从而构建起报应主义内在的理论体系。该种理论体系对历史上的各种报应论形态都有着较好的解释力。

3.1 刑罚报应论的概念

3.1.1 刑罚报应论的概念解析

刑罚报应论，是认为刑罚是对犯罪人的犯罪行为进行报应的刑罚理论。

刑罚报应论的关键词是报应。报应一词来源于宗教用语，报应在《现代汉语词典》的解释是："佛教用语，原指种善因得善果，种恶因得恶果，后来多指种恶因得恶果。"〔1〕《新华词典》的解释是："佛教用语，本指由某种原

〔1〕 中国社会科学院语言研究所词典编辑室编：《现代汉语词典》（第6版），商务印书馆2012年版，第49页。

因而得某种结果，后多用来指因作恶而得恶报。”〔1〕

刑罚报应论的概念存在多种近似的表述，包括报应主义、报应刑论、报应刑主义等。尽管措辞各不相同，但是万变不离其宗，其关键词均是报应。

《新编法学词典》中作“报应主义”，其解释是：“亦称‘报复主义’，刑罚的目的在于给犯人以等量的报应。因果报应为其理论基础。报应又分为：①神意报应主义：犯罪违反神的意旨，对犯罪人判刑是违反神意的报应；②道德报应主义：犯罪违反道德，对犯罪人判刑是违反道德的报应；③法律报应主义：犯罪违反法律，对犯罪人判刑是违反法律的报应。报应主义是资产阶级刑罚理论之一。”〔2〕(不过该辞书中还收录了“刑罚报复主义”的词条。)

《法学词典》中作“报应刑主义”，其解释是：“资本主义上升时期及其以前的一种刑罚理论。认为刑罚是犯罪的报应。犯罪事实不但是刑罚的条件，而且是刑罚的唯一原因。报应刑主义理论有三：①神意报应刑主义，认为天地万物都为神支配，犯罪是违反神的命令，对犯罪人科以刑罚是根据神的意旨给予报应。②道德报应刑主义。犯罪是违反道德的行为，道德是维护社会秩序的基础，犯罪人违反道德，报应以刑罚，以维护社会秩序并加强一般人的社会道德观念。德国哲学家康德即持这种主张。③法律报应刑主义。犯罪是违反法律的行为，给予刑罚是由于违反法律所加的报应。科刑只是由于法律、犯罪和刑罚间的因果关系。德国哲学家黑格尔即主张这种学说。”〔3〕

《法学大辞典》中作“报应刑论”，其解释是：又称“报应主义”。西方刑法学者关于刑罚目的的一种学说。认为刑罚只是为了恢复社会正义或满足社会的正义感而对犯罪加以适用，意在对犯罪所造成的危害的报应，除此之外，刑罚本无其他目的。犯罪是判处刑罚的唯一原因。报应主义的理论基础是道义责任和社会正义的观念，认为犯罪为自由意志决定的结果，违反了社会正义。本着恶有恶报的道义原则，刑罚就是犯罪的必然结果，犯罪亦为刑罚的唯一根据。刑罚对犯罪的对等报应，一方面表现了社会正义的要求、同时对犯罪分子也是公平的。在报应的根据问题上，因观点不同，而区分为神意报应刑论、道义报应刑论和法律报应刑论。神意报应刑论认为，犯罪的是

---

〔1〕 商务印书馆辞书研究中心修订：《新华词典》，商务印书馆2001年版，第39页。

〔2〕 乔伟主编：《新编法学词典》，山东人民出版社1985年版，第445页。

〔3〕《法学词典》编辑委员会编：《法学词典》(第3版)，上海辞书出版社1989年版，第429页。

指在于违背了神的意旨，国家对犯罪人适用刑罚，无非是执行神的命令。道义报应刑论认为，犯罪是违反社会道德的行为，对犯罪人适用刑罚，就是对其违反道德的一种报应。法律报应刑论认为犯罪是对代表理性与正义的法律的否定，而刑罚则是对否定理性与正义的犯罪的否定。根据理论者是否主张报应是刑罚的唯一根据，报应刑论还可以区分为绝对报应刑论和相对报应刑论。绝对报应刑论认为，报应是刑罚赖以存在的唯一根据，刑罚的目的就是惩罚本身。相对报应刑论认为，刑罚既有报应的根据，又有功利的工具，刑罚对于犯罪人是报应，而对于一般人来讲，则是通过威吓而预防其犯罪。〔1〕

《法学大辞典》中作“报应主义说”（Theory of Retribution），其解释是：“又称‘惩罚说’。英美法系刑法理论中最古老的一种刑罚目的学说。认为对犯罪者的刑罚是报应。其精神源于《旧约全书》摩西提出的‘以眼还眼’的原则。根据这一原则，刑罚应与犯罪对等。这一学说随着文明的发展渐渐摒弃，因为报应刑罚会降低政府的威信，对公众有伤风败俗的影响，损害犯罪人的身体，增加社会负担。纯粹的报应不再被认为是刑罚。这种理论虽然受到批判，但理论家仍认为，在任何社会中，受犯罪所害的人们会产生对犯罪的自然愤恨，因此，报应作为刑罚的一个要素不会完全消除。”〔2〕

《牛津法律大词典》的解释是：“在刑法理论中，作为刑罚目的，报应是指刑罚作为对犯罪的一种回报，补偿的性质以及对此的追求。”〔3〕

报应有时也作“应报”，这种表述主要出现在民国时期的著作，如胡政之〔4〕、江镇三〔5〕，以及中国台湾学者的著作中，如刘幸义〔6〕、柯耀程〔7〕、林钰雄〔8〕。

---

〔1〕 邹瑜、顾明主编：《法学大辞典》，中国政法大学出版社 1991 年版，第 755 页。

〔2〕 周振想主编：《法学大辞典》，团结出版社 1994 年版，第 585 页。

〔3〕［英］戴维·M. 沃克：《牛津法律大辞典》，北京社会与科技发展研究所组织翻译，光明日报出版社 1988 年版，第 772 页。

〔4〕 胡政之：《刑律原论》，右文社中华民国三年（1914 年）发行，第 10 页。

〔5〕 江镇三：《新刑法总论》，会文堂新记书局民国二十四年（1935 年）发行，第 15 页。

〔6〕 刘幸义：《人道与人类尊严——欧洲启蒙时代刑法哲学之反思》，载《刑事思潮之奔腾——韩忠谟教授纪念论文集》，财团法人韩忠谟教授法学基金会 2000 年版，第 6 页。

〔7〕 柯耀程：《刑罚理念的变迁》，载何秉松主编：《全球化时代犯罪与刑罚新理念》，中国民主法制出版社 2011 年版，第 538 页。

〔8〕 林钰雄：《新刑法总则》，台湾元照出版有限公司 2011 年版。

3.1.2 刑罚报应论的概念辨析

3.1.2.1 报应与报复

报复，《现代汉语词典》的解释是："打击批评自己或损害自己利益的人。"〔1〕

《新编法学词典》中称为"刑罚报复主义"，其解释是："重刑主义理论之一，即以犯罪的危害程度或超过犯罪的危害程度给予刑罚，通过刑罚造成恐怖。如中国古代实行的刺面、刖足、宫割等肉刑，都是典型的报复主义刑罚。西晋廷尉刘颂说：'圣王之制肉刑，远有深理，其事可得而言，非徒惩其畏剥割之痛而不为也，乃去其为恶之具，使夫奸人无用复肆其志，止奸绝本，理之尽也。亡者刖足，无所用复亡。盗者截手，无所用复盗。淫者割其势，理亦如之。除恶塞源，莫善于此，非徒然也。'（《晋书刑法志》）这是对刑罚报复主义理论的系统表述，是封建统治者适用刑法的一个指导思想。"〔2〕

学界对于报应与报复的关系既有共识，又有争议。

学界能够达成共识的是，报应与报复存在密切关联，报应源于报复，而报复借助神灵、国家等权威获得了正当性根据从而成了报应，报应的最早形态是报复。

学界存在的争议的是，部分学者试图将报应倒退回报复，并以此为基点展开批判；部分学者则认为应当区分报应和报复，对报应论进行了肯定。前者的观点认为报复在人类发展的过程当中不断借助权威因素巩固自己，通过神灵宗教信仰、通过国家权威主义，使自己获得了充分的正当化依据，并随着国家这种政治组织的发展而逐渐进化为报应，因此二者虽有差别，但究其根本实为一体。以前叫报复，现在叫报应，换汤不换药，报应的本质依然是报复，现代的报应只不过是报复披上了正义的外衣，仅此而已。高艳东教授曾撰文《现代刑法中报复主义残迹的清算》，认为以"恶"为主线的传统刑法在相当程度上具有报复色彩，报复主义起源于人性复仇本能，个人的复仇

〔1〕 中国社会科学院语言研究所词典编辑室编：《现代汉语词典》（第6版），商务印书馆2012年版，第48页。

〔2〕 乔伟主编：《新编法学词典》，山东人民出版社1985年版，第277~278页。

本能被国家利用，在解决犯罪的同时又酝酿着新的犯罪，进而呼吁现代刑法要警惕报复主义借国家权威主义哲学观发作。后者的观点认为，报应和报复的社会属性并不相同，报应论一经脱胎于原始的报复便与其分道扬镳。[1] 邱兴隆教授指出："真正的报应论者并不主张将报应与复仇相提并论。将刑罚的报应与复仇混为一谈，给报应贴上本属于复仇的"野蛮"的标签，进而否定报应作为刑罚根据的正当性，不是对报应主义合乎理性的批判。"[2]

笔者认为应当区分报应与报复，其理由在于：

(1) 语义学对报应与报复进行了区分。前文辞书关于报复的解释具有明显的贬义，而对于报应则并无这种贬义，由此可见，故意混同报应和报复，并将报应主义称为报复主义的做法乃是对报应主义的一种蔑称。中文的措辞很能反映二者区别。报应的措辞优势就在于"应"字包含了多种意义，而这几种意义都具有很强的正向引导的效果。一是应当、应该的意思，应当、应该说明事物具有正当属性，这是一种肯定的价值判断。中国传统文化讲究因果报应，其本身包含神灵裁判的思想在内，而这一思想正好契合了神意报应的理论。二是应验、实现的意思。刑罚是报应，是反报的实现，也是神意、道义、法律的实现。与此相比，报复的"复"字并不包含正当性的含义，不具有正当性因素，不包含价值判断。恰恰相反，"复"字一方面引申为复仇，体现的是远古时期人类的对抗与斗争，蕴含的是公共秩序诞生之前古老野蛮的暴力哲学。"复"另一方面引申为不断重复，暗示报复会带来社会秩序的不稳定，正如中国古语所言"冤冤相报何时了"表达了复仇行为的非理性。

但是社会发展导致二者在社会属性上产生了截然不同的区别。事实上，措辞的变化，非常典型地反映了两者之间的区别，在这里中文措辞表现出非常强的解释能力。报应与报复，仅一字之差，但其差别就在这一字之间。笔者认为报应论的措辞更为合理，体现了理性与正义。因此，必须对报复和报应进行区分，"这种区分乃是野蛮和文明的界线"[3]。

---

[1] 这里需要说明的是，二元论学者的意见并不统一：有的学者从一开始就认为报应与报复乃是不同源的，因此其立论在一开始就旗帜鲜明地反对报复、支持报应；而有的学者承认报应与报复乃是同源的，但随着历史发展，私人报复的权利被国家刑罚权所取代，并且在现代国家中报应与报复在诸多方面表现出截然相反的属性，野蛮的是报复，而不是报应。

[2] 邱兴隆：《关于惩罚的哲学——刑罚根据论》，法律出版社 2000 年版，第 14 页。

[3] Leo Zaibert, *Punishment and Retribution*, Ashgate Publishing Limited, 2006, p. 4.

（2）学术传统就对报应与报复进行了区分。人类对报应与报复进行区别对待具有悠久的历史。古希腊神话很早就对此进行了区分，他们将其称为Nemesis和Themis。欧洲学者在对《圣经》文本解释时也指出：宽恕乃是个人对于他人侵害的所应有的反应，因此报复是不对的，但当侵犯行为涉及社会公益时，则应当受到惩罚。[1]黑格尔认为：复仇实现的是“自为地存在的单个的意志”，而刑罚实现的是“自在地存在的普遍的意志”。[2]国内外权威学者也都认为应当对报应和报复进行区分，其中Ernest Van Den Haag[3]、Andrew von Hirsch[4]、邱兴隆[5]、Markus Dirk Dubber[6]、吴宗宪[7]等也都表达了相同的观点。

（3）生理研究证明报应与报复存在区别。脑神经科学实验证明，基于正义的惩罚决定和基于冲动的惩罚决定是不同的，这一点会表现在相关大脑激活区域的差别上，详见下文“实验一：2003年Sanfey等人的实验”。

在区分报应与报复的基础上，我们可以对报应与报复的属性作如下界定：

第一，报复基于愤怒，报应基于理智。

第二，报复基于情绪，报应基于正义。

第三，报复盲目冲动，报应理性克制。

第四，报复是生物性的，报应是社会性的。

第五，报复是利己的，报应是利公的。

第六，报复破坏秩序，报应维护秩序。

第七，报复阻碍进步，报应推动进步。

以上七点会在下文的阐述中得到进一步的证实。

本书对于报应与报复的理论设计是将报应作为报复的上位概念，将报复

---

〔1〕 Antonio Beristain, *La pena-retribución y las actuales concepciones criminológicas*, Ediciones Depalma, 1982, pp. 31-35.

〔2〕［德］黑格尔：《法哲学原理》，范扬、张企泰译，商务印书馆1961年版，第108页。

〔3〕 Ernest Van Den Haag, *Punishing Criminals: Concerning a Very Old and Painful Question*, New York: Basic Books, 1975. 转引自吴宗宪：《西方犯罪学》（第2版），法律出版社2006年版，第59页。

〔4〕 Andrew von Hirsch, *Doing Justice: The Choice of Punishments*, New York: Hill and Wang, 1976. 转引自吴宗宪：《西方犯罪学》（第2版），法律出版社2006年版，第60页.

〔5〕 邱兴隆：《刑罚的哲理与法理》，法律出版社2003年版，第37页。

〔6〕 Markus D. Dubber & Mark G. Kelman, *American Criminal Law: Cases, Statutes, and Comments*, New York: Foundation Press, 2005, p. 1.

〔7〕 吴宗宪：《当代西方监狱学》，法律出版社2005年版，第126页。

作为报应的构成要素。报应论不仅包含报复性，还包含正当性，报应论是报复性和正当性的结合。而报复性是报应论的构成要素，但并不是唯一的要素，而且报应论中的报复性是经过批判和扬弃的，其自身来源于复仇而又有别于复仇，在报应论中既追求报复又受到其等位的正当性要素的限制，而报应论作为整体又要受到人道主义的限制。

3.1.2.2　刑罚报应论与宗教报应论

从总体上看，宗教报应理论的前提假设或理论基础是灵魂不灭。灵魂不灭要么进入轮回，要么脱离轮回。轮回是指生命的循环，其运行规律可以归纳为：今生的遭遇由前世决定，而今生的作为决定来世，即使这种作用不是决定性的，也起码对来世的命运有着极大的影响。如果脱离轮回，则要么升入天国，要么进入地狱，生前具有种种美德品行者升入天国，生前具有种种恶行者则堕入地狱。

由此可见，宗教报应理论与其说是报应论，不如说是功利论。因为宗教劝人向善的理论依据是生前作恶，死后受苦，今世作恶，来世受苦。于是人们为了趋乐避苦，不得不弃恶从善，而这种思维进路是典型功利主义观点，边沁的功利主义刑罚思想、费尔巴哈的心理强制学说所论述的都是这种趋乐避苦的观念。

事实上，这也是宗教理论受到时代局限的一个重要表现。因为报应论的哲学思想本身是超验的，换句话说，无法解释无法证明。报应论的观点很简单：这么做就是对的。至于为什么这么做是对的，其原因是不明确的，无法验证，是为超验。因此在过去要论证报应论的合理性，其理论诉求会不自觉地向着功利的方向发展。

3.1.2.3　报应的外语概念解析

英文中，retributivism 泛指刑罚报应论或报应主义。但需要注意的是，与“报应”相对应的概念则存在多种译法：报应译为 retribution 时强调其报复性；报应译为 desert 时强调其正当性。德文中，报应作 Vergeltung，报应主义作 Vergeltungtheorie，同态复仇作 Talions。刑罚报应论在大陆法系国家，尤其是在德国、日本也被称为绝对主义（Die absoluten theorie）。

3.2 刑罚报应论的历史梳理

刑罚报应论的历史梳理是对刑罚报应论的纵向的、历史的、动态的分析。纵观刑罚报应论的历史，可以看到报应论遵循着一条从野蛮到文明，从蒙昧到理性，从复仇到报应的轨迹发展。霍存福教授的《复仇 报复刑 报应说》一书的标题十分鲜明地体现了刑罚报应论的进化形态。复仇，乃是一种原始而古老的社会现象；而国家刑罚既具有居中裁判的正义性和中立性，又不可避免地吸收了复仇中的报复性因素，而且在相当长的一段时间内，这种报复性因素是受到强调和重视的，故又被称为报复刑；报应说则强调刑罚在理论上的正当性来源，从理论角度来证明刑罚的正当性，因此更强调其理论意义，故被称为报应说。

刑罚报应论的发展大致经历了两个阶段：复仇—报应。复仇的发展进程大致经历了血族复仇—血亲复仇—同态复仇三大阶段。报应的发展进程大致经历了神意报应—道义报应—法律报应三大阶段。

需要说明的是，①以上的分类乃是依照进化形态所作出的，但这一划分并不完全符合时间发展的顺序，众所周知，历史发展既非一帆风顺，也非泾渭分明，其间多有共存、融合、倒退等现象，本书不赘。②以上的分类乃是依照刑罚报应论的理论形态的典型性所作出的，而不是按照逻辑学的统一标准进行的分类，因此其分类体系并不周延，各概念指称各有侧重，包含内容也各有差异，各概念之间也会存在共存、交融的现象。

以下有关学术思想的论述侧重于学者对刑罚报应论的理论内容的发展所作出的贡献，但这些学者并不一定是纯粹的报应论者，也并不一定排斥刑罚功利论。

3.2.1 复仇时代

复仇，德语作 Blutrache（血雠之义）[1]。《哲学大辞典》的解释是：“对

〔1〕 柯耀程：《刑罚理念的变迁》，载何秉松主编：《全球化时代犯罪与刑罚新理念》，中国民主法制出版社 2011 年版，第 538 页。

曾伤害自己或损害自己利益的人实施报复的一种行为。"[1]

复仇是人类本能，古今中外的文化都对复仇表现出极大的兴趣。《荀子·正论》："杀人者死，伤人者刑，是百王之所同也。"秦末汉初，刘邦萧何约法三章"杀人者死，伤人及盗抵罪"便是这一思想的立法实践。《白虎通义·五行》："子复仇何法？法土胜水，水胜火也。"明代邱濬《大学衍义补》卷一一〇："按复仇之义，乃生民秉彝之道，天地自然之理，事虽若变，然变而不失正，斯为常矣。以五行之理论之，如金生水，金为火所克，水必报之；水生木，水为土所克，木必报之；木火土三行皆然。人禀五行以有生，有以生之，必有以报之；人知所生者，必报其所由生。"这种观点与"敌人的敌人就是我们的朋友"颇为相似。吕思勉先生说："复仇之风，初皆起于部落之相报，虽非天下为公之义，犹有亲亲之道存焉。"瞿同祖先生在《中国法律与中国社会》中有"亲属复仇"一节，专门探讨这一话题。霍姆斯就认为罗马法与日耳曼法起源于血亲世仇已成为一种权威的认定。[2]

复仇并非刑罚最原始的形态，但刑罚却吸收了复仇的相当一部分因素。刑罚存在于具有基本秩序的群体内部，乃是群体对于个体所施加的惩罚。复仇往往是指两个群体（部落）之间的行为，因此复仇并不属于原始的刑罚。报应论的原始形态可以追溯至复仇，但刑罚的原始形态却并非复仇。尽管如此，刑罚中却包含了复仇的合理因素。邱兴隆指出："报复刑之作为人类历史上第一种刑罚体制而存在，有其特定的社会进化背景，具有历史的必然性，是原始公有制解体与原始习惯进化的必然结果。"高艳东指出："报复的最初表现是本能复仇，基于生命本能而对侵害者施加的反击是最初报复刑法观的来源。"[3]随着国家的发展，复仇也逐渐受到限制并最终被法律明令禁止，而复仇的合理因素一部分被正当防卫吸收，而更大一部分则被刑罚所吸收。回溯刑罚报应论，其源头追溯至原始复仇时代。从原始复仇的荒蛮时代中可隐约看出报应刑的丝丝缕缕。

---

〔1〕 金炳华等编：《哲学大辞典》（修订本），上海辞书出版社2001年版，第396页。

〔2〕［美］小奥利弗·温德尔·霍姆斯：《普通法》，冉昊、姚中秋译，中国政法大学出版社2006年版，第3页。

〔3〕 高艳东：《现代刑法中报复主义残迹的清算》，载《现代法学》2006年第2期，第93页。

3.2.1.1 血族复仇

血族复仇是指由具有同一部落的家族成员进行复仇。“是原始报复长期的，顺其自然的进化的必然产物。在人类产生的一个很长时期里，由于社会的公共权力机关尚未产生或者很脆弱，因而对非正义的惩罚主要靠自己的力量；又由于当时的生活条件恶劣，人们还未独立出来，不得不依附于以血缘关系为基础的氏族来维持生存。所以对非正义行为的惩罚只能采取自助的办法。在氏族制度的最初阶段，氏族成员遭到外族伤害被视为整个氏族遭到凌辱，受害的氏族因而对加害的氏族采取集体性的报复、杀戮行动，这便是血族复仇。”〔1〕摩尔根指出：“在文明社会中，‘国家负保护人身和财产之责’，而在氏族制度下，个人安全依靠他的氏族来保护。”〔2〕恩格斯指出：“实行血族复仇或为此接受赎罪，究竟是权利还是义务这种问题，对印第安人来说是不存在的。”〔3〕假如一个氏族成员被外族人杀害了，那么被害者的全氏族必须实行血亲复仇。〔4〕恩格斯所说的全氏族的血亲复仇显然就是血族复仇。〔5〕

血族复仇出现的时候人类社会处于原始部落时期，其原因在于不同部落的冲突。在这段时期内，随着生产力的发展，人类生活区域不断扩大，不同部落的领地开始出现交集，于是就出现了对于资源的争夺，而在这种争夺的过程中势必会出现人员的伤亡，这便是血族复仇的开始。不过很显然，为了血族复仇而发动战争的代价是惨重的，尤其是当两个部落的实力相近的时候，战争对于双方的消耗是巨大的，而生产力会因为战争遭受巨大的破坏。交战的部落在经过若干战争之后就会明白这一点，因此血族复仇的替代措施也应运而生。易洛魁人的做法就是一个例子——“在易洛魁人中，血族复仇仅仅被当做一种极端的、很少应用的威胁手段”〔6〕。“在易洛魁人和其他印第安

---

〔1〕 邱兴隆：《刑罚的哲理与法理》，法律出版社2003年版，第35页。

〔2〕 [美] 路易斯·亨利·摩尔根：《古代社会》(上册)，杨东莼等译，商务印书馆1977年版，第74页。

〔3〕 [德] 恩格斯：《家庭、私有制和国家的起源》，载《马克思恩格斯选集》(第4卷)，人民出版社1972年版，第155页。

〔4〕 [德] 恩格斯：《家庭、私有制和国家的起源》，载《马克思恩格斯选集》(第4卷)，人民出版社1972年版，第83页。

〔5〕 吕思勉：《吕思勉读史札记》，上海古籍出版社1982年版，第382页。

〔6〕《马克思恩格斯选集》(第4卷)，人民出版社1972年版，第95页。

部落中，在采取非常手段前，杀人者与被杀者双方的氏族有责任设法使罪行得到调解，通常方式是赔偿相当价值的礼物并道歉；但如果被杀者氏族中的亲属不肯和解，则由氏族从成员中指派一个或多个复仇者，他们负责追踪杀人犯，直到发现了他并将他杀死才算了结。倘若他们完成了这一报仇行为，被报复一方的氏族中任何成员不得有任何理由为此愤愤不平。"〔1〕

血族复仇现象持续了很长时间。中国血族复仇的遗风一直到汉代依然有所保留。王褒《懂约》注称："汉时官不禁报怨，民家皆高楼鼓其上，有急即上楼击鼓，以告邑里，令救助。"这在"举族而居"的豪族共同体内，"邑里"自然住的都是本族成员。血族复仇本身就带有群体防卫的色彩。欧洲中世纪贵族为了维护贵族集团的利益联合对敌方进行攻击，这种现象可以被认为是欧洲封建时代的血族复仇。还有学者认为后世的族刑连坐制度"既反映了古代血族复仇的残余观念和野蛮习性，又延续扩展了这种观念习俗"〔2〕。

3.2.1.2　血亲复仇

1. 血亲复仇是指由具有血缘关系的亲属来实施复仇。

血亲复仇是对血族复仇的一种反思和改进。其原因既有客观方面，又有主观方面。从客观上看，"生产水平的发展，氏族的血缘关系逐渐松散开来，共同利益的范围开始萎缩，进而出现了从血族复仇到血亲复仇的演变"〔3〕。从主观上看，"由于血族复仇在报复对象与方式上毫无限制，其往往导致氏族之间的大混战，乃至造成整个氏族的毁灭"〔4〕。以爱斯基摩人为例，由被害者的最近的亲属代他复仇，或报复在凶手本人，或报复在他的亲属的一人身上。由于集体责任感的原则，仇恨会由上辈传给下辈，往往在正式和解成立之前，双方牺牲了许多无辜的性命。"关于血斗的实施……出事之后也许过了多少年才作报复的行动，在中间的时期，凶手仍然可以到被害者的家里去，他们也一样欢迎他，招待他，如此和平无事者若干年，忽然在出列的中途他

〔1〕［美］路易斯·亨利·摩尔根：《古代社会》（上册），杨东莼等译，商务印书馆1977年版，第75页。

〔2〕王立、雷鸣：《酷刑族诛与扩大化复仇的伦理逻辑——复仇主题中伦理之于复仇对等性和法律的僭越》，载《大连大学学报》2004年第5期，第30页。

〔3〕邱兴隆：《刑罚的哲理与法理》，法律出版社2003年版，第35、36页。

〔4〕邱兴隆：《刑罚的哲理与法理》，法律出版社2003年版，第40页。

们把他杀了；或者约他角力，他如输了便送命。”[1]因此，为了生存繁衍和生活稳定，就必须避免战争和暗杀，因此人类社会也会主动寻求途径来替代部落对抗部落的血族复仇，即使部落成员拥有强烈的复仇情绪，其寻仇行为也会受到部落首领的限制，而复仇的资格，从另一个角度来看也是复仇的义务，便自然而然落到了与被害者联系最为紧密的具有血缘关系的亲属身上。

当然从血族复仇到血亲复仇的进化是循序渐进的，并非一朝一夕一蹴而就。史料表明在特定时期确实存在一些由血族复仇向血亲复仇过渡的中间形态。例如《新唐书·松外蛮》：“凡相杀必报，力不能，则其部助攻之。”这一记载表明部落的复仇义务是补充性的，只在复仇主体自身力量不足（力不能）的情况下，部落才帮助进攻（助攻之），由于这里的所复之仇是“相杀”，则受害者本人已死，因此复仇主体可以确定是受害者的血亲。

2. 血亲复仇最为重要的特点便是主体资格。

血亲复仇较血族复仇的区别就在于复仇主体范围的限定，复仇者必须具有特定的身份，而从法学尤其是法律史学的角度来看，其中最重要的是复仇的主体资格和义务范围。“诸礼书所反映的亲族复仇问题，大抵已经脱离了原始的状态——氏族全体（在古代中国是宗族。宗族是原始社会氏族的发展形态）不分主次地一律拥有复仇义务的状况，有所改变了。复仇者的身份即复仇权利能力，主体必须具有特定身份才具有复仇权利能力。而复仇权利能力乃是一个权利与义务相统一的概念，主体不仅享有复仇的权利，也享有复仇的义务。”[2]“能够获得复仇资格的亲属只限于子女、兄弟、从兄弟三类，显然是近亲属，与西方某些国家法律明确规定的复仇者范围相当。以亲情言之，父子天性，兄弟手足情，复仇都无问题；以亲等言之，兄弟为期亲，后世一般以‘期以上亲’为亲属中较近的亲属，《唐律》中就以‘期以上亲’和‘期以下亲’划界而处遇不同。但《大戴礼记》所谓的‘族人之仇，不与聚邻’，则是过去血族共同复仇的唯一遗存。复仇的亲属范围的限定，表明中国社会正在向脱离氏族血缘羁绊的方向迈进，只是一时还不能走得太远。”[3]从

〔1〕［美］罗维：《初民社会》，吕叔湘译，商务印书馆1987年版，第498~499页。

〔2〕霍存福：《复仇 报复刑 报应说——中国人法律观念的文化解说》，吉林人民出版社2005年版，第42页。

〔3〕霍存福：《复仇 报复刑 报应说——中国人法律观念的文化解说》，吉林人民出版社2005年版，第42页。

总体上看，复仇主体的横向范围处在不断的限缩中，但在特定时期也出现过扩张的情况。在汉朝，复仇的义务主体从血亲扩展到非血亲，如《春秋公羊传·隐公十一年》：“君弑，臣不讨贼，非臣也；不复仇，非子也。”由此可见，臣子对于君主的死承担复仇义务，这可以被认为是古代忠君思想的表现。《礼记·曲礼上》有“交游之仇，不同国”，由此可见，“交游”即朋友之间也对彼此承担复仇义务，这可以被认为是古代朋友交往行为原则的表现。

复仇主体范围不仅在横向上受到限制，在纵向上也受到限制。《周礼》记载：“复仇可尽五世，五世之内。五世之外，施之于己则无义，施之于彼则无罪。所复者为谓杀者之身，乃在被杀者子孙可尽五世得复之。”[1]这种限制与现代刑法的追诉时效有异曲同工之妙，尽管会有人反驳，但这种制度或者习惯本身与追诉时效的理由如出一辙。当然也有学者对此表达了极端的看法，如《春秋公羊传·庄公四年》：“九世犹可复仇乎？虽百世可也。”对这种“百世”亦可复仇的观点，笔者更倾向于认为其是一种文学夸张，更多地是为了表达学者对于复仇观念的宣扬，并不具有规范意义，即使从“礼”的层面上看，其也缺乏规范性，而且这一说法受到了后世的诸多批判。

3. 血亲复仇既是一种权利，更是一种义务。

与血亲复仇的权利相比，血亲复仇的义务体现得更为淋漓尽致，是中国传统典故中浓墨重彩的一笔。血亲复仇会依据被害人身份的不同，对复仇义务的内容和程度进行不同规定。《礼记·曲礼上》：“父之仇，弗与共戴天；兄弟之仇，不反兵；交游之仇，不同国。”弗与共戴天，即今日成语中的“不共戴天”，依字面意思是“不能（与仇人）生活在同一片蓝天下”，其引申意思是“复仇绝不停止，直到仇人死亡复仇完成”。孔子对这三种不同的复仇义务进行了解释，原文为：“子夏问于孔子：‘居父母之仇，如之何？’夫子曰：‘寝苫枕干，不仕，弗与共天下也；遇诸市朝，不反兵而斗。’”“不反兵而斗”的意思就是在街上遇到仇人不能回家去取武器再争斗，其引申义是要随身携带武器，时刻准备复仇。“曰：‘请问居昆弟之仇，如之何？’曰：‘仕弗与共国，衔君命而使，虽遇之不斗。’”意指不能和仇人生活在同一个国家，如果是受到君主命令指派出使该国，即使遇到仇人也不能与之争斗。孔子的

---

〔1〕《周礼注疏》卷一四，载阮元校刻：《十三经注疏（附校勘记）》（上册），中华书局 1980 年版，第 732 页下。

这一思想倒是颇有现代外交的风格。“曰：‘请问居从父昆弟之仇，如之何?’曰：‘不为魁，主人能，则执兵而陪其后。’”吴荣曾先生指出：“子夏向孔子请教，如有复仇之事，自己的行动究应如何才能更合乎礼制的要求。这表明复仇在当时并非仅供探讨的儒家伦理课题，而是一种具有实践意义的贵族行为规范。儒家出于对贵族之间血缘关系的重视，把一个人能为自己亲属履行复仇的义务当作君子所必须具备的品德。当然，这种复仇和后世常见的那种子女手刃父母之仇不能相提并论，因为孔子所说的复仇是指族人的群体活动，即不仅每个人对其父母、兄弟、从兄弟都有复仇的义务，而且正如孔子所说，族的成员还要根据他和被害人亲缘的远近而承担不同的复仇义务。”〔1〕此外，《大戴礼记·曾子制言上》：“父母之雠不与同生，兄弟之雠不与聚国，朋友之雠不与聚乡，族人之雠不与聚邻。”《周礼·地官·调人》：“调人掌司万民之难，而谐和之。凡过而杀人者，以民成之。鸟兽亦如之。凡和难，父之仇，辟诸海外；兄弟之仇，辟诸千里之外；从父兄弟之雠，不同国。君之雠视父，师长之雠视兄弟，主友之雠视从父兄弟。弗辟，则与之瑞节而以执之。凡杀人有所反杀者，使邦国交雠之；凡杀人而义者，不同国，令勿雠，雠之则死。凡有斗怒者成之，不可成者则书之，先动者诛之。”

4. 复仇是一种高度义务，不复仇会带来严重后果：

(1) 复仇之前复仇者都要承受某种屈辱。因为血仇乃是一种耻辱，而复仇便是洗刷耻辱的唯一办法。《檀弓》所说的“寝苫枕干，不仕”便是如此，复仇者要睡在稻草上，枕着兵器睡觉，不能为官，喻不忘血仇，时刻准备复仇。《通典·党项》：“尤重复仇，仇人未得，必蓬头垢面，跣足蔬食，要斩仇人，而后复常。”这里，党项人在复仇之前必须蓬头垢面，不能洗漱打扮，要光脚不能穿鞋，要吃素不能吃荤，只有在杀死仇人之后才可以恢复正常生活。

(2) 不复仇会受到伦理谴责。例如《春秋公羊传·隐公十一年》：“君弑，臣不讨贼，非臣也；不复仇，非子也。”其含义是臣子不为君主复仇就不配做臣子，儿子不为父亲复仇就不配做儿子。复仇在这里被提升到一个全新的伦理高度。

(3) 不复仇会受到法律制裁。在古代的斯堪的纳维亚地区，明确规定父

〔1〕 吴荣曾：《试论先秦刑罚规范中所保留的氏族制残余》，载《中国社会科学》1984年第3期，第200页。

仇未报无权继承父亲的财产。[1]例如《唐律》规定私和为罪，孙光宪《北梦琐言》卷十八就有载："襄邑人周威，父为人所杀，不雪父冤，有状和解，明宗降敕赐死。"后世法虽然渐禁复仇，但却规定私和为罪，这既是国家刑罚权的一种权威的宣誓，也是从另一个方向对复仇进行了肯定，只不过此时复仇由私报变成了公报。

（4）不复仇会受到逝者的困扰。瞿同祖先生指出：在 Jibaro Indians 人中，当一个小孩的父亲被人杀死时，他长大了，他会明白他对死去的父亲的责任是怎样的。死者会托梦给他的儿子或兄弟，哭着叮嘱他们不要让仇人逍遥事外。如果他的儿子或兄弟不为他报仇，那么这个含冤的愤怒的冤鬼就会对他的儿子或兄弟不利了，这种对冤魂不能休息的信念，无疑是将复仇看成一种神圣义务的具体表现，使人复仇成为宗教的信仰，对于不复仇的后果的观念，更是强迫人不敢轻视他的神圣义务的一种手段。[2]

此外，很多学者都将复仇与孝联系起来，认为复仇乃是孝的表现。[3]笔者认为其实复仇的层次比孝更为基础，更为原始。孝乃是一种伦理体系的统称，而复仇只是其中的一个要素。例如，臣子对于君主的伦理称为忠，忠的理论体系中包含复仇的要素；子女对于父母的伦理称为孝，孝的理论体系中也包含复仇的要素；朋友之间的伦理称为义，义的理论体系也包含复仇。所以复仇几乎是各种美好品德必备的构成要素。

3.2.1.3　同态复仇

同态复仇是指采用与原始侵害相同的方法进行复仇。原始的复仇中追求正义存在局限性，到了原始社会后期以及奴隶社会，血亲复仇又被"以命偿命"的同态复仇所取代。这种复仇式的惩罚，正义的要求在初期完全相等，不仅在量上而且在伤害的部位上完全相等。同态复仇使复仇更趋合理化，但其只是一种本能主义观念的表现，同时又体现了绝对的平均主义的公正观念，从而只能是一种野蛮的、未开化的正义。如果立足于现代，以刑罚所应有的理性来评价这种远古的刑罚体制，其无理性自然显而易见。

---

〔1〕徐晓光：《中日古代复仇问题比较》，载《比较法研究》1994 年第 2 期，第 164 页。

〔2〕瞿同祖：《中国法律与中国社会》，中华书局 1981 年版，第 66 页。

〔3〕霍存福：《复仇 报复刑 报应说——中国人法律观念的文化解说》，吉林人民出版社 2005 年版，第 42 页。

同态复仇在西方的理论依据以圣经最为典型，《圣经》记载："以眼还眼、以牙还牙、以手还手、以脚还脚、以烧死报以烧死、以使受伤报以受伤、以鞭打报以鞭打。"[1]公元前18世纪古巴比伦的《汉穆拉比法典》规定："倘自由民宣示揭发自由民之罪，控其杀人，而不能证实，揭人之罪者应处死……倘自由民击落与之同等之自由民之齿，则应击落其齿。"[2]《汉穆拉比法典》第21条还规定："自由民侵犯他人之居住者，应在此处死并掩埋之。"该条虽然不是严格意义的同态复仇，但其要求处死和掩埋地点为"在此"的规定显然包含了深刻的同态复仇思想。

3.2.1.4 复仇小结

同态复仇与血族复仇、血亲复仇这三个概念并不是按照统一的逻辑标准所进行的分类，因此这种分类并不具有逻辑学上的周延性。血族复仇、血亲复仇强调复仇主体，同态复仇强调复仇的方法。一般认为血族复仇存在于原始部落时期，血亲复仇存在于原始部落向奴隶制国家过渡时期，而同态复仇更强调原始奴隶制国家的刑罚具有同态复仇的特性。但这种划分是相对的，而不是绝对的，在历史中也可能存在相互的交叉。例如，同态复仇强调的是复仇的方法，因此由血族或者血亲进行的复仇行为完全可能采用同态复仇的方法，以其人之道还治其人之身。

3.2.2 报应时代

报应是刑罚报应论进化的相对高级形态。纵观报应主义的生命历程，根据时代的变迁以及报应根据（为何报应）之本源的不同，报应主义经历了三种理论形态：神意报应、道德报应、法律报应。

这种分类方法得到了贝卡里亚的印证。贝卡里亚认为："神明启迪、自然法则和社会的拟定契约，这三者是产生人类行为的道德原则和政治原则的源泉。"[3]这三个源泉恰好与上述三大报应论形态形成一一对应，神明启迪对应了神意报应，自然法则对应了道义报应，社会的拟定契约也就是世俗的法律

---

〔1〕《圣经·旧约·出埃及记》（Exodus）21：24~25。

〔2〕《世界著名法典汉译丛书》编委会：《汉穆拉比法典》，法律出版社2000年版，第10、92页。

〔3〕［意］切萨雷·贝卡里亚：《论犯罪与刑罚》，黄风译，北京大学出版社2008年版，第3页。还可参见黄风：《贝卡里亚及其刑法思想》，中国政法大学出版社1987年版，第138页。

对应了法律报应。

3.2.2.1 神意报应

神意报应是指报应来源于神的意志。神意报应，英文作 divine retribution。[1]德文作 Göttliche Vergeltung。早期人类受制于外界自然的神奇力量，于是拥有丰富的想象力的人类便创造出蕴藏于自然界深处的主宰着人类幸福与痛苦的万能之神。神要求对犯罪之罪恶回击以严惩。神意报应的特点是以神意作为刑罚权的根据，由此论证刑罚的正当性。报应论的早期阶段，视犯罪为对神的旨意的违反，刑罚则是神对犯罪的相应的回报。神意报应通过与“君权神授”的国家权威理论相沟通，从而为国家刑罚权的权威来源奠定基础。神意报应的思想盛行于古代及中世纪。其以神意来解释刑罚正当性，认为犯罪是对神意的触犯，理应受到神的责罚，国家根据神的意志，对犯罪人予以惩罚，以维护社会正义。

神意报应在古今中外的文献中都有大量的记载：

《尚书·皋陶谟》记载：“天讨有罪，五刑五用哉!”其中“天讨有罪”的说法代表了典型的神意报应的思想，即追究犯罪乃是上天的旨意。《抱朴子》转引另一失落著作写道：“天地有司过之神，随人所犯轻重，以夺其筭(同‘算’)。……罪状大者夺纪，纪者，三百日也。小者夺筭，筭者，三日恶意。……若筭未尽而死者，皆殃及子孙也。”

欧洲在中世纪处于神学意识形态统治时期，神意报应乃是刑罚理论的重要部分。“在整个欧洲的古代时期，凡是给他人造成重大损害的行为都要受到神的严厉惩罚。在这种情况下，使罪犯受到严重的痛苦是为了安抚受到亵渎的神灵。”[2]奥古斯丁乃是中世纪宗教神学的代表人物，也是典型的神意报应的代表，他指出：“罪是奴役制度之母，是人服从人的最初原因，它的出现不是超过最高的上帝的指导，而是依照最高的上帝的指导，最高的上帝才明白怎样对人的犯罪施行适当的惩罚。”[3]托马斯·阿奎那认为人的意志应当服从

---

〔1〕 Richard Adamiak, *Justice and Hisotry in the Old Testament: the Evolution of Divine Retribution in the Historiographies of the Wilderness Generation*, Cleveland: J. T. Zubal, 1982. María José Falcón y Tella & Fernando Falcón y Tella: *Punishment and Culture*, Leiden, Boston: Martinus Nijhoff Publishers, 2006, p. 139.

〔2〕 [英] J.W. 塞西尔·特纳：《肯尼刑法原理》，王国庆等译，华夏出版社1989年版，第6页。

〔3〕 [古罗马] 奥古斯丁：《上帝之城》（下卷），王晓朝译，人民出版社2006年版，第100页。

以下三种命令：第一，人的本性要服从自己理性的命令；第二，个人作为国家和家庭的成员要服从另一个在精神上或在事实上统治着他的人的命令；第三，要服从神授政权的一般命令。但是，犯罪妨碍对每一种命令的执行，犯罪人的行为违背了理性，并触犯了人法和神法，因此，犯罪人要遭受三重惩罚：第一，自我惩罚，即良心的谴责；第二，他人的惩罚；第三，上帝的惩罚。此处论述阿奎那的理由在于，阿奎那作为一名神学家对神意报应理论的构建做出了贡献，不过这并不代表阿奎那反对刑罚功利论的思想，事实上阿奎那对刑罚功利论的思想也多有论述。〔1〕17 世纪开始的西班牙神学院就允许由获得神授权力的合法机构来进行报应。〔2〕德国学者 Stahl 认为："神之秩序，发现于俗界，是为国家。身体健全，财产保护，家庭秩序，国家存立，寺院存续，莫非神明秩序之基础，有破坏秩序之犯罪人，命令俗界之权力代表者（国家），加之以刑罚，是即国家刑罚权之所由来也。"〔3〕此外，德国主张神意报应的学者还有 Jarcke、Bekker、Walter 等。〔4〕一直到二战之后，德国的福音新教和天主教两个教派的教会依然都支持报应理论。〔5〕

日本氏族法时期的刑罚也具有明显的神意报应的色彩。当时"宗教与法律处于未分离的状态，犯罪的观念以神为中心而构成"〔6〕。在日本的古语中，犯罪被称为"つみ"，其本意指对神的禁忌，即亵渎神灵的威严和情景的丑恶事物。"所以有犯罪发生时，不仅仅要对犯罪者通过袚除来清除恶秽，国民也要通过袚除来祈求神威的宽宥，对国土全体清除罪恶（神罚主义）。"〔7〕

---

〔1〕［美］莫蒂默·艾德勒、查尔斯·范多伦编：《西方思想宝库》，《西方思想宝库》编委会译，吉林人民出版社 1988 年版，第 963~964 页。

〔2〕 Francisco de Vitoria, Relectio de potestate civili.

〔3〕 F. J. Stahl, *Die Philosophie des Rechts*: *Nach Geschich*, 1833.（斯特尔《法哲学》1833 年德文版。转引自王觐：《中华刑法论》，中国方正出版社 2005 年版，第 3 页。）

〔4〕 Carl Ernst Jarcke, *Handbuch des gemeinen deutschen Strafrechts*, Nachdr. der Ausg. Berlin, Dümmler, 1827-1830 , Goldbach: Keip, 1996.（惹尔克《德意志一般刑法》1830 年德文版，1996 年再版。）Ernst Immanuel Bekker, *Theorie des heutigen deutschen strafrechts*, Hirzel, 1859.（毕叶克尔《刑法现时之主义》1859 年德文版。）Ferdinand Walter, *Naturrecht und Politik im Lichte der Gegenwart*, 2 Aufl. , Adolph Marcus, 1871.（洼尔托《自然法及政治》1863 年第 1 版，1871 年第 2 版。）以上引注另可参见王觐：《中华刑法论》，中国方正出版社 2005 年版，第 3 页。

〔5〕 H. H. Jescheck, T. Weigend, *Allgemeiner Teil*, Berlín: Duncker & Humblot, 1988.

〔6〕［日］石井良助：《日本法制史概说》，创文社 2002 年版，第 40 页。

〔7〕 参见周振杰：《日本刑法思想史研究》，中国法制出版社 2013 年版，第 13 页。袚除，是指日本古代通过祭祀消除神灵愤怒的一种独特刑罚，详见上书。

神意报应曾在刑罚史上对刑罚的正当化起到了理论支撑的作用。但随着人类社会的发展和知识的积累，这种带有浓厚宗教神秘色彩的学说终将被淘汰。

3.2.2.2　道义报应

道义报应，英文作 moral retribution 或 deontological desert，德文作 Sittliche Vergeltung。[1]《中华法学大辞典·刑法学卷》的解释是西方报应刑的一种。此说认为，道德是维护社会秩序的基础。犯罪是违反道德的行为。对犯罪人适用刑罚，是对于违反道德者过去的罪恶所施的道德报应，应以其道德罪过为基础，作用在于解除犯罪人因犯罪而引起的道义上的责任，恢复他人作为目的的价值，恢复被犯罪所侵害的道德秩序。如果说披着神学外衣的神意报应主义走上了神坛，从而扭曲了刑罚权的创设与执行的根据，那么道义报应主义则使报应主义世俗化并趋向于真理性的认识与发展。

学术史上众多学者都曾对报应做过阐述：

（1）中国学术史上，孔子、孟子都有过报应主义的观点。有人问孔子："以德报怨，何如?"子曰："何以报德？以直报怨，以德报德。"孟子云："吾今而后知杀人亲之重。杀人之父，人亦杀其父；杀人之兄，人亦杀其兄。然则非自杀之也，一间也。"[2]值得注意的是，孟子这里的论调是：某人杀了别人的父亲，他自己的父亲也会被杀，某人杀了别人的兄弟，他自己的兄弟也会被杀。孟子并没有主张要对杀人者进行报复，但他认为杀人者必定会受到同等的对待。同等对待在法律术语中被称为对等原则，这种对等原则恰恰是报应思想的精髓所在，也是报应区别于报复、复仇行为的关键。

（2）古希腊时期，苏格拉底、亚里士多德都提出了有关报应的理论。苏格拉底认为："恶行本身在罪恶中是第二位的，第一位的最大的恶是作恶和逃避惩罚。"[3]亚里士多德是古希腊哲学的重要代表人物，也是西方道义报应论的始祖。"以主观责任为标志的道义报应，缘起于罗马法时代，与古希腊哲学

---

〔1〕 王觐：《中华刑法论》，中国方正出版社2005年版，第13页。

〔2〕《孟子·尽心下》。

〔3〕《高尔吉亚篇》，载［古希腊］柏拉图：《柏拉图全集》（第1卷），王晓朝译，人民出版社2002年版，第316~426页。

和罗马法学思想的兴起有着直接渊源关系。"〔1〕亚里士多德指出"我们力所能及的恶，都是应受责备的。"〔2〕"人类所不同于其他动物的特性，就在于他对善恶和是否合乎正义以及其他观念的辨认。"〔3〕"击者与被击者，杀人者与被杀人者，行者与受者，两者分际不均，法官所事，即在施刑罚以不起利益之不均而均之。"〔4〕这句话翻译成现代汉语的意思是："倘若是一个人打人，一个人被打，一个人杀人，一个人被杀，这样承受与行为之间就形成了一种不均等，于是就以惩罚使其均等，或者剥夺其利得。"〔5〕

（3）启蒙运动时期，荷兰启蒙思想家格老秀斯主张刑罚的本质在于报应。格老秀斯以自然法为基础，指出："自然法有三项原则：第一，不要触犯别人财产。第二，遵守契约。第三，惩罚犯罪行为。""有约必践、有害必偿、有罪必罚等都是自然法。""惩罚之苦等于行为之恶"，同时他也认为应把报应与预防结合起来。〔6〕密尔虽是功利主义者，但却同样发表过报应主义的观点，他指出："但是他之受到这些惩罚只是作为那些缺点本身的自然的和也可说自发的后果，而是有谁为了惩罚之故有目的地施罚于他。"〔7〕

亚当·斯密是古典经济学的鼻祖，但他在道德哲学方面的贡献却往往被忽略。近年来的经济学与神经科学的交叉学科研究在学术史上对亚当·斯密的贡献进行了重新的认识和评价，使其在关于"惩罚"问题上的思想重新受到世人关注。（经济学与神经科学交叉学科研究详见下文"3.2.3.3 刑罚报应论的微观实证研究"。）

亚当·斯密指出："还有一种源于人类行为举止的品质，它既不是指这种行为举止是否适当，也不是指庄严有礼还是粗俗卑下，而是指他们是一种毋庸置疑的赞同或反对的对象。这就是优点和缺点，即应该得到报答或惩罚的

---

〔1〕 邱兴隆：《刑罚的哲理与法理》，法律出版社 2003 年版，第 47 页。

〔2〕［古希腊］亚里士多德：《尼各马科伦理学》，苗力田译，中国社会科学出版社 1990 年版，第 51 页。

〔3〕［古希腊］亚里士多德：《政治学》，吴寿彭译，商务印书馆 1983 年版，第 8 页。

〔4〕 法学教材编辑部《西方法律思想史编写组》编：《西方法律思想史资料选编》，北京大学出版社 1983 年版，第 32 页。

〔5〕［古希腊］亚里士多德：《尼各马科伦理学》，苗力田译，中国社会科学出版社 1990 年版，第 95~96 页。

〔6〕 马克昌主编：《近代西方刑法学说史略》，中国检察出版社 2004 年版，第 7 页。

〔7〕［英］约翰·密尔：《论自由》，许宝骙译，商务印书馆 1959 年版。

品质。"[1]亚当·斯密的这一言论与下文康德"刑罚是一种绝对命令"几乎如出一辙，对于行为本身已经无需更多评价，而对行为的赏罚则变得不证自明。亚当·斯密关于惩罚的理论体系可以基本概括为以下几个方面：

（1）惩罚的原因："迅速和直接地促使我们去惩罚的情感，即为愤恨。"[2]

（2）惩罚的对象："表现为适宜而又公认的愤恨对象。"[3]"作为他人自然的愤恨对象的人，同样应该受到惩罚，这种愤恨是所有理智的人愿意接受并表示同情的。在我们看来，那种行为显然确实应该得到报答，而且每个了解它的人都乐于给予报答。"[4]这一论述可以认为是后文的经验报应和大众正义直觉研究的先声。（详见下文"3.2.3.2 刑罚报应论的宏观实证研究"。）

（3）惩罚的内容："是一种报答和偿还，尽管它的表达方式不同，即以恶报恶。"[5]

（4）惩罚的原理："如果某人严重地伤害了我们，例如，他杀害了我们的父亲或兄弟，而后死于一场热病，或因其他罪名而被送上断头台，那么，尽管这可以平息我们的愤恨，但是不会完全消除我们的仇恨。仇恨不仅使得我们渴望他受到惩罚，而且因为他对我们所做的严重伤害而渴望亲手处置他。除非这个罪犯不仅自己痛苦，而且他因为对我们犯下这样的罪恶而感到伤心，否则的话，仇恨是不可能完全消除的。他应该为这样的行为而感到愧疚和后悔，那样，其他人由于害怕受到同样的惩罚，就不会再去犯同样的罪行。这种激情的自然满足必然会产生惩罚的一切整治效果：对罪犯的惩罚和对公众的告诫。"其结论显然是报应与一般预防的结合。[6]

由此可见，亚当·斯密在关于惩罚的问题上基本持道义报应的观点，而他的论述也在后世的研究中得到进一步的验证。

康德是德国古典哲学的重要代表人物，他为刑罚报应论的建构做出重要贡献。康德的道义报应包含以下内容：

---

〔1〕［英］亚当·斯密：《道德情操论》，王秀莉等译，上海三联书店2008年版，第67页。
〔2〕［英］亚当·斯密：《道德情操论》，王秀莉等译，上海三联书店2008年版，第68页。
〔3〕［英］亚当·斯密：《道德情操论》，王秀莉等译，上海三联书店2008年版，第68页。
〔4〕［英］亚当·斯密：《道德情操论》，王秀莉等译，上海三联书店2008年版，第71页。
〔5〕［英］亚当·斯密：《道德情操论》，王秀莉等译，上海三联书店2008年版，第68页。
〔6〕［英］亚当·斯密：《道德情操论》，王秀莉等译，上海三联书店2008年版，第68~69页。

（1）康德的道义报应理论乃是康德哲学体系的一个重要组成部分。首先，“刑法是一种绝对命令（德文 Kategorischer Imperativ，中国台湾地区有人译为‘无上诫命’）。”〔1〕这一观点乃是康德刑罚报应论的核心所在。这一阐述更准确的含义是，犯罪应当受到刑罚处罚乃是绝对命令。绝对命令乃是康德哲学的重要概念，“对客观原则的概念，就其对意志具有强制性来说，称为理性命令，对命令的形式表述称为命令式。……假言命令把一个可能行为的实践必然性，看作达到人之所愿望的、至少是可能愿望的另一目的的手段。……定言命令，即绝对命令则把行为本身看作自为地客观必然的，和另外的目的无关。”〔2〕基于刑罚是一种绝对命令，康德指出：“惩罚应当强加于不法之徒身上，仅仅因为他犯了罪，不是因为他犯罪时带有可谴责的动机，也不是因为惩罚他所得到的任何好处。”简而言之，对犯罪施加刑罚并不是因为刑罚能有什么作用，而是因为这么做就是对。

（2）康德对上述观点的贯彻是否彻底，值得讨论。通说认为康德是报应论者，而且是绝对主义的报应论者。首先关于绝对主义的概念需要进行解释：当报应论与功利论相对时，报应论称为绝对主义，功利论称为相对主义〔3〕；但是如果对报应论做进一步划分，报应论还可以分为绝对报应论和相对报应论，前者乃是纯粹的、排他的报应论，排斥功利论的考量，而后者是包容的、兼顾的报应论，允许功利论的考量。鉴于本书采取报应与功利对立统一的论述方式，绝对和相对的划分仅用于报应论的进一步划分。

在谋杀犯罪上，康德的态度是坚决的，他指出：“甚至假定有一个公民社会，经过它所有成员的统一，决定解散这个社会，并假定这些人是住在一个海岛上，决定彼此分开散居到世界各地，可是，如果监狱里还有最后一个谋杀犯，也应该处死他以后，才执行他们解散的决定。应该这样做的原因是让每一个人都可以认识到自己言行应得的报应，也认识到不应该把有血债的人留给人民。”〔4〕

---

〔1〕［德］康德：《法的形而上学原理——权利的科学》，沈叔平译，商务印书馆 1991 年版，第 164 页。

〔2〕［德］伊曼努尔·康德：《道德形而上学原理》，苗力田译，世纪出版集团、上海人民出版社 2005 年版，第 31~32 页。

〔3〕王世洲：《现代刑罚目的的理论与中国的选择》，载《法学研究》2003 年第 3 期，第 111 页。

〔4〕［德］康德：《法的形而上学原理——权利的科学》，沈叔平译，商务印书馆 1991 年版，第 166 页。

在其他若干情况下，康德的态度并非十分坚决。在关于国家首脑犯罪时，康德在论述国家元首的豁免权时指出："他作为最高权力，对一个臣民，由于他犯了罪而加痛苦于他……国家首脑却不能因此而受到惩罚，只是可以免除他的最高地位。"[1]笔者认为这一点还是可以进行辩护的，它来源于对于国家权力和法律的先验的前提假设，类似于"上帝是至上至善的，没有人比上帝更高，所以即使上帝犯了错，也没有人能惩罚上帝，但上帝会不再至善从而失去至上的地位"。在依照法律需要处死所有人从而危及法律自身的情况时，康德也提到了赦免权的使用。

此外，康德在"母亲杀害私生子犯罪"和"军人受辱而在决斗中杀害战友犯罪"中采用了"违反法律"的措辞，而不是依据"道德的绝对命令"。

笔者认为较为中肯的评价是：康德比其他学者都要绝对，但康德自己似乎也没有绝对到底。康德拒绝将功利因素作为主要的刑罚目的，但他并不排斥在实现报应之时同时包含功利的作用，因此康德的理论乃是报应优先、报应主导的。

(3) 刑罚是犯罪人的自由选择。康德指出："可以这样说：'如果你诽谤了别人，你就是诽谤了自己；如果你偷了别人的东西，你就是偷了你自己的东西；如果你打了别人，你就是打了你自己；如果你杀了别人，你就是杀了你自己。'这就是报复的权利……任何一个人对别人所作的恶行，可以看作是他对他自己作恶。"[2]一个形象的比喻就是围成一圈的多米诺骨牌，如果其中一块推倒了前面那块（犯罪），那么当一圈多米诺骨牌倒下的时候，最终也将砸到最初推倒别人的那块。你推倒了别人也就推倒了自己；或者说当你选择推倒别人时，你就选择了推倒自己；又或者说当你选择让别人倒下时，你就选择了让自己倒下。刑罚是绝对命令，因此当一个人选择犯罪时，他也就选择了刑罚。有趣的是，康德的论述与前文孟子的观点"杀人之父，人亦杀其父；杀人之兄，人亦杀其兄"[3]的观点不谋而合，其行文都十分相似。与其在这里讨论中外文化的差异，还不如认为这是一种超越国家差异、民族差异

---

〔1〕［德］康德：《法的形而上学原理——权利的科学》，沈叔平译，商务印书馆 1991 年版，第 163 页。

〔2〕［德］康德：《法的形而上学原理——权利的科学》，沈叔平译，商务印书馆 1991 年版，第 164~165 页。

〔3〕《孟子·尽心下》。

的人类文化共性。

（4）报应是刑罚的首要目的，功利绝不是刑罚的首要目的，只有在报应得到满足时，才可以兼顾功利的因素。康德指出：“司法的或法院的惩罚不同于自然的惩罚。在后者，罪即是恶，将受到自身的惩罚，这不在立法者考虑的范围。法院的惩罚绝对不能仅仅作为促进另一种善的手段，不论是对犯罪者本人或者对公民社会。惩罚在任何情况下，必须只是由于一个人已经犯了一种罪行才加刑于他。因为一个人绝对不应该仅仅作为一种手段去达到他人的目的，也不能与物权的对象混淆。一个人生来就有人格权，它保护自己反对这种对待，哪怕他可能被判决失去他的公民的人格。他们必须首先被发现是有罪的和可能受到惩罚的，然后才能考虑为他本人或者为他的公民伙伴们，从他的惩罚中取得什么教训。刑法是一种绝对命令。不能根据法利赛人的格言：‘一个人的死总比整个民族被毁灭来得好。’于是要求犯罪者爬过功利主义的毒蛇般弯弯曲曲的道路，去发现有些什么有利于他的事，可以使他免受公正的惩罚，甚至免受应得的处分。如果公正和正义沉沦，那么人类就再也不值得在这个世界上生活了……因为，如果正义竟然可以和某种代价交换，那么正义就不成为正义了。”〔1〕

笔者对于康德理论的评价是：从总体上看，康德是报应论者，他主张报应优先、报应主导的刑罚理论。康德关于刑罚的理论是较为进步的，无论是在康德所生活的年代还是在当代。康德的道义报应理论可以认为是刑罚报应论迄今为止在哲学层面上最高的理论。尤其是康德对于人作为目的的强调，对刑罚的人道化有着重要的推动作用。因为他实现了报应的理论体系在人的内部循环，使其论证能够实现封闭的逻辑回路。至于部分情况下确实存在功利因素的考量也是事实，但就此否定康德是报应论者的观点则显然矫枉过正。〔2〕至于康德是否属于绝对主义，则取决于对绝对主义概念的理解。从报应论的立场上看，则康德的措辞是坚定而强烈的，其理论的例外情况也得到了说明，但这些说明的说服力可能不甚充分。从功利论的立场上看，康德反对功利论的考量，而且措辞甚为激烈，在部分情况下又对功利因素进行了认

〔1〕［德］康德：《法的形而上学原理——权利的科学》，沈叔平译，商务印书馆 1991 年版，第 164 页。

〔2〕邱帅萍：《刑罚目的的理论研究——基于近代刑罚的思想史的解读》，北京师范大学 2012 年博士学位论文，第 3 页。

可，只能说在这里是康德没有把绝对主义坚持到底而已。

康德理论的缺点在于以下三个方面：①其哲学基础是超验的，无法证实。②其实践操作容易导向同态复仇，因为只有在同态的情况下才能把握等量的要求。③康德在同态复仇的问题上，绕了个大圈，却回到了原点。④其结论似乎过于追求极致，以至于缺乏一点恻隐之心。笔者认为将中华传统文化中的“恻隐之心”用在这里是很准确的，笔者本来想用人道主义的措辞，但康德理论体系本身是强调尊重人的，是符合人道主义的。康德和黑格尔最大的差别就在于，康德认为一个小岛要解散公民共同体，那么监狱里的最后一个犯人也要处死，当然在康德的语境下，死刑乃是对公民的尊重。但黑格尔在文章的最后还是做了一点保留，他说“死刑变得愈来愈少见了；作为极刑，它应该如此”。〔1〕

笔者对康德思想的文献考察以《法的形而上学——权利的科学》为准，因为康德对犯罪与刑罚问题的论述集中于这一著作。很多学者对康德的不同阐述往往依据康德的其他著作，这种做法存在一定问题。康德哲学最知名的三大批判《纯粹理性批判》《实践理性批判》《批判力批判》等著作并不直接阐述刑罚或者犯罪，以这些观点为基础来进行推演从而得出康德对于刑罚的结论是有问题的，其推导过程很有可能加入了后来学者的主观因素，并不符合康德本意。考虑到这一问题，笔者对于刑罚报应论的阐述还有意避开了自由意志和道德责任的问题。通说认为自由意志、道德责任是刑罚报应论的组成部分，而笔者认为这种观点值得商榷。因为犯罪人承担刑罚是自由选择的结果，是以刑法是绝对命令为前提的。但刑法为什么是绝对命令？因为人有自由意志，所以要承担道德责任？显然这种解释陷入了循环论证。事实上，刑法是绝对命令是无法证明的，因为一旦证明就意味着要接受检验，而绝对命令本身的定义就是先验的、超验的。也有学者将康德理论纳入法律报应的范畴，此处不赘。〔2〕

以下学者的思想也可以纳入道义报应的范畴：

德国学者 Bar 提出了道义谴责的理论（Theorie der sittlichen Missbilligung）。

---

〔1〕［德］黑格尔：《法哲学原理》，范扬、张企泰译，商务印书馆 1961 年版，第 104 页。

〔2〕参见王觐：《中华刑法论》，中国方正出版社 2005 年版，第 13 页；高铭暄等主编：《中华法学大辞典 · 刑法学卷》，中国检察出版社 1996 年版，第 110~111 页。

他指出："判断人类行为之善恶，乃伦理之本质，国家对于违反伦理原则之犯罪人，有加之以咎责之权利，刑罚，即此咎责之表示者也。然则定刑罚之标准，惟有依据道德而已。"他的理论，与今天的积极一般预防理论有着惊人的相似。（这也反映了报应论与功利论的内在统一，还反映了在早期，许多理论其实没有成功将二者进行剥离。）在他看来，刑罚的宗旨在于表达公众对刑法禁止行为的谴责，刑罚应具有沟通（Kommunikativ）的元素，即以刑罚的判处与社会公众进行沟通。[1] Lammasch 也指出刑罚能促成规范内化（Norminternalisierung），并能对犯罪防止起作用。[2]这种理论与后世积极一般预防一样，其定位事实上介于刑罚报应论与刑罚功利论之间，往往与二者都有相似之处。

德国学者 Herbart、Geyer 认为："刑罚所以否认犯罪人之恶行者也。凡由犯罪所生一切不适当之事情，惟刑罚得消灭之；由犯罪所发生之不权衡，惟刑罚能匡正之；固有犯罪，必有报应，报应（刑罚）与犯罪，尤应保持均平，犯罪而无报应，则不适当之事情不灭，权衡亦因之而破，使人发生道德上嫌恶之感。学者又称道德的报应主义，为刑罚之美的必要主义，所为犯罪行为，有伤美的感觉，报应即所以回复社会之美的秩序者，良有以也。"有学者指出，Herbart 认为刑罚之报应"是一种社会美的要求（Ästhetische Notwendigkeit）"。[3]

英国学者 James F. Stephen 指出："在这个国家人们对于谋杀、强奸、纵火、抢劫、盗窃等的态度只有憎恶。毫无疑问法律为这种憎恶提供了强有力的支持。任何增加犯罪行为的道德罪过的因素都会带来刑罚配置上的加重。刑罚之于公众对于犯罪的道德感受，就像印章之于热蜡。尽管有可能是超验

---

〔1〕 Carl Ludwig von Bar, *Geschichte des deutschen Strafrechts und der Strafrechtstheorien*, 1882. 转引自 Sven Terlinden, *Von der Spezial- zur positiven Generalprävention*, Verlag Dr. Kovač, 2009, S. 32.

〔2〕 Heinrich Lammasch, *Über Zweck und Mittel der Strafe*, in: ZStW 9 (1889), S. 423 (427).

〔3〕 Carl Ludwig von Bar, *Handbuch des Deutschen Strafrechts*, Bd 1, Weidmann, 1882.（方巴尔《德国刑法手册》1869 年德文版。转引自王觐：《中华刑法论》，中国方正出版社 2005 年版，第 13 页。）Johann Friedrich Herbart, *Allgemeine praktische Philosophie*, Danckwert, 1808.（赫尔巴特《一般实际哲学》1808 年德文版。转引自王觐：《中华刑法论》，中国方正出版社 2005 年版，第 13 页。）August Geyer, *Geschichte und System Der Rechtsphilosophie in Grundzügen*, Verlag der Wagner'schen Universitäts-Buchhandlung, 1863.（格叶尔《法律哲学之沿革及系统》1863 年德文版。转引自王觐：《中华刑法论》，中国方正出版社 2005 年版，第 13 页。）

的，但它还是会被永久地定型。很少有人会去怀疑或求证某人是否真的实施了不道德的行为，但他曾受到刑罚处罚的印记却会伴随他终生。简而言之，刑罚的处罚为犯罪行为所带来的憎恶提供了明确的表达和庄重的认可。因此刑法得以实行的原理在于对犯罪人的仇恨在道德上是正确的，而这又为对犯罪人科处刑罚提供了正当化的根据……这种观点在很多人看来是邪恶的，因为我们总是认为憎恨是不对的，也不应该寻求复仇。这种认为憎恨和复仇本身就是邪恶的教条在我看来是如此的矛盾，也没有什么有力的证据能够证明这一点。爱与恨，受益则表示感激，受害则渴望报复，他们的关系就像凹和凸的关系一样是相辅相成的……对于这些习惯的批判本身就揭示了他们乃是人性本性。无可置疑的是这些情感存在滥用的风险，而在某些社会群体中这种需求是过剩的，他们更需要受到抑制而非强化，但是对这些情感的批判就像对性冲动的批判一样是不恰当的。在所有能够有意识地表达愤怒和进行正当谴责的形式中，刑事司法乃是其中最有力的一种，就像婚姻对于性冲动一样。”〔1〕他的观点被后世学者称为攻击性报应（assaultive retribution）。〔2〕

英国学者 Bradley 也指出：“科刑是因为我们亏欠，仅此而已。……一旦拥有了惩罚的权力，我们就可以考虑很多的因素，如自身的便利、社会的福祉，犯罪人的利益等，如果不考虑这些因素显然是很愚蠢的。但是这些因素都是外围的，它们并没有赋予我们惩罚的权力。赋予我们惩罚的权力的，乃是对犯罪的报应。除非我应该受罚，否则我不会受到惩罚。那么依此观点我何时会受到惩罚呢？当我有罪之时。当我做错之时。当我有意地让自己成为支持错误而否定正确的部分之时。此时，我支持错误，乃是错误的实现。这是因为刑罚是通过对正确的肯定而对错误的一种否定。”〔3〕“惩罚只有在其是该当的场合才成其为惩罚。我们付出刑罚是因为我们欠刑罚而不是因为任何其他理由。而且，如果惩罚的施加不是因为它是错误所值得的，而是出于此外的任何其他理由，它便是一种严重的不道德，一种惊人的不正义，一种令人憎恶的犯罪，而不是它所伪装的东西。”〔4〕美国学者 Peter French 也表达了

〔1〕 James F. Stephen, *A History of the Criminal law of England*, Macmillan, 1883, pp. 81-82.

〔2〕 Jeffrie G. Murphy & Jean Hampton, *Forgiveness and Mercy*, Cambridge University Press, 1988, p. 3.

〔3〕 F. H. Bradley, *Ethical Studies*, Oxford University Press, 1927, pp. 26-29.

〔4〕 F. H. Bradley, *Ethical Studies*, Oxford University Press, 1927, pp. 26-27.

相同的观点。[1]这种将报应情感在道德上进行升华的思想显然应当被纳入道义报应的范畴。

日本学者大场茂马（1869—1920年）是刑法旧派思想在日本传播的先驱。“在刑罚论中，他主张刑罚必须与正义观念相一致的报应刑论。他所谓的正义指与行为人欲为之意思以及所为之行为相对的正当报应，换言之，即与作为与罪责成正比例的恶害的实质也即正义相适应的报应。所以他认为，报应刑不仅是满足人的本来的性情而且是满足正义要求的事物，报应的观念构成了民众的道义常识，报应的性情使正义观念的实现成为可能。”[2]

日本旧刑法（1880年刑法）时期的宫城浩藏是以报应为基础的二元一体论者，就刑罚权的基础，宫城浩藏从折中主义的立场出发，提出了“违背道德之恶害，也即社会之恶害，可出发至”与“社会之恶害，也即对道德之违背，亦可处罚之”的主张，他将刑罚定义如下：所谓刑罚，即社会公权力以犯罪为理由对罪犯所科处的痛苦。

日本学者泷川幸辰从1910年代开始，在对近代市民社会成立时的启蒙刑法思想，即前期就表示出关心与崇拜的同时，又构筑了其以旧派理论为框架的刑法理论。他认为，“刑罚的本质是对动的反动，刑罚是以有犯罪被实施为条件对犯罪人所施加的恶报，必须是与犯罪相均衡的意义上的报应，虽然刑罚的终极目的是维护社会秩序（通过一般预防和特殊预防），但不能允许为实现此目的超越报应来探求刑罚的本质。”[3]他指出：“刑罚是对犯罪的报应，对恶行的恶报。对于刑罚的要素，从以前的认识看就不少。前述意义的报应，即对恶行不给予恶报的刑罚在任何社会都不存在。不言而喻，刑罚是宽大的还是残酷的，是合乎目的的还是盲目的，不具有对恶行以反作用性质恶报的一个都没有。相反，索性现在将恶报作为它的征表考虑即使不是刑罚的唯一要素，而言称为联结犯罪与刑罚的唯一普遍妥当的本质要素。刑罚的本质在于报应，报应的内容在于给犯罪人造成一定的痛苦，而报应的目的又在于对

---

〔1〕 Peter French, *The Virtues of Vengeance*, University Press of Kansas, 2001.

〔2〕［日］崛内捷三：《大场茂马的刑法理论》，载《法律时报》第50卷第11期，第74页以下；［日］小林好信、佐伯千仞：《刑法学史》，载［日］福岛正夫等编：《日本近代法发达史》（第11卷），劲草书房1967年版，第259页以下。

〔3〕［日］内藤谦：《刑法理的历史概览》，载［日］吉川经夫、内藤谦、中山研一等编：《刑法理论史综合研究》，日本评论社1994年版，第700页。

社会秩序的维护。”〔1〕

日本学者小野清一郎（1891—1986 年）也持报应论的观点，而且其主张属于较为典型的道义报应论。小野清一郎认为：“刑罚中的行为，也是伦理观点中的行为。”〔2〕“报应观念并不是复仇心，而是人类深刻的道义要求。刑罚是对实施反道义行为——犯罪的富有道德责任的行为人科处的法律制裁，其内容是剥夺行为人享有的国家保护的利益，也就是恶害。在此意义上，刑罚可以说是道义的、国家的报应。”〔3〕“犯罪是侵犯国民共同体的道义的秩序的现实的行动，因而必须受到国法的批判；报应不是刑罚的唯一的与最高的目的；刑罚最主要的目的在于通过报应维持国民的道义秩序。”〔4〕

道义报应小结：

神意报应与道义报应二者的概念层次并不完全一致。尽管同属于报应论的范畴，而且从历史上看存在先行后续的时间顺序，但二者的内涵各有侧重。

神意报应和道德报应都同时包含两方面的问题，一是善恶评价标准，二是刑罚权力来源。

神意报应评价善恶的标准是神意，符合神意便是善，违背神意便是恶；神意报应实施惩罚的权力是神意，因此违背神意会受到神的惩罚。这二者相辅相成。但是神意报应侧重于解决实施惩罚的权力来源问题即谁有权实施报应。这一观念与君权神授相吻合，现实的刑罚来源于君权，而君权来源于神授，因此现实的刑罚也是来源于神授的。

道德报应评价善恶的标准是道德，符合道德便是善，违背道德便是恶；道德报应实施惩罚的权力是道德，道义报应侧重于善恶的评价标准的问题，即按照什么标准来衡量犯罪的程度，并由此得出刑罚的程度，这个衡量标准就是道德。道德不仅可以解决善恶评价的标准，也完全可以解决实施惩罚的权力来源的问题，但这里的道德不是世俗社会所理解的道德，而是一种自在

〔1〕［日］泷川幸辰：《泷川幸辰刑法著作集》（第 1 卷），世界思想社 1981 年版，第 200、201、556、690 页。转引自马克昌主编：《近代西方刑法学说史略》，中国检察出版社 2004 年版，第 296 ~ 301 页。

〔2〕［日］小野清一郎：《犯罪构成要件理论》，王泰译，中国人民公安大学出版社 1991 年版，第 46 页。

〔3〕［日］中山研一：《刑法基本思想》，第 44 页。转引自马克昌主编：《近代西方刑法学说史略》，中国检察出版社 1996 年版，第 279 页。

〔4〕马克昌主编：《近代西方刑法学说史》，中国人民公安大学出版社 2008 年版，第 415、431 页。

的形而上学的道德，与“人的理性”概念相通。

二者的差别主要来源于其哲学背景的差异。在宗教神学支配意识形态的时代，神意至高无上的权威性使其成为刑罚报应的最好的权力来源。但神意是一个先验的概念，神意是无法验证的。同时神意是至高无上的，是超验的，神意是不允许检验不允许批判的。既无法检验也不能进行检验，这就意味着作为评价善恶的神意标准是不明确的，而这种不明确恰恰造就了封建时代的罪刑擅断。道德概念的出发点是人的理性，既然是人的而不是神的，就意味着它是可以批判的，因此道德报应可以更好地解决善恶的评价标准问题。

在所有关于刑罚报应论的学说中，康德的理论层次是最高的，是最为“形而上”的学问。其理由在于康德的学说在对于人的理性的内容建构上实现了个人本体内部的循环，也就是说报应的依据来源于人的理性，这种理性是人之所以为人的内在规定性，它决定了恶行要受到报应。而其他的报应论学说都需要向个人以外求诸其依据，神意报应乃是向个人之上寻求依据，法律报应乃是向个人之外寻求依据。

3.2.2.3 法律报应

法律报应，德文作 Rechtliche Vergeltung。《中华法学大辞典·刑法学卷》的解释是：“西方报应刑的一种。该说认为，犯罪是违反法律的行为，对犯罪人科以刑罚，是对犯罪人的违反行为所给予的法律报应。康德（先是道义报应主义）和黑格尔都是法律报应主义刑罚目的观的巨匠。康德认为，刑法是实践性的绝对或无上的命令，是直观可认识的人的实践行为不可背叛的法则。对它们的绝对服从就是正义，违反它的法律后果即是刑罚。刑罚是犯罪行为的反坐，‘任何一个人对别人所作的恶行可以看作是他对自己作恶’。康德所主张的是‘等量’或‘同害’报复的报应刑。黑格尔认为，犯罪行为是对法的否定，对犯罪人处以刑罚是对犯罪的再否定，即否定之否定（德文作 Negation der Negation），是犯罪行为的反坐，是法的恢复，是刑罚对犯罪的报应。黑格尔的报应形式不同于康德的‘等量’报应，而是一种‘等价’报应。”[1]当然黑格尔的理论也受到一定的批判，Klug 认为，所谓“否定之否定只不过是一种语言结构，既不客观也不准确。允许单纯顺序对调在法律上

〔1〕 高铭暄等主编：《中华法学大辞典·刑法学卷》，中国检察出版社 1996 年版，第 110~111 页。

是可能的，但并不意味着在规范上是必要的"[1]。

贝卡里亚究竟是报应论者还是功利论者存在争议。美国学者 David B. Young 认为："贝卡里亚始终将功利主义和报应主义冶于一炉。"[2]笔者认为贝卡里亚对两种理论都进行了论述，而从倾向性上看，贝卡里亚的报应思想更加强烈。这里主要强调贝卡里亚对报应论的阐述。

贝卡里亚认为："神明启迪、自然法则和社会的拟定契约，这三者是产生人类行为的道德原则和政治原则的源泉。"[3]这三个源泉恰好与上述三大报应论形态形成对应，神明启迪对应了神意报应，自然法则对应了道义报应，社会的拟定契约也就是世俗的法律对应了法律报应。随后贝卡里亚对神意报应和道义报应进行了批判："研究后者的关系并不等于把前二者置之度外。相反，在堕落的人脑中，神明启迪和自然法则——尽管这二者是神圣的和不可改变的——早已被虚伪的宗教和无数随意的善恶概念所亵渎了，因此看来需要单独地研究根据共同需要及功利加以表述或设想的纯人类契约的产物。"[4]

贝卡里亚最终得出结论："只有法律才能为犯罪规定刑罚。"他甚至在后文中明确指出："法律只是社会契约的复仇者，而不是行为内在恶意的复仇者。"[5]由此可见，贝卡里亚无疑乃是一名法律报应论者！

黑格尔的报应学说乃是法律报应的一座里程碑。黑格尔认为，具有意识自由的人实施犯罪行为时，就表明他违反了自己的义务，惩罚他不仅是法律的要求，同时也是对他的报应。黑格尔形象地指出："如我们已经看到的，刑罚毕竟只是犯罪的显示，这就是说，它必然以前一半为其前提的后一半……报仇只是指犯罪所采取的形态回头来反对它自己。欧美尼德斯们睡着，但是犯罪把她们唤醒了，所以犯罪行为是自食其果。"[6]

---

〔1〕 Ulrich Klug, "Para una crítica de la filosofía penal de Kant y Hegel", in *Problemas actuales de las Ciencias penals y de la Filosofía del Derecho*, Homenaje al profesor L. Jiméde Asúa, Buenos Aires. Ed. Pannedille, 1970.

〔2〕 David B. Young, "Cesare Beccaria: Utilitarian or Retributivist?", in *Journal of Criminal Justice*, 1983, vol. 11.

〔3〕 ［意］切萨雷·贝卡里亚：《论犯罪与刑罚》，黄风译，北京大学出版社 2008 年版，第 3 页。

〔4〕 ［意］切萨雷·贝卡里亚：《论犯罪与刑罚》，黄风译，北京大学出版社 2008 年版，第 7 页。

〔5〕 ［意］切萨雷·贝卡里亚：《论犯罪与刑罚》，黄风译，北京大学出版社 2008 年版，第 10、73 页。

〔6〕 ［德］黑格尔：《法哲学原理》，范扬、张企泰译，商务印书馆 1961 年版，第 106 页。（注：欧美尼德斯是希腊神话中专司复仇的女神。）

黑格尔从法的特殊运动的视角论证了刑法的正当性。黑格尔的论证始于道德与法律的区分。在黑格尔看来，法和道德是存在明显区别的，道德完全是内心的东西，不能加以任何强制，所以国家的法律不可及于人的心意，因为在道德的领域中，我是对我本身存在的，在这里暴力是没有什么意义的。因此，只有法才具有强制性，道德则不具有这种强制性。法的正当性不能由道德来论证，而只能从法本身得以论证。黑格尔认为，刑法的正当性来自于法的自我实现，是法的自我辩证运动的必然结果。刑法的这种正当性不仅从法的辩证运动中得以证明，而且从具有意志自由的犯罪人的行为中得到支持。由于犯罪是犯罪人选择的结果，因而刑罚也可以合乎逻辑地从犯罪人的行为中引申出来，获得合理性。自在的正义与自为的正义，这就是黑格尔的法律报应论为刑法的正当性提供的法理论证。

在黑格尔看来，刑法不同于一种普遍的道德律令，犯罪也不是一种恶，不能把道德上的可谴责性及其程度看作是刑罚本质的东西，从而满足于对犯罪本身的否定。其实，犯罪行为是对社会秩序的否定，刑罚权力的创制与执行，目的在于否定犯罪行为，从而使法律秩序得到肯定进而来维护法律的尊严。黑格尔明确地指出："实施犯罪本身是虚无的，而这种虚无性便是犯罪所起作用的本质。虚无的东西必然要作为虚无的东西而显现出来，即显现自己是易遭破坏的。犯罪行为不是最初的东西、肯定的东西，刑罚是作为否定加于它的，相反地，它是否定的东西，所以刑罚不过是否定的否定。现在现实的法就是对那种侵害的扬弃，正是通过这一扬弃，法显示出其有效性，并且证明了自己是一个必然的被中介的定在。"〔1〕由此可见，黑格尔将辩证法中的否定之否定规律运用于对罪刑关系的论证了，从此方面与康德的刑罚观区别开来，即刑罚权的依据不在于道德上的严重性，而在于法律本身。

黑格尔立足于人的理性、自由意志，似乎嗅到了等害报应论的局限，遂以法律正义为基点，对康德的等害报应论进行延伸，提出了等价报应论。他指出，"犯罪的扬弃是报复，因为从概念上说，报复是对侵害的侵害，又按定在说，犯罪具有在质和量上的一定范围，从而犯罪的否定，作为定在，也是同样具有在质与量上的一定范围。但是这种基于概念的同一性，不是侵害行

〔1〕［德］黑格尔：《法哲学原理》，范扬、张企泰译，商务印书馆1961年版，第100页。

为特定种形状的等同，而是侵害行为自在地存在的等同，即价值的等同。"[1]根据黑格尔的观点，犯罪的表现形式是纷繁复杂的，而为之所制定的法刑罚的形式和种类却是有限的。黑格尔因让等价报应取代等害报复的努力而在报应论的演讲史上写下了辉煌的一页。

总体上看，黑格尔的理论是报应主义的。但黑格尔的理论中也包含有功利的因素，体现出报应与功利相统一的趋势。

黑格尔的报应刑论是数学式的，暴力、犯罪是对法的否定，是负数，会减少法的分值。而刑罚是对抗暴力的暴力，是对于法的否定之否定，负负得正，所以刑罚是对法的肯定，是正数，会增加法的分值。黑格尔的等价报应的理论的另一个重要的意义在于推动了刑事责任理论的发展。从康德到黑格尔，报应论的理论经历了由等量报应到等价报应的变化，由量的相等到价的相等的变化，抽象出了"价"的概念，从而使所有的犯罪在其抽象层面上具备了可以衡量的因素，从而为刑事责任理论的发展奠定了基础。

至于黑格尔认为刑罚的最终现实落脚点在于"影响罪犯的意志"，这种观点会倒向预防，其实这二者本来就是统一的。准确地说，报应与功利的结合点就在于反向主观个别抑制，详细论述参见"刑罚功利论"下"反向主观个别抑制"（第138页）。因此笔者认为，对黑格尔的报应论进行深入和辩证的分析是正确的，发现其包含功利的因素也是正常的[2]，因为这一点而否定黑格尔是报应论者则是矫枉过正的。

以下学者也对法律报应理论做出了贡献：

德国学者宾丁也持报应论的观点，而且可以认为其主张属于法律报应的范畴。宾丁认为："绝对理论中的有责者较之相对理论中的无责者具有更高得多的尊严……法律意义上的痛苦从来就是应得的痛苦，只有痛苦的制造者才应获得这种痛苦……法秩序将不服从命令者纳于法律支配下，以此响应罪犯对法秩序的侵害：以一个法律保障的措施响应对法律的侵害，该措施使被破坏的法秩序和罪犯重新和解。"[3]

---

〔1〕［德］黑格尔：《法哲学原理》，范扬、张企泰译，商务印书馆1961年版，第104页。

〔2〕邱帅萍：《刑罚目的的理论研究——基于近代刑罚的思想史的解读》，北京师范大学2012年博士学位论文，第3页。

〔3〕［德］宾丁：《当今刑法问题》，载《刑法与刑事诉讼法论文集》1919年版，第69、71、85页。转引自马克昌主编：《近代西方刑法学说史》，中国人民公安大学出版社2008年版，第263、265页。

毕克迈耶认为：①报应性是法律沿革上的要求；②只有报应的思想才适合国民的法律信念；③只有报应的思想才适合人的本性；④保护刑事政策上不可缺少的事物，但是其与国民的自由权是背道而驰的，将保护刑贯彻到底，就是要对危险的人进行预防，而且不定期刑其实就意味着从法官的手中剥夺量刑权。不过他的观点在日本受到了胜本勘三郎的辛辣的批判："罗列漫长的历史与古玩店老板将破帽旧屐陈列在店面不同，仅仅陈述历史遗迹其严格难易理论。我与之意见不同，虽然古代可能倾向于报应主义，但随着文明的进步，我们应该转向保护刑主义。就第二点，他认为在没有任何证明的情况下，那不过是个人的推断而已，并指出现在国民的法律确信已经不是幼稚的报应。就第三点，他反问道：即使报应的观点更适合人的本性，与依据报应观念相比较，以保护我们的生活利益为目的，是否能够带来更大的利益，是否更符合文明思想的要求？就第四点主张，他反论道，毕克迈耶的担忧是报应主义的结果可能产生的弊害，并不是报应刑主义的目的，他认为在犯罪未发生之际，发现、控制具有实施犯罪危险性的人，不会发生相关学者所担忧的人权侵害，而且在治国之策上值得庆贺，并无不可之处。"〔1〕

德国学者帕夫利克指出表达被侵害法规范的一贯权威性乃是报应论的现代版本。〔2〕

日本学者大场茂马被认为是日本最彻底的报应刑论者。〔3〕他认为："'刑罚是作为对犯罪（罪责）的报应加于行为者的痛苦'，必须是'正义报应'，即'对行为者欲为的意思与其所为的行为的正当报应'。不要将此与刑法的目的，即'保护生活利益与维持法律秩序'相混同。"〔4〕

俄罗斯法学家 Evgeny Bronislavovich Pashukanis 既是马克思主义法学理论的代表，同时也是一名报应论者。他认为，刑罚最为本质的东西就在于与犯罪形成等价。〔5〕从这一点来看，Pashukanis 的理论符合法律报应、等价报应

〔1〕［日］中义胜、山中敬一：《胜本勘三郎的刑法理论》，载《法律时评》第 50 卷第 10 期，第 115 页。

〔2〕［德］米夏埃尔·帕夫利克：《人格体 主体 公民：刑罚的合法性研究》，谭淦译，中国人民大学出版社 2011 年版，第 5 页。

〔3〕 高铭暄、赵秉志主编：《刑罚总论比较研究》，北京大学出版社 2008 年版，第 49 页。

〔4〕［日］大塚仁：《刑法中新旧两派的理论》，日本评论社 1983 年版，第 178 页。转引自马克昌主编：《刑罚通论》，武汉大学出版社 1999 年版，第 27 页。

〔5〕 Evgeny Bronislavovich Pashukanis, *General Theory of Law and Marxism*, London: Ink Links, 1978.

的特征。

美国学者 Mabbott 是法律报应说的现代继承者。[1]他认为："刑罚并不是法律的必然结果，而是违法的必然结果。立法者并没有选择刑罚。他们希望不需要刑罚……犯罪人做出了基本的选择：他把刑罚带给了自己。"[2]

道义报应与法律报应存在差别，但并不冲突。区分二者的关键在于法律报应论者对道德和法律进行了严格区分，并强调刑罚的对象乃是违法者，而非邪恶的人。这种区分反映了自然法学派和实证法学派的关于"什么是法"的元问题的争论。但需要看到，在所有关于刑罚报应论的学说中，康德的理论层次是最高的，是最为"形而上"的学问。其理由在于康德的学说在对于人的理性的内容建构上实现了个人本体内部的循环。其他的报应论学说都需要向个人以外求诸其依据，神意报应乃是向个人之上寻求依据，法律报应乃是向个人之外寻求依据。只有道义报应是向人的内在寻求依据。也就是说报应的依据来源于人的理性，这种理性是人之所以为人的内在规定性，它决定了恶行要受到报应。

3.2.2.4　等量报应与等价报应

等量报应，《中华法学大辞典·刑法学卷》的解释是：又称等量论的报应刑，康德是该说最主要的代表人物。应该说这是依据康德哲学的伦理观和道德观进行法的评价，故又有人称该说为道义报应。事实上，等量报应的特点在于"等量"。康德认为，对"实践性的绝对、至上的命令"的违反的必然后果是"绝对的惩罚"。绝对刑罚本身就蕴含着等量报复的报应刑意义。康德还认为，刑罚是犯罪的"动的反动"（即等量反坐或反治），更直接如实地体现了等量报复的报应刑。等量报应的发展经历了原始暴力的等量复仇、事实等量的报复刑阶段。原始暴力的等量复仇表现为"血仇报复"或"同态报复"。事实等量的报复刑是公刑时代国家对犯罪行为所产生的侵害事实给予该被侵害事实等量或均等的恶害或痛苦（刑罚），表现为"以牙还牙、以眼还眼"的等量报复，是一种以物易物意义上的等量或均等。等量报应刑对立法论、司法审判解释论和行刑论都有重大影响。在立法方面，等量报应强调立法的绝对权威，规定一切犯罪人都要负与其犯罪行为的侵害过错相适应的罪

---

〔1〕 高铭暄、赵秉志主编：《刑罚总论比较研究》，北京大学出版社2008年版，第49页。

〔2〕 J. D. Mabbott, "Punishment", in *Mind*, 1939, vol. 48, issue. 190, pp. 152-167.

责。在刑罚论方面，初期的等量报应刑主张刑罚绝对论，规定不带幅度的绝对刑。在刑罚的适用解释方面，只允许紧抠条文本身的解释，不准进行刑法规范意义的解释，反对类推，反对扩张解释，反对习惯法、判例以及一切不成文法的适用。等量报应刑只着眼于事物现象的相同，事实量上的相等，并依罪刑法定主义原则给以事实等量相适应的刑罚。[1]

等价报应，《中华法学大辞典·刑法学卷》中并未收录“等价报应”的词条，但有“等值报应”的词条。等值报应的解释是：“一般又称之为辩证报应刑或理性主义的报应刑，为旧派报应刑论所主张。该说的代表人物是德国古典唯心主义哲学的集大成者黑格尔。该说在资产阶级隆盛时期，迎合了等价交换思想意识和法的意识，在近代刑法理论的报应刑中占据支配地位。该报应刑虽然也含有正义的意义，但这一正义是‘理性的正义’。黑格尔的等值报应刑不同于康德的以物易物的等量报应刑。等值是以客观的尺度如货币来论等价，是以质计而不是以量计，即不管多少数、多少量，而是以质来定价，是价值相等的报应。等值具有质的规定意义。黑格尔认为‘犯罪是法的否定，刑罚是否定的否定’，法的否定是空虚的、无价值的，否定的价值是无法以量计的，因而只说犯罪与刑罚等值就够了。等值报应的正义分配，在立法上有报应的意义；在司法审判上有宣传法制，确认法律，解释、适用法律的意义；在行刑上有改造教育犯罪者，预防犯罪的意义。等值是这三方面相互制约而得出的综合意义的等值，是由客观的尺度而确定的等值，是与罪刑法定主义原则的罪刑相适应意义相符合的‘等值’，因为罪刑法定主义原则规定的刑罚已由绝对刑发展到了有幅度规定的相对刑。等值就是在刑罚幅度内的等值。等值报应正反映了罪刑法定原则的罪刑相适应的要求，并且已蕴含了一般教育犯罪与预防犯罪的意义。”[2]

同态复仇、等量报应、等价报应属于同一层面的问题，它们针对的是同一个问题“如何报应”。同态复仇主张以眼还眼、以牙还牙，等价报应主张犯罪与刑罚在抽象意义上具有等价性。至于等量报应，由于量的比较需要在同质的基础上进行，因此追究等量报应的细节的话，实际上会得出与同态复仇相同的结论。由此可见，同态复仇和等量报应在现实中会导致反人道的情况

---

〔1〕 高铭暄等主编：《中华法学大辞典·刑法学卷》，中国检察出版社1996年版，第84~85页。

〔2〕 高铭暄等主编：《中华法学大辞典·刑法学卷》，中国检察出版社1996年版，第85页。

或产生荒诞不经的结果而无法全面实现，因此并无必要进行深究。于是“如何报应”的问题只剩下一种解决方案——等价报应。

但事实上，等价报应同样面临未决的问题，那就是究竟如何才是等价？有学者指出：“报应论者也许可以避开诸如为什么一种犯罪比另一种犯罪更为严重的问题，因为无需回答这样的问题，只要实现刑罚与犯罪的等价。为了完善这一回答，他会说这取决于犯罪的邪恶程度。但这种回答所留给报应论者的依然是一个模糊的问题。”〔1〕

3.2.3　刑罚报应论的继续发展

在经历了理论大爆炸时代的蓬勃发展之后，刑罚报应论的思想开始进入冰川期。而刑罚功利论的勃兴主要来源于对刑罚报应论的反思和批判。这种反思和批判针对的目标乃是刑罚报应论的合理性。合理性可以被简单地理解为方法对于目的的有效性。如果方法无法实现目的，那么该方法缺乏合理性；如果方法A比方法B能够更好更快实现目的，那么方法A的合理性就大于方法B。合理性的概念是人作为智能生物的独有特点，而在近代科学技术发展之后，人类对于合理性表达出前所未有的关注。

要证明报应是合理的，就必须对报应的逻辑前提进行检验，而这恰好击中了报应论的软肋。刑罚报应论的前提是先验的。如果说商品等价交换的“等价”其背后蕴含的是“无差别的人类劳动”的等价。那么当我们对犯罪施加刑罚的时候，我们显然就认为罪和刑是等价的，那么它们之间的等价究竟是什么的等价呢？如果说“杀人偿命”的等价可以理解为生命与生命的等价，因为同质的事物可以在量上进行比较。那么财产、自由、生命、劳动这些因素相互进行比较时又该如何得出等价的结论呢？

根据上文，刑罚报应论解决的是“刑罚好不好”的问题，换句话说，刑罚报应论认为“刑罚是正确的，因为报应是正义的”。但它却无法回答随之而来的追问，而这一追问便使得刑罚报应论自身的大楼摇摇欲坠：为什么报应是正义的？

杀人正义吗？这是一个问题。如果采取人道主义的观点，那么杀人永远是错的，杀好人是错的，杀坏人也是错的；但如果采取一种相对辩证的观点

〔1〕 Edmund L. Pincoffs, *The Rationale of Punishement*, New York: Humanities Press, 1966, p. 16.

就会发现，杀好人固然是错的，但杀坏人却不是错得那么严重，尤其是如果那些被杀的坏人曾经杀害好人的话，人们更会拍手称快，认为这是罪有应得。也就是说，如果我们采用前者的价值观，则刑罚报应论是非正义的；如果我们采取后者的价值观，则刑罚报应论就是正义的。

因此问题就变成了我们究竟应该采用哪一种价值观？因此这个问题最终回到了理想与现实、理论与实践的矛盾当中。刑罚报应论是否符合正义的前提在于取何种善恶观念，而取何种善恶观念本身是一个历史的实践的范畴：在专制的情况下，取人道主义的观念有利于保障人权；而在民主法治发达的情况下，犯罪人能够得到强大的防御机制来保护自己，因此实现正义又成了首要任务，取辩证的善恶观念有利于惩恶扬善。由此可见，刑罚报应论是否正义也是一个历史的实践的范畴，它取决于作为前提的善恶观念，善恶观念在变，它也在变。在理想状态下“杀坏人是好事”的观点可能更加容易接受。但问题是“谁是坏人？谁说了算？”这一问题看似简单，但事实上却关系到整个国家与公民之间关系的定位，一国的宪政、一国的刑事司法体制归根到底就是在解决这一问题。在现实中这种理想的状态是遥不可及的。人类历史上所出现过的国家主义、专制主义乃至法西斯主义都一再地告诫人类在对待自身的认识上应当保持一种谨慎而谦卑的态度。而另一方面，人道主义的价值观告诉我们的是，无论何时何地都应当将人作为人来看待，无论何时何地我们都应当对我们的同胞怀有一个仁慈的心，这便是人道主义最为朴素的表达。

而与此形成鲜明对比的是，现实中的严刑峻罚与人道主义形成了强烈的反差，重刑主义的基本立场更为刑罚报应论披上了残忍和非理性的外衣。因此，在启蒙时期，学者对于刑罚报应论的核心问题“刑罚好不好”的分析所得出的答案是“刑罚不好”。既然刑罚不好，那么刑罚继续存在的理由就只能诉诸“刑罚有用”，不好又没用的事物显然没有存在的必要，但没有一个学者的研究能够回答“废除刑罚之后如何治理犯罪”的问题，因此大部分的学者并没有完全否定刑罚，而是试图从“刑罚有什么用”的角度来为刑罚提供正当化依据。这便是刑罚功利论兴起而刑罚报应论式微的时代。（关于“刑罚功利论的兴起”详见本书“4.2 刑罚功利论的历史梳理”部分。）

3.2.3.1　正当报应（Just Desert）

三十年河东三十年河西。正如当年刑罚功利论的勃兴以批判报应论为前奏，为报应主义回归吹响号角的，恰恰正是对于刑罚功利论的批判。随着将近半个世纪的矫正、康复、治疗等实践的相继失败，刑事司法迎来了报应主义的回归。

美国是报应主义回归最为显著的国家：

Herbert Morris 对刑事司法与医学治疗两种模式进行了深入的对比后指出："刑罚所具有的特性是治疗所没有的，因此当犯罪人实施了犯罪时，他有权获得制度和实践所预设的刑罚而不是接受治疗。制度保证了人们对于他人如何对自己做出反应进行预期判断，这其中的价值是不可限量的。个人有权得到制度对其自身选择的尊重。刑罚体制可以实现这一点，而医疗体制是做不到的。"他认为："第一，人们有权获得惩罚；第二，这一权利来自人被作为人来对待的基本人权；第三，这一基本人权是天赋、不容剥夺的绝对权利；第四，对于该种权利的否认意味着否定所有的道德权利和义务。"Morris 的报应理论也被称为保护性报应（protective retribution）。〔1〕

Michael Moore 继承并推进了道义报应的理论，他认为报应情绪是高尚的，而非邪恶的。他指出："当我们作出一个报应的判决时……我们不应该受到复仇的驱使。我们对于正义的报应的关注应当来源于内心深处的高尚情操。如果我们自己实施了那样的行为，我们也会具有那种在犯罪人上诉中所充满的愧疚。"Moore 并不否定或排斥功利论因素，但他反对将功利论因素作为刑罚的正当化根据，他认为："心理学上的谴责、防止私人暴力、预防未来犯罪等因素都是功利论的，在纯粹的报应论者看来，这些刑罚所带来的有利结果都不是刑罚的正当化根据。刑罚能够预防未来犯罪的发生对于报应论者而言只是一种赠品，但绝不是正当化根据的一部分。"〔2〕

H. L. A. Hart 乃是现代报应学说的代表人物。他认为刑罚的概念建立在报应的基础之上，应根据犯罪人道德上的罪恶而对其施加痛苦。Hart 的刑罚观念包括犯罪意图、自由意志、道德上的可归责性、独立责任等。他指出报应反映了犯罪人的道德堕落程度，如谋杀比盗窃更严重。他由此得出结论，即使不能够有效阻止犯罪行为的再次发生，刑罚也是必要的。功利主义的刑罚观念认为施加刑罚乃是为了威慑的目的，以此观之，谋杀并不比抢劫需要更

〔1〕 Herbert Morris, "Persons and Punishment", in *The Monist*, 1968, vol. 42, issue. 4, pp. 475-501.

〔2〕 Michael S. Moore, "The Moral Worth of Retribution", in Ferdinand Schoeman ed., *Responsibility, Character, and the Emotions*, 1987, pp. 179-215.

重的刑罚来威慑，不过 Hart 对这种观点表示了反对。Hart 的理论源于这样一种基调："如某人做的事情在道德上是错误的，他应该受到惩罚，而这种惩罚的程度应当与其犯罪行为的邪恶程度相适应，自由意志支配下的道德邪恶行为所酿成苦难得到恢复，这种恢复本身就是善良和正义的，这就是惩罚某人的合理性所在。"[1]

此外还产生了大量的关于刑罚报应论的优秀学者和优秀著作。Norval Morris 的《监禁的未来》[2]、1975 年哈佛大学的政治学教授 James Q. Wilson 的《对于犯罪的思考》[3]、1975 年 Ernest Van Den Haag 的《惩罚犯罪人：关于一个非常古老而痛苦的问题》[4]。1976 年 Andrew von Hirsch 的《追求正义：刑罚的选择》[5]、1981 年 Philip Bean 的《刑罚：哲学与犯罪学分析》[6]等著作都体现了报应主义的回归。不过此时的报应主义已经不再是中世纪的报应主义，其内容变得更加科学和人道。而有趣的是，报应与功利也出现了融合的趋势。

德国学者也谈到了"报应论的复兴"，但是德国学者对报应论所采取的是他们自称为"法社会学"式的论证路径："只需要证明刑罚合法性的报应论范式来源于我们的集体同一性中事实上的、不可忽略的特征——它的规范价值，当然还有它的不可争议性（Unanfechtbarkeit），这些便都已经得到了维护。"[7]在德国，当刑法学界的主流仍在推行积极的特殊预防之际，就有人坚持绝对刑罚理论，其典型代表包括 Wolfgang Naucke、Hellmuth Mayer 等。[8]1975 年，

---

〔1〕 H. L. A. Hart, *Punishment and Responsibility*, New York: Oxford University Press, 1986, p. 231.

〔2〕 Norval Morris, *The Future of Imprisonmen*, Chicago: University of Chicago Press, 1974.

〔3〕 James Q. Wilson, *Thinking About Crime*, New York: Basic Books, 1975.

〔4〕 Ernest Van Den Haag, *Punishing Criminals: Concerning a Very Old and Painful Question*, New York: Basic Books, 1975.

〔5〕 Andrew von Hirsch, *Doing Justice: The Choice of Punishments*, New York: Hill and Wang, 1976.

〔6〕 Philip Bean, *Punishment*, Oxford: Martin Robertson & Company Ltd., 1981, p. 42.

〔7〕［德］米夏埃尔·帕夫利克：《人格体 主体 公民：刑罚的合法性研究》，谭淦译，中国人民大学出版社 2011 年版，第 38 页。（原文注释：通常指人的"报应需要"，这方面最有名的论述，参见 Nagler, Strafe, S. 522; Morselli, ARSP 87［2001］, S. 242 ff.，赋予了这种思想更强烈的人类学色彩。）

〔8〕 Wolfgang Naucke, Die Reichweite des Vergeltungsstrafrechts bei Kant, in: *Schleswig-Holsteinnische Anzeigen* 1964, S. 203ff.; ders., Über den Einfluss Kants auf Theorie und Praxis des Strafrechts im 19. Jahrhundert, in: Blühdorn /Ritter (Hrsg.), *Philosophie und Rechtswissenschaft*, 1969, S. 27ff; Vgl. Hellmuth Mayer, Kant, Hegel und das Strafrecht, in: Paul Bockelmann u. a. (Hrsg.), Festschrift für Karl Engisch zum 70. Geburtstag, Vittorio Klostermann, 1969, S. 54 (79).

Ossip K. Flechtheim 于 1936 年出版的有关黑格尔的著作得以再版〔1〕，加上 Kurt Seelmann 以及 Wolfgang Schild 的文章〔2〕，将黑格尔《法哲学原理》（*Grundlinien der Philosophie des Rechts*）再度带入了德语圈刑罚目的的讨论之中，形成了所谓的“刑法学理论中的黑格尔复兴”（Hegelrenaissance in der Strafrechtstheorie）。〔3〕Seelmann、Stratenwerth、Köhler 都是绝对刑罚理论的提倡者。〔4〕在德国，这种复古的势力虽然没能成为通说，但持这种观念的人也绝非个例，持这种观点的学者甚至形成了一个独立的派别。〔5〕因而在 Ulrich Klug 提倡告别康德和黑格尔一段时间之后，〔6〕德国的刑罚理论又部分地重新转向了绝对主义。可以看到，德国学者研究与笔者的研究在“报应需要”的观点上已经趋向同一目标。但是德国学者的研究所采用的依然是传统的哲学的思辨式的研究方法，这就导致了他们的研究结论只能是对于报应论的一种语言上的升级版，而理论的实质贡献则十分有限。而对于德国学者谈到的“报应需要”，心理学、神经科学的研究则给出了更为精准的解答。

这种情况在英国以及北欧也得到了体现，英国学者也注意到了“刑法理论中的报复倾向的回归”〔7〕，斯堪的纳维亚国家也兴起了新古典主义的风潮，责任原则在刑罚裁量过程中受到了重点强调。〔8〕

正当报应，英文作 just desert，由于 just 一词具有多重含义，而这种特点

---

〔1〕 Ossip K. Flechtheim, Hegels Strafrechtstheorie, 2. Aufl., 1975.

〔2〕 Kurt Seelmann, Hegels Straftheorie in seinen “Grundlinien der Philosophie des Rechts”, in: JuS 1979, S. 687 (691); Wolfgang Schild, Die Aktualität des Hegelschen Strafbegriffes, in: Erich Heintel (Hrsg.), Philosophische Elemente der Tradition des politischen Denkens, 1979, S. 199ff.

〔3〕 Jens Christian Müller-Tuckfeld, Integrationsprävention, Lang, 1998, S. 253.

〔4〕 Kurt Seelmann, Neue Entwicklungen beim strafrechtsdogmatischen Schuldbegriff, in: Jura 1980, S. 505 (509 ff.); Günter Stratenwerth, Strafrecht und Sozialtherapie, in: Armin Kaufmann u. a. (Hrsg.), Festschrift für Paul Bockelmann zum 70. Geburtstag, 1979, S. 901ff; Diethelman Klesczewski, Die Rolle der Strafe in Hegels Theorie der bürgerlichen Gesellschaft, 1991; Michael Köhler, Über den Zusammenhang von Strafrechtsbegründung und Strafzumessung, erörtert am Problem der Generalprävention, 1983, S. 29ff., 40f.

〔5〕 Vgl. Sven Terlinden, Von der Spezial- zur positiven Generalprävention, Verlag Dr. Kovač, 2009, S. 129.

〔6〕 Ulrich Klug, Abschied von Kant und Hegel, in: Jürgen Baumann (Hrsg.), Programm für ein neues Strafgesetzbuch, 1968, S. 36 (41).

〔7〕 ［英］J. C. 史密斯、B. 霍根：《英国刑法》，马清升等译，法律出版社 2000 年版，第 7 页。

〔8〕 Gerlinda Smaus, “Technokratische Legitimierungen des Strafrechts - die Flucht nach vorne in die Generalprävention”, in: ZRSoz 6 (1985), S. 90 (91, Fn. 3).

恰恰为 just desert 的概念赋予了丰富的含义：

（1）Just 是正义 justice 的词根，因此本身就意味着公正，所以 just desert 意味着刑罚乃是对犯罪公正的报应，是正当的。

（2）Just 还有“刚好的、恰如其分的”的含义，因此 just desert 意味着刑罚严厉程度恰好匹配犯罪的严重程度，从而实现罪刑相称，而这本身也是报应主义和罪刑相适应原则的题中应有之义。

（3）Just 还有“只有”的含义，既不增加也不减少（no more no less），这意味着刑罚只与犯罪行为的严重程度相适应，其潜台词是：诸如人身危险性、再犯可能性等因素（功利论）不再是考虑的内容，不再为了功利论的目的而对刑罚进行人为调整。

（4）Just 还有“只能”的意思，表达了刑罚的无奈，并非刑罚不愿实现更多的目标，而是因为刑罚的作用有限，矫正、康复、治疗等种种实验计划的研究证明这些作用是很难实现的，刑罚能做的只能是报应。

由此可见，正当报应 just desert 对刑罚与犯罪的关系进行了重新定位，刑罚对于犯罪的报应乃是正当的、恰如其分的、不过多考虑其他要素的，而这也是刑罚唯一能够做到的。

3.2.3.2 刑罚报应论的宏观实证研究

传统的报应主义在经历了上述发展过程之后，其理论在一段时间内陷入了停滞状态。这种停滞状态同时表现在向上和向下两大层面。从“向上”的层面来看，报应主义的研究止步于正义。该部分研究向着形而上的、抽象的哲学层面进行追问，以至于最后成为关于正义、理性等概念的无休止的争论。从“向下”的层面来看，报应主义的研究止步于本能。该部分研究向着形而下的、具体的科学层面进行追问，试图解答报应最为基本的来源。对于这一追问的回答往往将报应归结为人的本能，甚至有学者认为“本能”这一解释已经是“无需再证明的”[1]。报应主义理论发展陷入停滞的原因来自多个方面：一方面随着文明的发展，报应主义中的报复性因素被认为是非理性和不人道的，因此受到了批判。另一方面是随着刑事实证学派的兴起和矫正、康复理念的传播，发达国家的刑事司法进入了刑罚功利论（尤其是特殊预防）

〔1〕 高艳东：《刑事可罚根据论纲》，西南政法大学 2005 年博士学位论文，第 5 页。

主导的福利医疗时代。但在进入20世纪六七十年代时，以矫正康复为主导思想的刑事司法体制受到了种种质疑。各种研究显示矫正康复措施不仅投入巨大而且收效甚微[1]，于是刑事司法迎来了“报应主义的回归”，这种情况在英国[2]、德国[3]以及斯堪的纳维亚国家都得到了体现。[4]虽然刑事司法迎来了报应主义的回归，但这种回归显然不可能倒退回18世纪的严刑峻法时代，实务风气的转变急切需要理论研究的跟进，而理论界也对此作出了应有的回应，这种回应非常显著的领域就是报应主义的实证研究。

1. 刑罚报应论宏观实证研究的理论背景。

在美国，人们对于刑事司法体制抱有强烈的批判情绪。一度曾有人认为，司法体制毫无正义可言（no justice in the justice system）。这种批判的原因来自多个方面。首先，美国社会的犯罪率一直居高不下，枪支、毒品等犯罪问题一直无法得到妥善解决；其次，司法体制被普遍认为有利于富人、白人阶层，而不利于有色人种、贫困人群，这是由资本主义的性质所决定的。即使司法体制是为了追求正义而存在的，也有人认为对于正义，人们无法达成共识：第一，美国是移民国家，有着多样的文化来源；第二，美国是一个发达国家，其社会已经进入了所谓的后现代化时代，价值观多元化，传统权威逐渐势弱，正义的问题没有统一的答案，正义变成了一个公说公有理婆说婆有理的话题。

美国刑法学家Paul R. Robinson和心理学家John M. Darley采用心理学、统计学等社会科学的实证方法对报应问题进行了实证研究，从而证明，报应是

---

〔1〕 H. L. Witmer and E. Tufts: *The Effectiveness of Delinquency Prevention Programs*. Washington, D. C.: Children's Bureau, 1954; Edwin Pwers and H. L. Witmer: *An Experiment in the Prevention of Delinquency*, New York: Columbia University Press, 1951; Robert Martinson: “What works? —Questions and answers about prison reform,” in *The Public Interest* 1974, vol. 35, pp. 22-54. 该文编后来被称为《马丁森报告》(*Martinson Report*)。

〔2〕 [英] J. C. 史密斯、B. 霍根：《英国刑法》，马清升等译，法律出版社2000年版，第7页。

〔3〕 Wolfgang Naucke: Die Reichweite des Vergeltungsstrafrechts bei Kant, in: Schleswig-Holsteinnische Anzeigen 1964, S. 203 ff.; ders., Über den Einfluss Kants auf Theorie und Praxis des Strafrechts im 19. Jahrhundert, in: Blühdorn /Ritter (Hrsg.), *Philosophie und Rechtswissenschaft*, 1969, S. 27ff; Vgl. Hellmuth Mayer, Kant, Hegel und das Strafrecht, in: Paul Bockelmann u. a. (Hrsg.), *Festschrift für Karl Engisch zum 70. Geburtstag*, Vittorio Klostermann, 1969, S. 54 (79).

〔4〕 Gerlinda Smaus, “Technokratische Legitimierungen des Strafrechts - die Flucht nach vorne in die Generalprävention”, in: ZRSoz 6 (1985), S. 90 (91, Fn. 3).

存在的，报应是可以把握的，依据报应的刑罚分配能够达到最好的刑罚效果。[1]

2. 刑罚报应论宏观实证研究的方法。

正义不是一个抽象概念，我们不能向大众提问什么是正义，否则我们获得的答案势必五花八门。这些研究不针对抽象的因素向人们提问，而是让他们对各种精心设计的案子进行“判决”，从而来发现什么是影响人们刑罚判断的真正因素。[2]要验证大众对于正义是否具有一致的认识，必须给大众相同的经验材料，让他们对这些材料进行分析并得出结论。换句话说，研究要揭示人们对于争议的共识，这通常不是推理的结果而是直觉的结果。[3]这种情况下我们就会发现，大众对于正义具有高度一致的直觉。[4]

Robinson 等人的研究认为：大众对于正义不仅能够达成共识，而且这种共识的程度是相当高的。大众正义直觉不仅能够分辨大是大非，对于案件的细微差别也能够洞如观火。Robinson 进行了一项试验，在试验中，被试者被要求将 24 起犯罪按照刑罚的严厉程度进行排序。尽管被试者教育背景不同、处境不同、角度不同，而对于报应的判断极其复杂且具有主观色彩，但研究人员发现被试者不仅毫不费力地完成了这项任务，而且在排序结果上表现出惊人的一致性。其肯德尔系数高达 0.95。统计学上采用一个概念来表达一致性的程度，这个概念被称为肯德尔系数。肯德尔系数的值最小为 0，最大为 1，0 表示完全不一致，而 1 表示完全一致。而上述研究的肯德尔系数竟高达 0.95。(一般只有在要求被试者进行非常简单的任务，例如对不同明暗的图像进行排序的时候才会获得如此高的肯德尔系数。而当试验要求旅行杂志的读者对 8 个不同景点的安全性进行排序时，其肯德尔系数是 0.52；而当试验要求经济学家对 20 份经济学杂志按照质量进行排序时，其肯德尔系数是

---

〔1〕 Paul H. Robinson, *Intuitions of Justice and the Utility of Desert*, Oxford: Oxford University Press, 2013. 该书基本涵盖了该学者该领域的全部研究。该书中文版本由本书作者与他人合作翻译出版，［美］保罗·罗宾逊：《正义的直觉》，谢杰、金翼翔、祖琼译，上海人民出版社 2018 年版。

〔2〕 Paul H. Robinson and John M. Darley, *Justice, Liability, and Blame: Community Views and the Criminal Law*, Westview Press, 1995.

〔3〕 Paul H. Robinson & John M. Darley, "Intuitions of Justice: Implications for Criminal Law and Justice Policy", in *Southern California Law Review*, 2007, vol. 81, issue. 1, pp. 1-66.

〔4〕 Paul H. Robinson & John M. Darley, "The Utility of Desert", in *Northwestern University Law Review*, 1997, vol. 91, issue. 2, pp. 453-499.

0.095。）这种量刑排序的思路可以追溯至20世纪80年代，Stephen Morse认为："任何社会都可以对各种犯罪进行排序，并对相应的犯罪配置一种在当时的社会群体所认可的强度的刑罚。所谓应得惩罚乃是具有特定时空限度的。"[1]

以下三组实验证明量刑本能在于报应，人们进行刑罚裁量时默认的依据就是报应：

一组研究将该当报应与剥夺犯罪能力作为司法判决模型，探究直觉的使用。每个参与者都有关于十个刑事案件的简短描述，这些刑事案件的道德严重程度分为5个等级（盗窃唱片、盗窃贵重物品、人身攻击、谋杀、行刺）、犯罪人的犯罪前科分为2个等级（无前科、有与犯罪相关的行为史）。参与者分别阅读每一个案件描述，然后按照提示将案件分别划入两种等级，第一种是关于应受惩罚的严重程度，从"根本不"到"非常严重"7个等级；第二种是关于刑事责任，从"无责任"到"死刑"分为13个等级。参与者提交对责任的等级判断后，要求其再次斟酌这些案情，然后分别从惩罚公正和使剥夺犯罪能力的角度分配刑罚。对惩罚公正标准的描述是，分配"罪犯因为自己的错误而应得的公正刑罚"；对于"剥夺犯罪能力"的标准，则要求参与者做出"一个能够保护社会不受此人伤害的足够长的判决"。研究结果显示参与者对案件严重程度比对是否重复犯罪更为敏感。更重要的是，参与者基于应得惩罚的分配与他们原本基于直觉的决定密切相关，而基于使丧失犯罪能力模式的刑罚却并非如此。[2]

另一组研究探究被试者对应得惩罚模式的依赖和对威慑作用的反对。该组研究包含三个调查，给参与者的犯罪描述都是2X2的版式，各有不同：这些描述中的惩罚高低不同（罪行轻重、减刑情形），威慑因素也不相同（侦破率、公开程度）。要求参与者根据不同的威慑和惩罚因素，用上一组研究中的评定等级，对这些案情作出判断，同时，他们还要回答一些特定的问题，包

---

〔1〕 Stephen J. Morse, "Justice, Mercy, and Craziness", in *Stanford Law Review*, 1984, vol. 36, pp. 1485, 1492–1493.

〔2〕 Kevin M. Carlsmith , Paul H. Robinson , Jonn M. Darley, "Incapacitation and Just Deserts as Motives for Punishment", in *Law and Human Behavior*, 2000, vol. 24, issue. 6, pp. 659–683; John M. Darley, Paul H. Robinson, Kevin M. Carlsmith, "Why Do We Punish? Deterrence and Just Deserts as Motives for Punishment", in *Journal of Personality and Social Psychology*, 2002, vol. 83, pp. 284–299.

括：他们是否同意对这两种理论的一般性描述，他们对犯罪的道德接受程度，若要抓获犯罪人或阻止犯罪再次发生需要用到多少资源。这一研究强化了此前的观念：人们的直觉的量刑分配是基于报应。[1]

第三项实验研究人员使用了“判断跟踪方法”检验刑罚直觉是否有着正当报应的考虑。实验告诉被试者某个罪犯贪污了雇主的一笔钱。面对与该案件相关的各种信息，被试者按照自己选择的顺序分析这些信息，然后做出自认为合适的判断。然后，研究人员检查被试者使用信息的顺序，从这些信息来判断被试者对于确定刑罚的依据重要性的顺序。实验结果表明，被试者最先开始采纳的信息都是与惩罚有关的，之后才使用了与剥夺犯罪能力有关的信息，几乎没有人采用与威慑有关的信息。被试者每次采用信息时都会被问到他们对自己的刑罚判断的信心程度。被试者对自己建议的惩罚的信息增加受报应的信息影响最大。出现这种结果是因为应受惩罚的信息最先被采用，而最初的时候被试者最不确定。然而，在随后的调查中，这种不确定消失了，报应信息仍然最能有效增加被试者对自己判断的信心。[2]

3. 刑罚报应论宏观实证研究小结。

Robinson 与 Darley 等人一改以往关于报应理论的哲学的、思辨的、形而上的研究方法，对于报应采取了科学的、经验的、实证的方法进行了研究，因此他们的报应论也被称为经验报应。笔者对道义报应和经验报应进行了一个小小的对比：

道义报应	经验报应
哲学	科学
超验的	经验的
形而上的	形而下的
人类理性	大众直觉

由此可以看出二人的区别。首先：①道义报应是超验的（transcendent），

〔1〕 Kevin M. Carlsmith, Paul H. Robinson, Jonn M. Darley, “Incapacitation and Just Deserts as Motives for Punishment”, in *Law and Human Behavior*, 2000, vol. 24, issue. 6, pp. 659-683.

〔2〕 Kevin M. Carlsmith, “The Roles of Retribution and Utility in Determining Punishment”, in *Journal of Experimental Social Psychology*, 2006, vol. 42, issue. 4, p. 447.

而经验报应是经验的（empirical）。②道义报应是形而上的，经验报应是形而下的。③道义报应是高远的，经验报应是广泛的。④道义报应向上走，通过哲学来寻求报应和正义；经验报应向下走，通过实证来寻求人们心中的正义。⑤道义报应采用的是古典主义的理性思辨的研究范式，经验报应采用的是实证主义的研究范式。

3.2.3.3 刑罚报应论的微观实证研究

如果我们将有关经验报应的研究称为宏观进路的话，那么下文的生理报应则属于微观进路。微观进路主要采用心理学、生理学、神经学、脑科学等方法对报应主义进行研究，探求报应在人类大脑神经中枢中的具体作用机制。如果说报应主义宏观实证研究还基本属于社会科学范畴的话，那么报应主义微观实证研究则显然突破了自然科学和社会科学的学科界限（discipline），具有典型的实证主义色彩和交叉学科性质。

刑罚报应论微观实证研究的背景是经济学与神经学的交叉学科研究。这方面的研究最早是从经济学领域引申而来的。传统的主流的经济学理论是建立在理性假设基础上的。只有假设人是理性的，才能进一步推演出消费行为最大化和生产行为最大化。理性使经济行为变得有效率，从而实现帕累托最优。但在囚徒困境中，理性和效率是矛盾的。正因为人是理性的，怕别人背叛，所以才导致非合作的纳什均衡解。这意味着主流经济学逻辑体系不能自洽，因为两个预设前提是存在冲突的。而下文的一系列研究显示，人类并不总是符合“理性经济人”假设，并不总是追求利己，很多时候，人类追求公平，追求利他，甚至不惜花费自身代价。

针对这一问题，以桑塔费学派经济学的研究提出了两个非常重要的概念，分别是“强互惠”（strong reciprocity）〔1〕和“利他惩罚”（altruistic punishment）的概念。〔2〕强互惠是指我主动与别人合作，如果别人也与我合作，则合作顺

---

〔1〕 Gintis, Herbert, “Strong Reciprocity and Human Sociality”, in *Journal of Theoretical Biology*, 2000, vol. 206, issue. 2, pp. 169-179. 有学者认为强互惠概念是2004年首次提出的（参见罗小芳、卢现祥、邓逸：《互惠制度理论和模型述评》，载《经济学动态》2008年第3期，第109页），不过很显然，这一观点是不准确的。

〔2〕 利他惩罚在中文领域的研究还可以参见吴燕、罗跃嘉：《利他惩罚中的结果评价：ERP研究》，载《心理学报》2011年第6期，第661~773页；李佳等：《利他惩罚的认知机制和神经生物基础》，载《心理科学进展》2012年第5期，第682~689页。

利进行下去，如果别人背叛，我就对别人进行惩罚，即使背叛不是针对我的，我也要进行惩罚，甚至不惜花费个人成本。而利他惩罚指的便是在背叛并非针对本人的情况下，本人依然愿意花费个人成本对背叛者进行惩罚。在这种现象中，被试者对欺诈者进行了惩罚。利他惩罚现象中会出现与传统自然选择理论相背离的情况：被试者会消耗自身利益。被试者参加一项关于公共财物分配的实验，在实验中会有特定人员扮演贪利者，贪利者会在实验中违反游戏规则侵占公共财物。实验证据表明，许多人愿意在公共财富分配实验中，对那些贪图便宜的人进行惩罚，即使这种惩罚会带来个人利益的损失，而且惩罚并不能够使自己获得声誉，但依然有人愿意这么去做。[1]计算机模拟实验证明利他惩罚有利于整个社会的发展和进步。[2]

刑罚报应论微观实证研究的方法论乃是交叉学科研究成功的典范。该领域有一系列的学者进行了一系列的实验，大大深化了人类对于报应的生理作用机理的认识。对这些实验的分析可以分为以下四个方面：游戏设计、测量方式、行为结果、生理结果。游戏设计和测量方式属于实验方法，行为结果和生理结果属于实验结果（但并非实验结论）：

（1）游戏设计主要由经济学家负责，通过设计具有特定规则的游戏，并让被试者进行这一游戏，从而激发特定的情绪机制的产生。

（2）测量方式主要由神经学家负责，采用不同方式对游戏过程中的被试者的大脑相关数据进行测量，从而获得有关数据。

（3）行为结果是指通过实验获得的有关被试者参加游戏的行为表现。

（4）生理结果是指被试者在参加游戏中所经历的大脑生理过程。

【实验一：2003 年 Sanfey 等人的实验】

2003 年，Sanfey、Rilling、Nystrom 和 Cohen 等人的研究揭示了人类对于不公平现象产生厌恶的神经作用机理。

（1）游戏设计：Sanfey 等人的研究方法是让被试人员参加最后通牒博弈（Ultimatum Game）。最后通牒博弈由两人参与，一名提议者，一名反应者

---

〔1〕 E. Fehr, S. Gächter, "Altruistic punishment in humans", in *Nature*, 2002, vol. 415, pp. 137 - 140.

〔2〕 R. Boyd, H. Gintis, S. Bowles & P. J. Richerson, "The Evolution of Altruistic Punishment", in *Proceedings of the National Academy of Sciences of the United States of America*, 2003, vol. 100, issue. 6, pp. 3531-3535.

（被试）。提议者提出金钱分配比例，由反应者做出接受或不接受建议的决定。最后通牒的意思是所有的提议和决定都只有一次机会，没有协商余地。提议者和反应者在试验中要尽可能多地积累财富。如果反应者接受提议，则双方财富都会增加；如果反应者拒绝提议，则双方财富都没有增加。

（2）测量方式：对被试者的大脑进行了核磁共振成像扫描（functional magnetic resonance imaging，fMR），从而判断大脑负责不同功能区域对于行为选择的影响程度。

（3）行为结果：提议者提议的分配比例是5：5即平均分配时，提议的接受率是最高的。而当提议的分配比例为6：4或7：3时（反应者比例较少），提议的接受率开始下降，而当提议的分配比例为8：2、9：1时，提议的拒绝率非常之高。不公平的分配提议很容易受到拒绝，反应者（被试）会采取拒绝的方式对提议者进行惩罚。这一发现与此前进行的最后通牒博弈试验的发现是一致的。[1]在金钱比例一致的情况下，人类对家给出的不公平分配方案较计算机对家给出的不公平分配方案会引起更强的脑岛激活水平，即人的不公比机器的不公更能引起被试的愤怒。这说明人类所感受到的不公不仅与金钱比例有关，还与对家的身份有关。从生物的角度看，这说明人与人的交往能够更有效地激活神经系统的生理作用；从社会的角度看，这说明人的社会性在人与人的交往中能够得到更鲜明的体现。

（4）生理结果：不公平方案会引起被试双侧脑岛（bilateral anterior insula）的激活，该区域通常与负面情绪相关[2]，尤其是愤怒（anger）[3]和厌恶（disgust）[4]这两种情绪可以在脑岛中找到对应的区域，而不公平的分配方案同时引起了愤怒和厌恶这两个区域的激活。其激活程度会随着分配方

---

〔1〕 参见 Daniel Kahneman, Jack L. Knetsch and Richard H. Thaler, "Fairness and the Assumptions of Economics", *The Journal of Business*, 1986, vol. 59, lssue. 4, pp. S285-S300; E. Weg & V. Smith, "On the failure to induce meager offers in ultimatum game", in *Journal of Economic Psychology*, 1993, vol. 14, issue. 1, pp. 17-32.

〔2〕 A. J. Calder, A. D. Lawrence, A. W. Young, "Neuropsychology of Fear and Loathing", in *Nature Reveiw Neuroscience*, 2001, vol. 2, pp. 352-363.

〔3〕 Antonio R. Damasio, Thomas J. Grabowski, Antoine Bechara, Hanna Damasio, Laura L. B. Ponto, Josef Parvizi and Richard D. Hichwa, "Subcortical and cortical brain activity during the feeling of self-generated emotions", *Neuroscience*, 2000, vol. 3, issue. 10, pp. 1049-1056.

〔4〕 M. L. Phillips & A. W. Young, "A specific neural substrate for perceiving facial expressions of disgust", *Nature*, 1997, vol. 389, issue. 6650, pp. 495-498.

案的不公平性的上升而上升，分配方案被拒绝的可能性也随之上升。简而言之，分配方案越不公平，被试就愈加愤怒和厌恶，拒绝方案的可能性也越大。而且右侧脑岛的激活程度越高，拒绝提议的概率也越高。这一发现直接表明不公产生厌恶，厌恶导致惩罚。

此外，腹内侧前额叶（ventromedial prefrontal cortex，vmPFC）和内侧眶额皮层（medial orbitofrontal cortex，MOFC）在惩罚决策中也发挥着至关重要的作用，与无代价惩罚条件相比，在有代价惩罚条件下，研究者发现了腹内侧前额叶更大程度的激活（参见下文“实验二：2004 年 De Quervain 等人的实验”）。对该脑区的病理研究表明，腹内侧前额叶的损伤可能会降低病患对奖赏的敏感性以及对负性情绪的控制，表现在最后通牒博弈中，会比对照组被试者更多地拒绝分配者的不公平分配提议。

Sanfey 等人将拒绝接受提议认为是反应者对提议者进行的一种惩罚，但笔者认为拒绝提议与典型的惩罚还是存在差距的，拒绝提议乃是协议不成，而惩罚则包含更多的否定性评价。这一点在后续研究对背外侧前额叶的功能提出的异议中得到了印证。Sanfey 等人的实验发现，不公平分配方案还引起了背外侧前额叶（dorso-lateral prefrontal cortex，DLPFC）和前扣带回（anterior cingulated cortex，ACC）的激活。背外侧前额叶是与目标维持和执行控制相关联的脑区，而前扣带回主要负责认知冲突的知觉。研究者的解释是，背外侧前额叶的激活可能是由于试验要求被试尽可能多地积累金钱，基于这一目的考虑，被试的背外侧前额叶区域才会一直处在活动状态。而试验十分明显地显示，在不公平分配方案的条件下，当脑岛的激活程度强于背外侧前额叶的激活时，被试倾向于拒绝分配提议；当背外侧前额叶的激活程度强于脑岛的激活时，被试往往会接受不公平的分配方案。这意味着不公平的分配方案会同时引起大脑情感区域和认知区域的活动，而大脑情感区域的活动在拒绝不公平分配方案的情况下要更加显著，这也证明情感因素在行为选择时起着重要作用。简而言之，脑岛代表情感，背外侧前额叶代表理智，脑岛更活跃意味着情感战胜理智，方案则被拒；背外侧前额叶更活跃意味着理智战胜情感，方案被接受。

不过 2006 年 Knoch 的实验对 DLPFC 的作用提出了不同看法。[1] 2003 年 Sanfey 等人的研究显示 DLPFC 的功能与维持目标、执行行为有关，因此实验认为脑岛的激活主导了对不公平分配方案的拒绝，而 DLPFC 的功能则与此相反，因为 DLPFC 的功能是维持目标，而该实验的目标设定是尽可能多地积累财富，反应者要积累财富的有效手段就是接受所有的分配方案，DLPFC 对于不公平分配方案的功能是支持接受、抑制拒绝。在这种情况下，当 DLPFC 的功能受到干扰时，实验预期接受的比例会降低，拒绝的比例会增加。但恰恰相反，Knoch 的实验结果显示，当 DLPFC 的功能受到干扰时，拒绝的比例反而出现了降低。Knoch 等人的解释是，DLPFC 的功能是抑制自私的行为（即自我独断专行的行为），主张行为应当符合社会交往规范，反应者的行为乃是基于社会交往规范而对提议者的行为做出的反馈。这一观点与 DLPFC 受损病人出现社会交往行为障碍的研究结论是一致的。[2]

对于以上实验，笔者认为可以做出以下预测和判断：

（1）DLPFC 对前脑岛的抑制是自动的，与实验规则无关。只要脑岛过于活跃，DLPFC 就会提高活跃程度来对行为进行控制。这一预测其实在 Sanfey 等人的实验中已经得到了反映，其研究指出当前脑岛的活跃程度越高时，DLPFC 的活跃程度也越高，但是由于 Sanfey 等人的实验设计本身就导致前脑岛与 DLPFC 功能的冲突，因此他们将结论归纳为"愤怒—拒绝"和"认知—接受"之间的矛盾。当然笔者的预测有待进一步证实。

（2）DLPFC 的功能是社会性的，DLPFC 抑制的并非是情绪驱动的行为，而是自私的行为（即自我独断专行的行为）。对于拒绝不公平分配方案的决定，DLPFC 并不是单纯地支持或抑制，它对基于个人报复情绪的拒绝是反对的，但它对基于社会报应评价的拒绝是支持的，由于这种评价不是基于私利的，因此可以认为它是为公的，甚至具有高尚的性质。如果反应者的惩罚是基于个人愤怒作出的，就会受到 DLPFC 的抑制，如果反应者的惩罚是基于社会公义作出的，就不会受到 DLPFC 的抑制。可以进一步认为，前脑岛和 DLPFC 的关系还可以反映出报复与报应二者对立统一的关系。报复和报应既相

[1] D. Knoch, A. Pascual-Leone, K. Meyer, V. Treyer, E. Fehr, "Diminishing reciprocal fairness by disrupting the right prefrontal cortex", *Science*, 2006, vol. 314, pp. 829-832.

[2] Damasio AR. Descartes, *Error: Emotion Reason, and the Human Brain*, New York: Harper Collins, 1995.

互区别，又相互统一，前脑岛主导报复，DLPFC 主导报应，在一定范围内，前脑岛与 DLPFC 的功能是一致的，但当前脑岛过于活跃时（报复），DLPFC 又会对其进行抑制。二者统一于大脑，统一于个人。DLPFC 功能的社会性体现了人作为社会动物，其社会性与生物性是紧密结合的，其社会性同样具有生物基础。

上述两大实验似乎也在昭示一个真理：人类的本能不仅追求报复，也追究正义。

【实验二：2004 年 De Quervain 等人的实验】

2004 年，De Quervain 等人进行了一项实验。实验报告开宗明义地提出：如果强互惠行为或利他惩罚无法从外界获得直接激励，那么这些行为必然是通过自身激励来获得满足的，而这一实验的目的就是要发现这一自我激励机制的神经科学机理。

（1）游戏设计：实验进行了一项信托游戏（Trust Game，TG），参与者分为投资人和受托人，受托人负责管理投资人的财产。在这个过程中受托人会因为不同的原因而导致投资人的财产遭受损失，这其中的原因有些存在受托人的主观过错，有些没有。投资人可以根据不同的原因选择对受托人进行不同的惩罚。

（2）测量方式：采用了正电子发射断层显像技术（Positron Emission Tomography，PET）对被试在惩罚他人时的大脑神经反应进行监测。PET 是核医学领域比较先进的临床检查影像技术。其大致方法是，将某种物质，一般是生物生命代谢中必需的物质，如：葡萄糖、蛋白质、核酸、脂肪酸，标记上短寿命的放射性核素（如 F18，C1 等），注入人体后，通过该物质在代谢中的聚集，来反映生命代谢活动的情况，从而达到诊断的目的。

（3）行为结果：当信托人在信任游戏（TG）中背叛了投资人时，在有背叛意图无惩罚代价的条件下，全部被试都对背叛的信托人进行了惩罚；有意图有惩罚代价的条件下，14 个被试中有 12 个对背叛者实施了惩罚；在有意图但只有象征性惩罚的条件下，实施惩罚的被试人数锐减到不及一半数量；在投资人的金钱损失不是信托人有意造成的条件下，投资人几乎没有惩罚的愿望，且惩罚强度相当低。这说明人们在做出惩罚行为时，不仅仅权衡了自身利益，还更多地考虑到了博弈对家的意图。换而言之，刑法的定罪量刑需要考虑犯罪人主观方面的故意或过失、犯罪的动机等因素，这一做法在当代得到了神经科学研究的证据支持。

（4）生理结论：大脑的三个区域在该实验中受到关注，分别是尾状核（caudate nucleus）、丘脑（thalamus）、背侧纹状体（dorsal striatum）。

（5）实验结论：与实验预期的奖励过程有关。De Quervain 的研究预测，当投资者对欺诈者进行金钱惩罚的时候，他们的大脑会经历一个“奖励”过程（rewarding process）。这一奖励过程与大脑的三个区域有关，其中，尾状核是利他惩罚中最为重要的脑区，惩罚投入越多的被试者其尾状核的活动就越强烈。而背侧纹状体的激活则值得进一步辨析，因为此前有实验显示该脑区主要与目的行为有关，目的行为的实现会引发奖励过程，简而言之，这种喜悦并不一定是因为报应，也可能是因为实现目标，当然这里可以认为报应也是一种目标。这一点在 De Quervain 实验中得到了体现，他们对有意图无代价惩罚中对欺诈者实施最大惩罚的 11 人进行了分析，因为他们所施加的惩罚是一样的，所以他们获得满足的差别并不来源于惩罚的数量，换句话说背侧纹状体激活的奖励过程并不直接来自惩罚，而是因为他们的目的行为（惩罚）得到了实现，而在其他情况下其目的行为则不一定就是惩罚。即使这种惩罚会导致被试者的利益受到损失，大脑纹状体依然会被激活，不过同时，大脑额颞前叶中部（medial prefrontal cortex）也会被激活，而这一部分一般被认为是负责成本和收益计算的。这就意味着即使人们对成本和收益进行了计算，但他们依然选择了花费个人成本对他人进行惩罚，换而言之，复仇的时候很多人是不计个人得失的。

【实验三：2008 年 Polezzi 等人的实验】

2008 年，Polezzi、Daum、Rubaltell、Lotto、Civai、Sartori 等人采用事件相关电位技术（Event-Related Potential，ERP）考察反应者在最后通牒博弈（Ultimatum Game，UG）中面对公平、亚公平和不公平分配方案时的脑电波形差异。

（1）游戏设计：最后通牒博弈中面对公平、亚公平和不公平分配方案时的脑电波形差异。

（2）测量方式：采用 ERP。ERP 是一种特殊的脑诱发电位，通过有意地赋予刺激以特殊的心理意义，利用多个或多样的刺激所引起的脑的电位。它反映了认知过程中大脑的神经电生理的变化，也被称为认知电位，也就是指当人们对某课题进行认知加工时，从头颅表面记录到的脑电位。经典的 ERPs 成分包括 P1、Nl、P2、N2、P3（P300），其中 P1、N1、P2 为 ERPs 的外源性（生理性）成分，受刺激物理特性影响；N2、P3 为 ERPs 的内源性（心理性）成分，不受刺激物理特性的影响，与被试的精神状态和注意力有关。现在 ERPs 的概念范围有扩大趋势，广义上讲，ERPs 尚包括 N4（N400）、失匹配阴性波（Mismatch Negativity，MMN）、伴随负反应（Contigent NegatiVe Variation，CNV）等。但长期以来也有人以 P3 作为事件相关电位的代称，虽有失偏颇，但临床应用甚广。

（3）生理结果：①被试在亚公平和不公平条件下均产生了比公平条件下更严重的反馈负波（Feed-back Negativity，FRN）。②发现被试在亚公平和不公平条件下均产生了比公平条件下更严重的反馈负波（不公带来厌恶），还发现面对处于公平和不公平之间的中等提议，反应者的反应时间更长，N350 的振幅也更大，过程涉及上颞叶回（Superior Temporal Gyrus，STG）、顶下小叶（Inferior Parietal Lobule，IPL），这些现象显示反应者在做出决定的过程中对提议者的动机进行了分析。[1]此成分与负性结果的加工有关[2]。

（4）实验结论：这说明人们倾向于认为公平的提案是合理的，而不公平的提案则违反了反应者对公平的预期。此外，对公平感知的研究还发现了 MFN（Medial Frontal Negativity）与被试道德感正相关。[3]这些现象说明，不公的程度是反应者考虑的重要因素，也是导致惩罚是否发生的重要指标，反应者在作出是否惩罚的决定时是经过计算的。

【现有实验的不足】

（1）实证研究的技术缺陷在于，实验设备还有待进一步加强。

fMRI 的空间和时间分辨率主要受伴随神经活动所产生的生理变化的限制，而不是成像技术本身的限制。BOLD 信号能在小毛细血管和大静脉血管的内部和周围产生。光学成像技术表明激励时在神经活动部位周围半径为几毫米的

---

〔1〕 D. Polezzi, I. Daum, E. Rubaltelli, L. Lotto, C. Civai, G. Sartori et al., "Mentalizing in economic decision-making", in *Behavioural Brain Research*, 2008, vol. 190, issue. 2, pp. 218-223.

〔2〕 F. T. P. Oliveira, J. J. McDonald & D. Goodman, "Performance monitoring in the anterior cingulate is not all error related: Expectancy deviation and the representation of action-outcome associations", in *Journal of Cognitive Neuroscience*, 2007, vol. 19, issue. 12, pp. 1994 - 2004; A. Yasuda, A. Sato, K. Miyawaki, H. Kumano & T. Kuboki, "Error-related negativity reflects detection of negative reward prediction error", in *Neuroreport*, 2004, vol. 15, issue. 16, pp. 2561-2565.

〔3〕 M. A. S. Boksem & D. De Cremer, "Fairness concerns predict medial frontal negativity amplitude in ultimatum bargaining", in *Social Neuroscience*, 2010, vol. 5, issue. 1, pp. 118-128.

区域内血管氧合程度加深。这可能给fMRI造成一个固有的空间分辨率的极限。另外的一个局限是：在距神经活动部位的静脉系统下游几毫米处也可检测到氧合变化。fMRI的时间分辨率更有可能取决于生理动力学而非获取图像的速率。EPI技术每秒可获得40多幅单层图像，一般5s就能得到覆盖全脑的三维数据集。在神经活动中，突触传导为1ms级，信息传输是几百ms。但血流动力学反应的长潜伏期严重妨碍了BOLD对神经信号的响应。活动皮层BOLD信号的峰值出现在激励开始后的5s~8s，并且回到基线水平需要同样的时间。如果在血流动力学反应时间之内施加一个单独的刺激会减少对比度，因为信号没有足够的时间回到静息水平。

PET设备当前的扫描只能达到每分钟15平方毫米的速度，其观察和测量的能力依然有限。又例如通过观察血流量和耗氧量来判断大脑某一部位是否激活的过程便具有时间上的延迟。因此该部分研究结论的正确性也有待进一步证实。

（2）即使实证研究可以解释主观心理活动背后的神经作用机制，但产生这种神经作用机制背后的原因依然不明。进化是对产生这种机制原因的最好的解释，但进化二字恰是最大的问题。例如，血压升高与精神紧张有关，但在这里很显然，情绪紧张导致血压升高，血压升高乃是情绪紧张的次级反应。而对于脑岛激活而言，究竟是脑岛激活导致愤怒，还是愤怒导致脑岛激活？或者愤怒就是脑岛激活？当前我们倾向于认为脑岛激活=愤怒，但事实上我们依然缺乏足够的证据来证明这一点，因为正如上文所言，大脑神经运动的速率要远远高于现在的观察设备。即使能够证明二者相等同，那么这种特定刺激引发特定神经机制（即特定情绪）的原因对我们而言依然是神秘的。

（3）虽然人类的报应、报复需求可以通过大脑与神经科学的研究找到证据支持。但这并不意味着报复就一定是本能。一方面，报应、报复的需求有可能通过进化被固定在我们的基因中并代代遗传。另一方面，报应和报复也可能是在社会交往中慢慢强化从而形成特定的文化背景，而生活在这种文化背景中的人则因为后天学习，慢慢形成了适应这种文化需求的报应和报复心理。人类的报应、报复需求究竟是先天的还是后天的，却并不清晰。关于DLPFC的功能的探讨表明了这种情况，DLPFC允许符合社会公义的惩罚却抑制个人愤怒的惩罚就很能够说明其社会性，但这种社会性是在后天学习中储存于DLPFC的还是遗传储存于DLPFC的呢？

这种情况可以通过拳击运动来说明。普通人看到对手出拳的反应是闭眼，但拳击运动要求拳手注意观察对手的行动，因此拳手看到对手出拳的反应是睁眼，是目不转睛地盯着对方。睁眼不是遗传，不是本能，而是经过后天学习、训练被强化的。但经过这种强化之后，拳手再遇到进攻时就会本能地睁眼（这里不考虑强化的强度是否会出现削弱），这种睁眼是不需要经过理性思考的。闭眼是先天的、本能的、初级的，相对闭眼而言，睁眼是后天的、学会的、次级的。但这种差别是针对全体人类而言的。对于某个拳手来说，睁眼经过强化，已经取代了闭眼，成为他面对进攻的本能反应。所以，如果我们对拳击手群体进行试验的话，睁眼的结果会占很大比例，我们会认为面对危险睁眼才是本能。因此，回到报复的问题上来，究竟报复是我们的本能？还是社会将报复训练成我们的本能？从实验设计的角度来看，要解决这一问题需要在实验组以外设计一个对照组，这个对照组应当由一群没有任何社会文化背景的“非社会人”所组成，但很显然这个实验是无法完成的。

3.2.4 刑罚报应论历史梳理拾遗

上文对神意报应、道义报应、法律报应以及正当报应、经验报应进行了介绍，除了以上几种形态之外，报应论还存在以下几种形态：①积极报应（positive retribution）和消极报应（negative retribution）。关于积极报应与消极报应的分类标准有两种观点，一种观点是以该当性为分类标准，以该当性为刑罚的必要条件的是消极报应；以该当性为刑罚充分必要条件的是积极报应。[1]另一种观点是以罪过为分类标准，以罪过为刑罚必要条件的是消极报应，以 Michael Moore 为代表[2]；以罪过为刑罚充分必要条件的是积极报应，以 J. L. Mackie 为代表。[3]②攻击性报应（assaultive retribution）和保护性报应（protective retribution），前者的报应论更加极端激进，以 James Stephen[4]（参

〔1〕 Markus D. Dubber & Mark G. Kelman, *American Criminal Law: Cases, Statutes, and Comments*, New York: Foundation Press, 2005, p. 1.

〔2〕 Michael S. Moore, “The Moral Worth of Retribution”, in *Responsibility, Character, and the Emotions*, Ferdinand Schoeman ed., 1987, pp. 179, 212-215.

〔3〕 J. L. Mackie, “Morality and Retributive Emotions”, in *Criminal Justice Ethics*, 1982, pp. 3-4.

〔4〕 Jeffrie G. Murphy & Jean Hampton, *Forgiveness and Mercy*, Cambridge University Press, 1988, p. 3.

见上文）以及 *Kriby Benedict* 法官[1]为代表；后者的报应论更加中立保守，以 Herbert Morris 为代表。[2]③也有学者将刑罚报应论的内容分为："正式报应，因为犯下罪行；对等原则，人必须为自己的罪行承担责任；谴责，因为这是犯罪人应得的；保证，使诚实守法民众相信人必须尊重法律。"[3]

3.3　刑罚报应论的理论体系

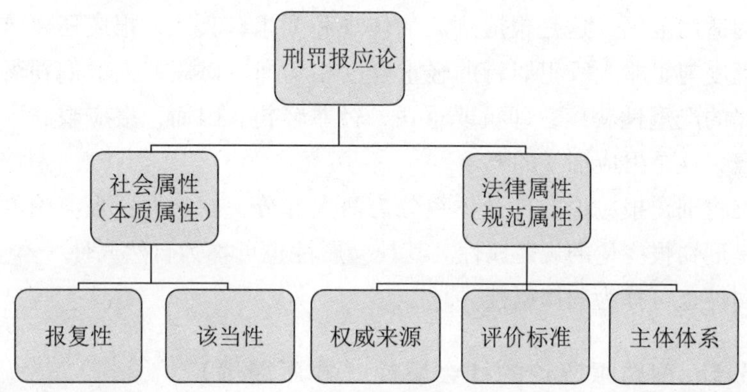

报应论是对刑罚的本体价值判断。为什么惩罚犯罪人？报应论的回答是："不为什么，这样做就是对的。"

正如上文所指出的，虽然笔者对报应论的发展进行了历史性梳理，但如果细致区分就会发现，这些概念并非是同一层面的问题。血族复仇与血亲复仇针对的问题是"谁来复仇"，即复仇的主体。而同态复仇解决的问题是"如何复仇"，即复仇的方式。从这一点上看，血族复仇、血亲复仇、神意报应、道义报应、法律报应解决的是同一个问题"谁来报应"？其依次给出的答案是血族、血亲、神（上帝）、道德、法律。事实上，从神到道德的转变恰恰伴随

---

〔1〕 该法官以其在判决中对被告的猛烈抨击而闻名于世。参见 Jack Smith，"Page Out of the Old West and a Poetic Hanging Judge"，in *Los Angeles Times*，Oct. 18，1999，at E1；Aurora Hunt，*Kirby Benedict：Frontier Federal Judge*，1961，pp. 78-81.

〔2〕 Joshua Dressler，*Cases and Materials on Criminal Law*，5th ed.，Thomason Reuters，2009，p. 44；See also Herbert Morris，"Persons and Punishment"，in *The Monist*，1968，vol. 42，issue. 4，pp. 475-501.

〔3〕 María José Falcón y Tella & Fernando Falcón y Tella，*Punishment and Culture*，Leiden，Boston：Martinus Nijhoff Publishers，2006，pp. 114-115.

着古典哲学的勃兴，恰恰伴随着人类将对于神的信仰转向对于人类理性追求的变迁。

此外，有学者指出：正义是报应主义的理论基础。报应作为刑罚的目的，是指对犯罪人适用刑罚是因为他的犯罪行为，通过惩治犯罪行为进而表达社会正义观念，恢复社会心理秩序。正义是评价某一行为或者某一社会制度的道德标准，它往往成为一种行为或一种社会制度存在的正当性根据。[1]刑罚制度同样也要合乎正义，而报应就是这种刑罚正义的体现。首先，报应限制了刑罚的适用范围，这是报应刑质的体现和要求；其次，报应还要求将刑罚惩罚的程度与犯罪人所犯罪行的轻重程度相均衡。对犯罪人的刑罚惩罚不得超过犯罪的严重性程度，即重罪重罚，轻罪轻罚。因而，报应限制了刑罚的适用程度，这是报应刑量的要求。

本书将刑罚报应论的理论体系分为两大部分：一是刑罚报应论的社会属性；二是刑罚报应论的规范属性。其社会属性也可称为自然属性、本质属性；其规范属性也可称为法律属性。

3.3.1 刑罚报应论的社会属性（本质属性）

刑罚报应论的社会属性包括两个方面：一是报复性；二是该当性。报复性以国家和被害人为本位，侧重于国家对犯罪人施加惩罚。该当性以犯罪人为本位，侧重于犯罪人自身承受惩罚。

3.3.1.1 刑罚报应论的报复性

报复性是指刑罚具有对犯罪人实施报复的性质。刑罚的报复性可以进一步分为两个方面，一是报复性，二是承受刑罚。前文在“3.1.2.1 报应与报复”着重阐述了报应与报复的区别，下文主要阐述报应论中的报复因素的内容和作用，强调报应与报复的联系。

报复性是报应论乃至刑罚的核心要素。本书的理论体系设计将报应作为报复的上位概念，报复乃是报应的核心要素。英国学者 James F. Stephen 指出：报复情感之于刑法与性欲之于婚姻具有同样重要的关系，对罪犯处以刑罚是

〔1〕［美］约翰·罗尔斯：《正义论》，何怀宏等译，中国社会科学出版社 1988 年版，第 1 页。

普遍冲动的合法发泄方式。[1] Elias认为人类历史试图将令人困扰的话题变成隐私，性、身体机能、暴力等被隐藏到卧室、医院和监狱之中。[2]美国学者Leo Zaibert认为："与其不加批判地认为报应与报复存在区别，倒不如说，煞有介事地声称二者存在明显差异的做法并不妥当。"[3]乾隆皇帝也曾指出："生杀悉由谳词，岂容一介不逞之徒私行报复？况国法已彰，则私恨已泄，仇杀之端断不可启，训示最为明晰，即子孙复仇之例——若因伊父死于非命，而凶手竟得漏网，冤无可伸，其复仇犹为有说；已伏法结案，则国法已伸，复逞凶放杀，即应照故杀问拟。"[4]其中的"国法已彰，则私恨已泄"的说法就表明了国家刑罚本身就具有发泄被害者报复情绪的作用。

辩证观念下的报复是正确的。根据上文，刑罚报应论解决的是"刑罚好不好"的问题，换句话说，刑罚报应论认为"刑罚是正确的，因为报应是正义的"。杀人正义吗？这是一个问题。如果采取人道主义的观点，那么杀人永远是错的，杀好人是错的，杀坏人也是错的；但如果采取一种相对辩证的观点就会发现，杀好人固然是错的，但杀坏人却不是错得那么严重，尤其是如果那些被杀的坏人曾经杀害好人的话，人们更会拍手称快，认为这是罪有应得。也就是说，如果我们采用前者的价值观，则刑罚报应论是非正义的；如果我们采取后者的价值观，则刑罚报应论就是正义的。前者的价值观是一元论的泛道德价值观，只有在一元论的泛道德价值观下的报复才是非正义的；后者的价值观是辩证的价值观，在辩证的价值观下报复就是正义的。因此问题就变成了我们究竟采用哪一种价值观，是辩证法还是一元论？显然答案是辩证法，因为它乃是世界运行的基本原理。

当然这里需要注意，取何种善恶观念本身还是一个历史的实践的范畴：在专制的情况下，取人道主义的观念有利于保障人权；而在民主法治发达的情况下，犯罪人能够得到强大的防御机制来保护自己，因此实现正义又成了首要任务，取辩证的善恶观念有利于惩恶扬善。由此可见，刑罚报应论是否正义也是一个历史的实践的范畴，它取决于作为前提的善恶观念，善恶观念

---

〔1〕 Jeffrie G. Murphy & Jean Hampton, *Forgiveness and Mercy*, Cambridge University Press, 1988, p. 3.

〔2〕 María José Falcón y Tella & Fernando Falcón y Tella, *Punishment and Culture*, Leiden, Boston: Martinus Nijhoff Publishers, 2006, p. 27.

〔3〕 Leo Zaibert, *Punishment and Retribution*, Ashgate Publishing Limited, 2006, p. 4.

〔4〕《清实录·乾隆朝实录》三九〇。

在变，它也在变。在理想状态下“杀坏人是好事”的观点可能更加容易接受。但问题是“谁是坏人？谁说了算？”这一问题看似简单，但事实上却关系到整个国家与公民之间关系的定位，一国的宪政、一国的刑事司法体制归根到底就是在解决这一问题。在现实中这种理想的状态是遥不可及的。人类历史上所出现过的专制、国家主义乃至法西斯主义都一再地告诫人类在对待自身的认识上应当保持一种谨慎而谦卑的态度。而另一方面，人道主义的价值观告诉我们的是，无论何时何地都应当将人作为人来看待，无论何时何地我们都应当对我们的同胞怀有一个仁慈的心，这便是人道主义的最为朴素的表达。这也是在对报复性进行肯定时的一种保留，这种有所保留的肯定本身也是符合辩证法的基本思维的。

近年来刑事司法领域盛行恢复性司法的理念和做法。其实，恢复性司法在很大程度上体现了民事诉讼的纠纷解决机制在刑事诉讼领域的应用。某人对自己所造成的损害进行补偿体现的乃是民法领域的权利处分自由的原则。但这一思路应用到刑事领域就会出现问题。个人如果因为有条件进行赔偿而滥用权利，显然违背了法治的初衷，恢复性司法的批判也都认为这一思路有利于富人而不利于穷人。由此可见，国家主义的刑事司法在报复性和恢复性的选择上依然是侧重报复性的，而恢复性只能认为是一定时期对过分强调报复性的一种反思和调整。

报复性是报应论的构成要素，但并不是唯一的要素，而且报应论中的报复性是经过批判和扬弃的，其自身来源于复仇而有别于复仇，在报应论中既追求报复又受到其等位的正当性要素的限制，而报应论作为整体又要受到人道主义的限制。报应论不仅包含报复性，还包含该当性。

3.3.1.2 刑罚报应论的该当性

该当性表现为犯罪人应当承受刑罚。正义并不因外界的变化而变化，报应的理由只是因为你“该当”，用中国民间俗语解释可以浓缩成一个字——“该”。应该的该、活该的该。正是因为刑罚是犯罪人应该的、活该的，所以刑罚是正当的，合起来称为“该当”。

许多报应论者都强调犯罪人的承受，强调该当，从而明确报复与报应的区别。康德指出：“如果你诽谤了别人，你就是诽谤了自己；如果你偷了别人的东西，你就偷了你自己的东西；如果你打了别人，你就是打了你自己；如果你杀了别人，你就是杀了你自己。……任何一个人对别人所作的恶行，可以看作是他对他自己作恶。”〔1〕这一著名论断强调的就是犯罪人承受刑罚的该当性。英国学者 Bradley 也指出：“科刑是因为我们亏欠，仅此而已。”既然亏欠自然应当偿还。伯尔曼指出：“道德目的是与刑罚的报应性质相联系的。受到危害的社会迫使犯罪人承受某种痛苦，以作为对社会本身所受痛苦的补偿。”Hart 指出：“如某人做的事情在道德上是错误的，他应该受到惩罚，而这种惩罚的程度应当与其犯罪行为的邪恶程度相适应，自由意志支配下的道德邪恶行为所酿成苦难得到恢复，这种恢复本身就是善良和正义的，这就是惩罚某人的合理性所在。”〔2〕Christopher 指出：“一个罪犯应该承受与其可谴责的罪行或者应得的惩罚成比例的痛苦，这在道德上是正当的。”〔3〕

与该当性密切关联的另一个概念是赎罪。赎罪，英文作 redemption，德文作 Sühne。〔4〕科殷指出：“赎罪原先就是替代复仇的。”〔5〕赎罪的概念可以追溯至神学时代和教会法渊源。与“惩罚”针对犯罪人与社会的关系不同，赎罪主要针对的是犯罪人自身。此观点认为报应的结果是犯罪人得以认识到自己的犯罪行为是一种恶行，是人性的变异，并基于强烈的悔罪心理而采取不再犯罪的态度来对待生活，甚至基于强烈的赎罪心理而以有益于社会的行动来回报国家与社会，从而使犯罪人得以回归内心的平静，进而重新开始普通人的生活。《德意志帝国法院刑事判例集》第58卷第109页：“……决定性的是……出于第一位的赎罪需要，刑罚的报应目的。”〔6〕西班牙学者 Tella 姐弟也指出：“施加和承受是不同的。报复强调的是让犯罪人偿还，而赎罪强调的是犯罪人自己偿还。”〔7〕

罪犯同样能够感受到其自身承受刑罚的该当性。美国的一名死囚 Gary

---

〔1〕［德］康德：《法的形而上学原理——权利的科学》，沈叔平译，商务印书馆1997年版，第164～165页。

〔2〕H. L. A. Hart, *Punishment and Responsibility*, New York: Oxford University Press, 1986, p. 231.

〔3〕Russell L. Christopher, “Deterring Retributivism: The Injustice of ‘Just’ Punishment”, *Northwest University Law Review*, 2002, vol. 96, issue. 3, pp. 843-860.

〔4〕［美］哈罗德·J. 伯尔曼：《法律与革命——西方法律传统的形成》，贺卫方等译，中国大百科全书出版社1993年版，第240页。

〔5〕［德］H. 科殷：《法哲学》，林荣远译，华夏出版社2002年版，第119页。

〔6〕RGRspr, Bd. 58, f. 109.

〔7〕María José Falcón y Tella & Fernando Falcón y Tella, *Punishment and Culture*, Leiden, Boston: Martinus Nijhoff Publishers, 2006, pp. 137.

Grilmore 就曾在信中这样写道："我最近开始明白了，我欠了债……你问我是不是魔鬼？我不是。魔鬼比我聪明，做得更甚，而且不会悔恨。而且我知道魔鬼感受不到爱。但也许比起魔鬼，我离上帝要更远。这不是好事。而我了解魔鬼似乎比我了解上帝更多，这也不是好事。我想回到从前，我想还债(无论代价是什么!）我不想玷污自己，我不要羞愧和恐惧，我想让上帝看到我，让他知道我是正直清白的，但愿我的想法不会太迂腐。"〔1〕

更为强烈的观点认为犯罪人有权获得惩罚。该当性就可以进一步表现为犯罪人有权接受惩罚。俄国作家陀思妥耶夫斯基很早就提到了这一点："社会对犯罪人进行惩罚的正当性就在于犯罪人实施了错误的行为，他还认为从心理学上看，犯罪人自身渴望受到惩罚，从而能够修复因犯罪而断裂的连接犯罪人与社会的纽带。"〔2〕这一表述与功利论的"再社会化"已经十分接近，也从学术史上反映了报应论与功利论的不解之缘。

Herbert Morris 对惩罚与治疗、刑罚与宽恕都进行了对比，最后指出："人们有权得到一个刑罚体制，当这样的刑罚体制存在的时候，人们有权得到惩罚。即使人们可以得到治疗，即使人们可以得到宽恕，人们也应当明确地知晓并且积极地主张他们有权得到惩罚。"〔3〕Markus Dirk Dubber 表达了同样的观点。〔4〕

3.3.1.3　复仇、报复、报应、该当

从该当到赎罪到有权，其报应论的该当性呈现出了递进的逻辑关系。这种施加和承受的理论还可以从等量报应与等价报应的角度进行解释，等量报应很容易倒退回同态复仇的境地，因为它所蕴含的逻辑是：如果你伤害了别人，那么你也应该受到伤害。而承受理论的逻辑是：如果你拿了别人的东西，你就应该付出相应的对价。〔5〕按教会法的观点，"如果他做出了这样的选择便要为此而受到惩罚——不是毁灭，也不是被憎恶，而是付出与犯罪也就是与

---

〔1〕 Norman Mailer, *The Executioner's Song*, New York, A Division of Random House, Inc., 1979, pp. 305-306.

〔2〕［俄］陀思妥耶夫斯基：《罪与罚》，岳麟译，上海译文出版社 2011 年版。

〔3〕 Herbert Morris, "Persons and Punishment", in *The Monist*, 1968, vol. 42, issue. 4, pp. 475-501.

〔4〕 Markus Dirk Dubber, "The Right to Be Punished: Autonomy and Its Demis in Modern Penal Thought", in *Law and History Review*, vol. 16, issue. 1, pp. 159-162.

〔5〕 Enrique Eduardo Mari, *La problemática del castigo. El discurso de Jeremy Bentham y Michel Foucault*, Buenos Aires: Hachette, 1983, p. 102; Heiko H. Lesch, *La función de la pena*, *Cuadernos "Luis Jiménez de Asúa"*, Madrid: Dykinson, 1999, pp. 7-9.

违反法律行为相当的代价。与人类的原罪相反，个人的、受过洗礼的和悔过的基督徒们无需为了与违反法律的行为相抵而承受毁灭；它们可以通过此生和炼狱中的暂罚而得到抵偿……正义要求每一项罪孽（犯罪）都要通过有期限的苦难而偿付；要求该苦难，亦即该刑罚与罪行相当；要求被违反的特定的法律得到恢复（复仇）。”[1]西方现代法律理论中教会法的身影无处不在，“而中世纪欧洲的教会法和世俗法体系在很大程度上被转入‘近代’国家的法律之中”。受此影响，现代刑法经常把刑罚的痛苦视为一种必要的赎罪。

英语中的报应一般翻译为retribution，但也有学者将其翻译成desert。Retribution中有re的词缀，该词缀表达了“反报”的意思，与“报应”的“报”字相对应，但是报应的应字却没有得到体现，换句话说，在中文中，我们可以对以下概念依次排列：复仇—报复—报应—该当，这一排列并非理论或实践发展的历史顺序，而是按照词语在词性上的顺序排列，从复仇到报应，其词语的严厉性依次减弱，其词语的公正性依次增强。而在此顺序下我们发现，英语中的retribution并非完全对应中文的报应，其位置处于报复与报应之间，而desert的位置则位于报应与该当之间。从这一点上看我们也可以对英语中的类似概念做一个排列：vengeance—retribution—desert。

Desert翻译为该当是十分贴切的。需要注意分辨的是，大陆法系刑法三阶层犯罪构成要件理论中的第一阶层也称为构成要件正当性（或符合性），在这种情况下笔者认为将三阶层犯罪构成要件理论的第一阶层称为符合性更为合适。Desert在部分情况下也作deservedness，其含义应该是一样的。[2]

3.3.2　刑罚报应论的规范属性

刑罚报应论的规范属性主要包括（不局限于）三个方面：权威来源、评价标准、主体关系三个方面。

权威来源、评价标准、主体关系这三个问题的区分是十分精细的，在报应理论发展的早期，这三者并没有得到清晰的区分，例如神意报应同时回答

---

〔1〕［美］哈罗德·J. 伯尔曼：《法律与革命——西方法律传统的形成》，贺卫方等译，中国大百科全书出版社1993年版，第222页。

〔2〕 Andrew von Hirsch & Past or Future Crime, *Deservedness and Dangerousness in the Sentencing of Criminals*, New Bruck and London: Rutgers University Press, 1987, p. 50.

了这三个问题，神意既体现了权威来源，也体现了评价标准，同时也表达了一定程度的主体关系。权威来源是神，评价标准是神的意志，刑罚既体现了神对人的惩罚，也体现了人的赎罪。又例如，道义报应中的权威来源便是人，评价标准也是人。又如同态标准则同时回答了评价标准和报应方式的问题，通过直观的同态来实现犯罪与刑罚之间的对等。

3.3.2.1 权威来源

权威来源解决的问题是报应来源于哪里。这是一个非常抽象的问题，一不留神就会变成对评价体系或主体关系的探讨。

神意报应认为报应来源于神，《圣经》中说“复仇在我”。道义报应认为报应的权威来源于人的道德即人的理性。法律报应则认为报应的权威来源于法律。有学者指出：“国家是刑罚权力的掌控者，但并非这样它就得到了正义维护者的角色。”〔1〕这一观点在廓清问题上向前迈进了一步，但依然没有彻底廓清问题。这一观点明确地区分了刑罚权应然和实然的关系，区分了权威来源和评价体系的关系。国家可以有权惩罚，但国家凭什么判断对错？换句话说：是非对错，谁说了算？

神意报应是已有的报应论形态中唯一一种较好地解决了这一问题的。因为神意报应认为报应来源于神（或上帝），由于神是造物主，所有造物主对其创造享有天生正当的支配权和处分权，这种权力不需要人类允许，也不容人类进行质疑。从神意报应到道义报应乃是人类文明发展的一大进步。如果说神意报应的权威来源还处在神秘主义时期的话，那么道义报应的理论则意味着人的理性在犯罪与刑罚问题上形成了完整闭合的通路，实现了理性的自我回归。与神意报应相比，道义报应在权威来源上却不如神意报应那般笃定。当然这未必是坏事，历史告诉我们，人类自己伤天害理、倒行逆施的时候往往都打着神的旗号，滥施刑罚、严刑峻罚位列其中。显然对于权威来源不甚肯定反而促使人类对这一问题进行反思，也使得人类在对待这一问题上更加审慎。但问题是康德哲学体系的前提是抽象而先验的，因此其对于权威来源虽然提出了答案，但却无法进行检验。道义报应在权威来源上面临的问题是，其回答与神意报应一样无法检验，但又不及神意报应那般神圣而不容置疑。

---

〔1〕［德］米夏埃尔·帕夫利克：《人格体 主体 公民：刑罚的合法性研究》，谭淦译，中国人民大学出版社2011年版，第44页。

简单地说，神意报应不说理，信则灵，而道义报应讲究说理，却只说了一半，说服力不够。Stephen Morse 就指出："没有什么更高的道德权威来告知人类群体，群体必须根据群体自身的总体观念来划分这一界限。而问题就在于这一界限划到哪里，又由谁来划定？"〔1〕法律报应试图回答权威来源是法律，但纯粹实证法学的观点中法律的概念过于狭隘，如果刑罚评价对错的权威来源于法律，那么法律评价对错的权力又来源于哪里？

对于权威来源的讨论是一个未决的话题。从历史上看，每当人类对是非对错的问题过于笃定的时候，往往也是人道主义灾难来临的时候，而在这时一个非常重要的安全阀就是反思一下权威来源的问题，不管什么是对，不管什么是错，关键在于谁说了算。

3.3.2.2 评价体系

评价体系是指刑罚报应论对于正义的标准，即是非对错的评价标准。评价体系是一个经验的问题。等量报应和等价报应都是针对评价标准而言的，等量标准要求在同质基础上的数量相等，而等价则只要求抽象的价的相等，而不要求同质。

在区分正义的不同主体时，会出现不同的结果。当我们以个体（individual）为主体时，这种正义的价值观是先验的；当我们以群体（群体）为主体时，这种正义的价值观就是经验的。

以个人为主体的正义观念的建立主要依赖于康德的贡献。康德的哲学理论实现了正义在个人身上的自体循环，如果对个体评价标准进行追问的话，其内容就将走向宗教的范畴，因此其标准最终将是先验的。

以群体为主体的正义观念与个人相比更为朴素浅显。上文提到的关于正义直觉（public intuition of justice）的研究恰恰体现了群体本位的评价体系。由于群体的正义观念是经验的，因此它是可以进行检验的。〔2〕

上文"刑罚报应论的实证研究"充分表明了这一点：①群体具有正义直觉；②群体的正义直觉具有高度的一致性；③群体的正义直觉具有超越文化

---

〔1〕 Stephen J. Morse, "Twilight of Welfare Criminology: A Reply to Judge Bazelon", in *Southern California Law Review*, 1975, vol. 49, p. 1247.

〔2〕 Paul H. Robinson & Robert Kurzban, "Concordance and Conflict in Intuitions of Justice", in *Minnesota Law Review*, 2007, vol. 91.

背景的共性。详细参见上文“3.2.3.2 刑罚报应论的宏观实证研究”。

当代法律实证主义的代表哈特就试图从法哲学的角度来回答这一问题，他所提出的无知之幕、叠加理性等概念都较好地诠释了这种权威来源。而以 Paul H. Robinson 为代表所做的刑罚报应论的宏观实证研究也为该领域提供了新的经验证据。

3.3.2.3 主体关系

主体关系是指刑罚报应论中报应的施加者和报应的承受者之间的关系。现实中，刑罚的承受者是犯罪人，刑罚的施加者是国家，更具体而言是国家的司法机关。

首先，国家裁判具有中立性。在报应论的体系中，对犯罪进行惩罚的不是被害人，而是国家。因此国家是犯罪以外的第三方，具有中立性。由国家对案件进行裁判，对犯罪人科处刑罚，能够更好地体现刑罚的公正性。复仇属于私报，而刑罚属于公报，于是这也回应了上文对报应与报复的属性作出的如下界定：在贝卡里亚看来，正义的刑罚实质上是每个人的复仇权的“总和”，它平等地为每个人服务，这里也包括犯罪人。[1]

其次，犯罪人与国家之间的关系却经历了一系列的变化。国家作为刑罚的施加一方，犯罪人作为刑罚的承受一方，其相互之间的关系并非一成不变。古代国家权威来源于君权神授，与此相对应，刑罚观念便以神意报应为主导。当时国家（君主）被认为是神在人间的代表，犯罪人与国家之间的关系乃是神与人的关系。西方神学思想认为神是主宰，人是仆从，于是才有“Justice is served”的说法，即正义得到了满足，这里 serve 的意思就是服侍，而正义则是指正义之神，正义之神得到了人类的服侍。[2]到了近代，随着社会契约论的传播，犯罪人与国家的关系也逐渐变成了个人和群体之间的关系，个人乃

---

〔1〕 黄风：《贝卡里亚及其刑法思想》，载［意］切萨雷·贝卡里亚：《论犯罪与刑罚》，黄风译，北京大学出版社 2008 年版，第 147 页。

〔2〕 关于“Justice is served”这一法谚还可以有另外一种解读，就是正义是一道美味佳肴，serve 的意思就是上菜，而当人们享用了正义这道美味佳肴，人们就会得到满足。类似表述“Vengence is dish must serve cold”，这句话的字面含义是复仇必须是一道凉菜或者冷盘，意译复仇必须冷血，这里复仇作为本体就被比喻为一道菜。这一解读与前文的解读相比发生重大变化，前者是“正义之神得到侍奉而满足”，而后者是“人类享用正义而得到满足”。二者相比，后者语境中人类的地位发生了重大变化。前者语境中人类处于客体地位，正义之神处于主体地位；而后者语境中，人类处于主体地位，正义处于客体地位。

是依据社会契约而加入群体的一员，群体惩罚个人的权力来源于个人权利的让渡。君主则是依据社会契约保有和行使个人让渡之权力的执行者。这种情况下国家的刑罚权就受到了质疑。德国学者 Kindhäuser 也指出："那种认为人们能够对一种痛苦（犯罪）通过附加另外一种痛苦（刑罚）从而使其得以弥补或者消除的思想，只有在一种宗教信仰中才是可以理解的。"〔1〕

事实上，现代国家中国家与公民之间的关系从其从属程度上看介于单纯的君权神授和社会契约这两种理论形态之间。一方面，国家权威已经不再来源于君权神授，这是近现代政治理论和民主革命的一大成果。另一方面，国家权威也不是单纯的社会契约，黑格尔很早就指出："国家根本就不是一个契约，保护和保证作为单个人的个人的生命财产也未必就是国家实体性的本质；反之，国家是比个人更高的东西，它甚至有权对这种生命财产本身提出要求。"〔2〕

需要注意，刑罚正当性与刑罚权正当性是不同的。很多时候，人们对二者的理解存在混淆。刑罚正当性是指刑罚施加于某人、某人承受刑罚这一现象本身是否正当。刑罚权正当性是指由特定的人或机构来执行刑罚是否正当。刑罚的正当性乃是针对事实的判断，侧重自然伦理，具有更强的自然法学派色彩；刑罚权的正当性乃是针对法律关系的判断，侧重实定法律，具有更强的实证法学派的色彩。〔3〕刑罚正当性的针对的问题是该不该惩罚，刑罚权正当性针对的问题是由谁来惩罚。

3.4 刑罚报应论的批判反思

刑罚报应论的批判分为正当性批判与合理性批判。正当性批判是从道德的角度进行的批判，是对刑罚报应论形而上的批判。正当性的批判认为刑罚报应论不具有正当性。刑罚报应论的合理性批判是从科学的角度进行的批判，是对刑罚报应论形而下的批判。

---

〔1〕 Kindhäuser, ZStW 107 (1995), 730. (Urs Kindhäuser, Rechtstreue als Schuld Bategorie, Zeitschrift für die gesamte Strafrechtswissenschaft, 1995, Bd. 107, Heft. 4, f. 730.)

〔2〕［德］黑格尔：《法哲学原理》，范扬、张企泰译，商务印书馆1961年版，第103页。

〔3〕 J. Deigh, "On the Right to Be Punished: Some Doubts", in *Ethics*, 1984, vol. 94, pp. 191-211.

3.4.1 刑罚报应论的伦理批判

对于报应的伦理批判一般都针对报应论中的报复性，要么一味强调报应论中的报复性，要么直接将报应与报复相等同，并强调报复的非理性和情感上的过激性，报应理论具有模糊性等。

（1）报应单纯强调愤怒和暴力。有学者认为报应乃是一个野蛮的概念，因为它所给出的第一印象就是复仇。〔1〕美国学者霍金斯和阿尔珀特指出："报复是一种本能的、非反应性的行为，带有强烈的情绪性和难以预料性，它内含的道德价值（向本能的要求投降）并没有从道德上证明一个'更多地满足于暴力'行为的正义性。"〔2〕美国学者 David Dolinko 指出："愤怒和痛恨被合法化，是其曾为对犯罪作出的适当反应和刑罚的适当依据，把所施加的刑罚呈现为其本身的效力，这种理论在罪犯具有强烈的恐惧和厌恶时，是路盲和危险的混合物。除非精心地进行限定，否则它会使公众和法律体系纵容那些没有道德疑虑的报复发泄。"〔3〕而耶鲁大学的心理学家 Stanley Milgram 的研究的确显示，在特定环境下人们很愿意对别人进行电击制造痛苦。〔4〕我国学术界对报应主义的批判集中表现在，认为报应论下的刑罚复仇色彩浓重，在人类思想尚未开化的时代，或许报应主义尚可生存，但是在现代刑罚机制建立之后，对于犯罪人的惩罚，已经抛弃了旧世酷刑对犯罪者肉体上的折磨，而是以监禁刑为主要方式，有的学者就此提出，现代刑罚进入了文明、宽缓的时期，刑罚的宽和体现了对报应主义的全盘否定。高艳东曾撰文《现代刑法中报复主义残迹的清算》，认为以"恶"为主线的传统刑法在相当程度上具有报复色彩，报复主义起源于人性复仇本能，个人的复仇本能被国家利用，在解决犯罪的同时又酝酿着新的犯罪，进而呼吁现代刑法要警惕报复主义借国家权威主义哲学观发作。

（2）报应忽视人的个性和理性。英国学者 H. Rashdall 认为："报应论反

---

〔1〕 Charles Torcia, *Wharton's Criminal Law*, Clark Boardman Callaghan, 1989, p. 24.

〔2〕 ［美］理查德·霍金斯、杰弗里·P. 阿尔珀特：《美国监狱制度——刑罚与正义》，孙晓雳、林遐译，中国人民公安大学出版社 1991 年版，第 93 页。

〔3〕 David Dolinko, "Three Mistakes of Retributivism", in *UCLA Law Review*, 1992, vol. 39, pp. 1651-1652.

〔4〕 Stanley Milgram, *The Individual in a Social World*, 2nd ed., McGraw-Hill Humanities, 1992.

映了对人类个性的蔑视，它通过牺牲人的生命和福祉来满足某种无视生命价值的道德法律。”〔1〕美国学者贝勒斯指出：“报复心理并非一种理性的感情，因为它只是一种要使那些危害他人的人遭受损害的欲望。它的实际作用仅仅是增加了社会中损害的总量……人们无疑不会制定一个鼓励报复的法律制度……刑法的发展史就是一种合理的公共刑法制度逐步代替死人报复的历史。”〔2〕

（3）作为报应的刑罚借助国家权力得到了扩张。批判报应论的学者认为，报应论下的刑罚会使国家权威助长新的复仇发生。这里面存在一个观点：刑罚的惩罚力度会远远大于个人复仇的后果。因为，一方面原来的犯罪只是被看作侵害个人的行为，但是现在犯罪被视为不仅侵害了个人、同时也对社会造成危害结果的行为，无形之中，对犯罪的惩罚要求更加严厉，不自觉之中就会导致酷刑的出现。另一方面个人复仇在依附了国家公权力之后，会具有更大的打击力度和更多样的打击方式，个人复仇便于抑制其打击的力度与方式，但是国家惩治犯罪者是凭借自身强大的暴力机构，例如监狱，国家为了维护社会秩序、平复民愤、迎合民众的复仇心理，对罪犯实施极其严酷的刑罚，例如凌迟，对国家这种具有复仇倾向的刑罚规制起来尤为困难，但是在主张保护人权的法治社会中，这样具有复仇倾向的刑罚则受到了来自各方面的批判。

3.4.2　刑罚报应论的科学批判

刑罚报应论的科学性批判主要针对报应论在定罪、量刑两个方面的问题。从这一点上看，定罪量刑正好体现了承上启下两个方面，定罪乃是承上，量刑乃是启下。

从定罪的角度看：

（1）报应论过分关注过去，一味向后看。英国学者葛德文指出：“为了过去和无可挽回的事，并且只是为了这样的考虑而惩罚他，这种做法就只能被

---

〔1〕 H. Rashdall, *The Theory of Good and Evil*, 2nd ed., Oxford: Clarendon Press, 1924, pp. 303 - 304.

〔2〕［美］迈克尔·D. 贝勒斯：《法律的原则——一个规范的分析》，张文显等译，中国大百科全书出版社 1996 年版，第 339 页。

看作毫无教养的野蛮主义的表现之一。"[1]

(2) 报应论没有解决主观和客观相统一的问题。Merle 指出："带有较低可责性的较重犯罪（如过失或放任）比带有较高可责性的较轻犯罪（如故意或意图）要受到更重还是更轻的刑罚？报应主义对此没有作出回答。"[2]

(3) 报应对于精神病情况的不相符合。美国学者 Richard J. Bonnie 等人所著的《刑法学》中就在报应论之后直接开始探讨可谴责的主体，包括犯罪人的精神疾病等。[3]

(4) 报应只强调犯罪人实施了犯罪，却没有关注导致犯罪产生的社会环境。美国学者泰勒指出，报应既未改变犯罪人，也未阻止犯罪人或任何其他犯罪人将来可能进行的伤害，没有什么社会效益可言。[4] David Bazelon 指出："如果刑事程序没有对导致犯罪行为的社会不同之间的联系有所反应，那么刑法就将失去其道德上的可信赖性。""如果犯罪人的犯罪是因为生理、心理、环境、文化、教育、经济、遗传因素导致的，那么陪审团可以宣判无罪。"当然，Bazelon 也承认他的"决定论"观点存在缺陷。Richard Delgado 表达出了相同的观点。[5]

从量刑的角度看，报应没有对犯罪人的未来做出安排。坚持报应论会忽视犯罪人服刑期间的表现。现代社会以自由刑作为主要刑罚，如果坚持纯粹而绝对的报应论，犯罪人在服刑期间的行为与刑罚是无关的。Edward Rubin 就指出："当人们想到刑罚政策，给罪犯公正的惩罚，人们一般会设想罪犯要服完全部刑期或更长的刑期，而不会想到他们会因表现良好或其他立功等因素而得到减刑或假释。"[6] 正如功利主义批评它是"后视眼"一样，它只揪住罪犯的已然犯罪行为，对于不断发展变化的社会现象置若罔闻，把刑罚的

---

〔1〕［英］威廉·葛德文：《政治正义论》（第1卷），何慕李译，商务印书馆1997年版，第525页。

〔2〕 Joseph J. Kominkiewicz, Jean-Christophe Merle, Frances Brown, *German Idealism and The Concept of Punishment*, translated by Jean-Christophe Merler, Cambridge University Press, 2009.

〔3〕 Richard J. Bonnie, Anne M. Coughlin, John C. Jeffries Jr. & Peter W. Low, *Criminal Law*, 2nd ed., New York: Foundation Press, 2004.

〔4〕 田宏杰：《中国刑法现代化研究》，中国方正出版社2000年版，第108页。

〔5〕 Richard Delgado, "Rotten social background: should the criminal law recognize a defense of severe environmental deprivation", in *Law and Inequality*, 1985, vol. 3, p. 9.

〔6〕 Edward Rubin, "Just Say No to Retribution", in *Buffalo Criminal Law Review*, 2003, vol. 7, issue. 1, pp. 17-83.

惩罚当作是纯粹的惩罚。由于报应主义主张的是刑罚对已然犯罪的惩罚，反对将刑罚作为预防犯罪的唯一手段，因而在观念上表现得过于保守。报应主义这种对犯罪的积极遏制程度并不能达到消减犯罪的目的。部分主张功利主义的学者就此问题攻击报应主义：对社会秩序的保护力度微弱甚至无力。从国内外的学术著作中，可以发现现在赞成犯罪人可以改造的学者越来越多了，以此为基础主张教育刑的学者也越来越多了。主张功利主义的学者们认为，报应主义无法在惩罚之外兼顾预防。功利主义的预防是为了保障社会上大多数人的最大幸福，为了实现此目的，可以付出一定的代价。表现在刑罚上，就是刑罚必须要以预防犯罪为出发点。由于报应主义在预防犯罪方面的缺失，导致其在现代刑罚制度中无立锥之地，甚至被有些学者认为，报应是落后的，在现代刑罚之中不仅要清算，同时也要彻底抛弃。

笔者认为这种批判应该是无效的。因为这种批判是站在功利论立场的，而功利论对报应论的批判是一种外部的批判，功利论批判报应论没有关注未来，但报应论本身就没有打算关注未来。纯粹的报应论认为报应与效益无关。这一问题超越了特定的人和具体情况，它包括建立在基本价值之上的一系列原则和正当与善的原则，进而产生正义而不考虑政治、社会或其他具体情况的特殊性。正如 Henry Sidgwick 指出，道德判断是从“宇宙的角度”作出的。〔1〕而晚近的研究也发现，报应论可以促进未来发展。

3.5　刑罚报应论的小结

刑罚就是要实现报应，刑罚也只能实现报应。报应是刑罚的根本要素，整个刑法学的基本原理也都是围绕报应而构建的。围绕报应，刑法确立了罪责自负原则、罪责刑相适应原则、主客观相统一原则。当刑罚功利论的诸多作用被研究证明无法实现之时，恰当的报应乃是刑事司法体制唯一能够实现的。当然报应也要受到人道主义的制约。

〔1〕 Henry Sidgwick, *The Methods of Ethics*, 7th ed., Hackett Publishing Company, 1981, pp. 420-421.

CHAPTER4 第4章

刑罚功利论

该部分对刑罚功利论的内容进行阐述。

历史梳理部分，笔者在以往研究的基础上加强了对于刑罚各种具体作用的实证研究的分析，从而使刑罚功利论的证据从证实和证伪两个方面都得到了加强。

理论体系部分，笔者继承了原有的理论体系划分，但对其概念进行了调整。在概念调整的基础上对刑罚功利论的理论体系做出新的建构。传统意义的刑罚功利论分为一般预防和特殊预防，特殊预防又分为矫正论和剥夺论，其理论体系具有三个层次。而笔者所建构的理论体系达到了五个层次，且在内容阐述和实证依据方面都进行了充实。

4.1 刑罚功利论的概念

4.1.1 刑罚功利论的概念解析

刑罚功利论是指认为刑罚是对犯罪产生某种具体作用的刑罚理论。

刑罚功利论的关键词是功利。功利，《现代汉语词典》的解释是“功效和利益”。[1]《新华词典》的解释是：“功效利益。《韩非子·难三》：民知诛罚皆起于身也，故疾功利于业，而不受赐于君。”[2]刑罚功利论的“功利”一

〔1〕 中国社会科学院语言研究所词典编辑室编：《现代汉语词典》（第6版），商务印书馆2012年版，第453页。

〔2〕 商务印书馆辞书研究中心修订：《新华词典》，商务印书馆2001年版，第324页。

词主要来源于哲学上的功利主义。

4.1.1.1　功利主义

功利主义，《现代汉语词典》的解释是："主张以实际功效或利益为行为准则的伦理观点。"[1]《新华词典》的解释是："通常指一种资产阶级的伦理学说。主要代表是19世纪英国的边沁和穆勒。把资产阶级的狭隘的个人利益、利己主义看作人类行为的普遍的道德准则。马克思主义者主张无产阶级的革命的功利主义，以最广大人民群众的目前利益和将来利益的统一为出发点。"[2]《哲学辞典》的解释是："一种把'功利'（拉丁文 utilitas 利益）或效用作为人的行为原则的伦理学说。"[3]《哲学大辞典》解释为："亦称'功利论''功用主义'，通常指以实际功效或利益为道德标准的伦理学说。……代表人物有英国的J. 边沁……"[4]《东西方哲学大辞典》的解释是："一种把个人利益与公共利益结合起来作为人们行为准则的伦理学说。功利主义一词由19世纪英国哲学家密尔首先使用，但功利主义思想则首先由18世纪法国唯物主义者爱尔维修提出。"[5]

4.1.1.2　刑罚功利论

刑罚功利论是功利主义哲学思想在刑罚学中的表现。其中"功利"一词来源于功利主义哲学。英国学者边沁既是哲学家，也是法学家，是功利主义哲学的代表人物，边沁本人也是典型的刑罚功利论者。尽管在刑罚学的范围内，功利与报应相互对应，将刑罚报应论直接称为"报应主义"是没有问题的，但将刑罚功利论直接称为"功利主义"则值得商榷，因为毕竟功利主义的概念在哲学、法学、政治学等学科上拥有更为广泛的含义，因此加上"刑罚"的前缀来表明这一概念的指称仅限于刑罚理论。

《新编法学词典》中称为"刑罚功利主义"，其解释是："使刑罚程度超

---

〔1〕 中国社会科学院语言研究所词典编辑室编：《现代汉语词典》（第6版），商务印书馆2012年版，第453页。

〔2〕 商务印书馆辞书研究中心修订：《新华词典》，商务印书馆2001年版，第39页。

〔3〕 刘延勃等主编：《哲学辞典》，吉林人民出版社1983年版，第145页。

〔4〕 金炳华主编：《哲学大辞典》（修订本），上海辞书出版社2001年版，第448页。

〔5〕 蒋永福、吴可、岳长龄主编：《东西方哲学大辞典》，江西人民出版社2000年版，第248页。

过犯罪利得的一种主义，是重刑主义的理论根据之一。如韩非所说：‘所谓重刑者，奸之所利者细，而上之所加焉者大也，民不以小利蒙大罪，故奸必止者也。’（《韩非子·六反》）”[1]

刑罚功利论的概念还存在其他多种表述，如功利刑论、功利刑主义、刑罚功利主义等。部分法学、刑法学的辞书著作为了行文简便会将刑罚功利论简称为功利论，或功利主义。

《法学大辞典》中作“功利主义说”，其解释是：“英美法系刑法中刑罚正当理由之一。认为刑罚是法律的产物，而法律又是国家的一个工具。刑罚给犯罪人以痛苦，施加痛苦的限度是使受刑人以后不想再去犯罪，以及使其他可能犯罪的人看到犯罪人的痛苦而不敢去犯罪。社会利益是刑罚轻重的衡量标准，也是刑罚的目的。功利主义说源于边沁的古典功利主义。它主要包括以下几种分支学说：一般威慑说、个别威慑说、规范强化说、丧失能力说、教养改造说、满足复仇说。根据功利主义说，应处刑罚的行为是那些刑罚带来的好结果超过坏结果的行为；应处刑罚的人是那些受刑罚有效用的人；刑罚的轻重不取决于应得惩罚的抽象概念，而是取决于可以计量的边际效用。刑罚的每一额外单位只有当它的利大于弊时才是公正合理的。功利主义理论遭到报应主义理论者的责难，认为功利主义理论把处理犯罪人当作达到某种社会目的的手段，而不是以刑罚和犯罪人本身（原文为杀身，应为印刷错误）为目的，因而功利主义留下了惩罚无辜的可能性。”[2]

《中华法学大辞典·刑法学卷》则对功利论的解释是：“刑事古典学派的一种理论，是犯罪学萌芽时期的一种观点。其主要代表人物为贝卡里亚、费尔巴哈、边沁等，他们用功利主义原则来解释产生犯罪的原因。贝卡里亚是自由意志论者，认为人都是具有趋利避害的特征的人。人的行为是根据功利来选择的。犯罪是人对犯罪得到的快乐与刑罚所受的痛苦比较选择的结果。费尔巴哈从功利主义的趋利避害原则出发，认为人的违法犯罪行为不是无中生有，而是违法行为中的快乐对行为的诱惑所致。费尔巴哈因此提出了心理强制说，他认为，刑罚的存在，已经使违法行为中孕育着某种痛苦，并据以

〔1〕 乔伟主编：《新编法学词典》，山东人民出版社 1985 年版，第 277 页。

〔2〕 周振想主编：《法学大辞典》，团结出版社 1994 年版，第 254 页。

使具有违法精神动向的人，在可能带来的乐与苦之间进行细致的权衡。违法行为的苦大于乐时，犯罪就可能避免发生。边沁也是自由意志论者，他坚持犯罪的社会起因论（如追求快乐）。他断定人的‘避苦求乐’的本性支配着人类的一切行为。边沁从功利主义原则出发，认为犯罪也是获得快乐或避免痛苦所致。”〔1〕

《中华法学大辞典·刑法学卷》对功利主义的解释是：“功利主义认为刑罚的目的并不在于它能满足抽象的社会报应观念，而在于它可以给社会带来一定的实际利益，即‘功利’。预防犯罪是这种功利的集中体现。社会功利观念是刑罚的正当根据，刑罚的分量取决于预防犯罪的实际需要。功利主义者之间围绕刑罚应该预防谁犯罪与怎样预防犯罪，存在着双面预防论。一般预防论与个别预防论之争。双面预防功利论的代表人物是意大利的贝卡里亚、英国的边沁。德国的费尔巴哈、菲兰吉利与巴也尔是一般预防功利论的代表人物。个别预防功利论的代表人物有意大利的龙勃罗梭、德国的李斯特、意大利的菲利和美国的萨瑟兰。”〔2〕

显然以上几种解释虽然未加刑罚二字的限定，但其解释都是从刑罚学的角度出发针对刑罚问题所作的阐述。

4.1.2　刑罚功利论的概念辨析

4.1.2.1　刑罚功利论与目的刑论

目的刑论与刑罚功利论的概念基本相同，其定位往往与报应刑论相对，其内容也都包含了一般预防和特殊预防两个方面。我国学者刘晓山也指出：“它与报应刑论相对应……它包括了一般预防主义与特殊预防主义的内容。”〔3〕由此可见目的刑论与刑罚功利论的概念基本一致。

---

〔1〕 高铭暄等主编：《中华法学大辞典·刑法学卷》，中国检察出版社1996年版，第253页

〔2〕 高铭暄等主编：《中华法学大辞典·刑法学卷》，中国检察出版社1996年版，第253～254页。

〔3〕 刘晓山：《目的刑论研究》，中国人民公安大学出版社2010年版，第1页。

目的刑论的概念出现在以下著作中：《法学大辞典》[1]、《法学大辞典》[2]《刑法学词典》[3]、《目的刑论研究》[4]、*Philosophical Perpectives on Punishment*[5]。部分情况下，目的刑论也称目的刑主义，英文中可作 teleology[6]，德文作 Zwecktheorie。《法学词典》[7]与《新编法学词典》[8]均采用目的刑主义

---

〔1〕 周振想主编：《法学大辞典》，团结出版社 1994 年版，第 275～276 页。"目的刑论（intention test）又称'相对主义刑罚论'或'教育刑论'。资产阶级刑法理论中关于刑罚的本质问题的理论，认为刑罚存在的意义是为另外目的服务的一种手段，刑罚的目的一般划分为一般预防主义和特殊预防主义，主张利用处刑来预防一般人未来的犯罪，同时又利用处刑来防止该犯人重新犯罪。其代表人是李斯特，他主张，刑罚所具有的技能，必须从单纯地盲目地反犯罪改变为有意识地保护法益。而刑罚的机能应从两个侧面来理解：其一，是给别人以能起到相反作用的动机，以此来起到促使犯人适应社会的作用；其二，是直接的强化作用。二者均是针对犯罪人的，从而也就产生刑罚个别化理论的诱因。目的刑论还认为，犯罪人可以分为偶犯、可能改造的惯犯和无法改造的惯犯。对前二者，只要达到慑服和矫正的目的就够了，而对后者，有必要与社会隔离。目的刑论强调改造的必要性，因而起到诱发教育刑论的作用。目的刑论目前为世界各国广泛采用。"

〔2〕 邹瑜、顾明主编：《法学大辞典》，中国政法大学出版社 1991 年版，第 323 页。"目的刑论：又称'目的主义''教育刑论'。西方学者关于刑罚目的的一种学说。认为刑罚的目的并不在于对过去的犯罪行为的报应，而是为了未来社会的防卫。防卫社会的目的可以归纳为预防犯罪的再生。旧派刑法理论家有的就主张刑罚具有一般预防的目的。这属于早期的目的刑主义。一般所说目的刑论，专指新派的以社会责任论为理论基础，强调特别预防主义的学说。这种理论认为，犯罪是基于人们个人素质和社会环境所决定的反社会性格的表现，刑罚的目的是防止具有反社会性的人侵害社会，刑罚是达到保卫社会目的的手段。目的刑论强调特别预防，强调对犯罪人的教育改造，防止其将来再犯，以达到社会防卫的目的。目的刑论用实证的方法研究犯罪现象与刑罚适用，强调刑罚的特殊预防目的，主张刑罚的目的在于教育改造犯罪人，与报应刑论相比，这是一个历史的进步。"

〔3〕 〔日〕木村龟二主编：《刑法学词典》，顾肖荣、郑树周等译，上海翻译出版公司 1991 年版，第 406 页。

〔4〕 刘晓山：《目的刑论研究》，中国人民公安大学出版社 2010 年版，第 1 页。

〔5〕 Gertrude Ezorksy, *Philosophical Perpectives on Punishment*, State University of New York Press, 1972, p. xi.

〔6〕 Gertrude Ezorksy, *Philosophical Perpectives on Punishment*, State University of New York Press, 1972, pp. xi–xix.

〔7〕 《法学词典》编辑委员会编：《法学词典》（第 3 版），上海辞书出版社 1989 年版，第 193～194 页。"目的刑主义：资产阶级学者主张的一种刑罚理论。认为对犯罪人科以刑罚，不是盲目的报应，而是以防卫社会、预防再犯、维持社会秩序为目的。19 世纪 70 年代以后，刑事社会学派代表人物德国的李斯特、荷兰的哈默尔、比利时的普兰以及后来日本的牧野英一等人断言：有一种人，处于犯罪的'危险状态'，而且特别容易感染社会上的'犯罪传染病'，是'危险状态的承担者'。因此，刑罚所惩罚的对象，不是犯罪行为，而正是这种危险状态的承担者。他们还认为：刑罚不应该是对于犯罪的报应，而是为了使犯罪人不再犯罪。李斯特的理论是：'矫正可以矫正的罪犯，无法矫正的罪犯不使其为害。'所以，主张对那些不能矫正的'危险状态的承担者'采用不定期刑，或者在服刑后送入习艺所或其他特设的机关。这种刑罚理论是适应帝国主义的需要而产生的。现代刑法学者中有支持目的刑主义理论的，理由是：①它使刑罚具有一定的改造和教育的目的，体现了刑罚的合理性。②它

措辞。

由于“目的刑论”的措辞与“刑罚的目的”过于接近，容易引起混淆，因此笔者最终没有选用这一概念。

4.1.2.2 刑罚功利论与预防主义

预防主义与刑罚功利论的概念基本相同。

预防主义在《新编法学词典》中被称为“刑罚预防主义”，其解释是：“把预防犯罪作为刑罚目的的一种刑法理论，与刑罚报复主义相对。一般认为刑罚预防主义产生于欧洲资产阶级革命时期，当时有刑罚预防说、儆戒说、威吓说、矫正说等。他们当时提出在罪与罚之间应该有一个固定的比例，其尺度是预防，而不是报复。他们认为，清楚的、成文的、大家明了的刑罚和确定的及时的刑罚才是预防性的。预防主义在德文中译为Präventiontheorie。中国古代儒家学派的法律思想，包含着刑罚预防主义的观点，如《尚书·多方》说：明德慎刑，刑杀和赦免都是为了劝勉。先秦法家也把一般预防作为刑罚之目的。如韩非说：‘刑盗，非治所刑也……故曰重一奸之罪而止境内之邪，此所以为治也。’（《韩非子·六反》）”[1]

因为预防主义可以进一步区分为一般预防和特殊预防，因此将二者统称为预防主义从字面上看是没有问题的。但事实上，这一措辞在逻辑关系上是本末倒置的，就好像本书前文提到的将刑罚哲学直接称为“矫正哲学”的做法一样，没有能够很好地把握概念之间的层次关系。而采用“预防”来对刑罚的作用进行描述所存在的缺陷则可参见下文“4.3.1 刑罚功利论的概念调整”

只在维持社会秩序范围内行使刑罚，反对严刑峻罚，体现了刑罚主义的人道原则。反对者则认为：①它放弃了有罪必罚的观点，不利于社会正义的恢复。②由于只重视犯罪人的社会危险性作为惩罚的标准，易使审判官量刑时流于擅断，人权没有保障。”

〔8〕 乔伟主编：《新编法学词典》，山东人民出版社1985年版，第201页。“目的刑主义：①旧目的刑主义。刑罚的目的不是对罪犯的报应，而是恐吓或警告别人，以实现对犯罪的一般预防。②新目的刑主义。刑罚的目的在于预防‘危险状态的体现者’再次犯罪。即刑罚不是对犯罪行为的事后报复，也不是对其他人的恐吓或警告，而是对势必犯罪的‘危险状态体现者’所采取的预防措施。刑罚主要不是以犯罪行为为前提，更不需要同所犯罪行的轻重相称，而是以‘危险状态的体现者’本身存在多少趋向犯罪的性格，需要给予什么程度的惩罚才能使之重返社会而不再犯罪，作为衡量的尺度。③折衷目的刑主义。刑罚的目的在于特别预防，但也不排斥一般预防的作用。”

〔1〕 乔伟主编：《新编法学词典》，山东人民出版社1985年版，第278页。

中对预防概念的批判和选用“抑制”概念的说明。

4.1.2.3 刑罚功利论与教育刑论

教育刑论，也称教育刑主义。《法学词典》中表述为“教育刑主义”，其解释是：“资产阶级学者主张的一种刑罚理论。否认刑罚是对犯罪人恶性的报应惩罚或赎罪的工具。认为对犯罪人定罪科刑的目的在于教育他改过从善和预防犯罪。这是始于倡导目的刑主义的德国人李斯特的主张，但他除主张刑罚的教育作用外，并不否认它的排害作用。主张刑罚是单纯的教育作用的是德国人李普曼（Moritz Liepmann，1869—1928）。这种理论与特别预防主义和不定期刑主义相结合而构成新派刑法理论。”[1]

4.1.2.4 刑罚功利论与结果主义

美国学者 Dubber 和 Kelman 的《美国刑法学》中采用了结果主义（consequentialism）的措辞。[2]美国学者 Leo Zaibert 也采用了结果主义的措辞[3]，但他认为结果主义和功利主义的概念并不一致，功利主义是结果主义的伦理学原则，而结果主义是刑罚的正当性根据。[4]David Boonin 在其著作中将刑罚的基本理论分为“结果主义”（consequentialist solution）和“报应主义”（retributivist solution）。在结果主义之下区分行为功利主义（act-utilitarian）、规则功利主义（rule-utilitarian）、其他功利主义（utilitarian）和非功利主义（nonutilitarian）[5]，可见 Boonin 的结果主义与功利主义是相同的。

4.1.2.5 刑罚功利论概念小结

综上所述，刑罚功利论、目的刑论、教育刑论、预防主义等概念的内容是几乎等同的，问题的关键在于哪一个概念更为准确。教育刑论和预防主义的措辞过于狭隘，目的刑论的措辞又容易与刑罚目的发生混淆，因此笔者认为刑罚功利论的措辞最为妥帖。

---

〔1〕《法学词典》编辑委员会编：《法学词典》（第3版），上海辞书出版社1989年版，第193~194页。

〔2〕 Markus D. Dubber & Mark G. Kelman, *American Criminal Law: Cases, Statutes, and Comments*, New York: Foundation Press, 2005, p. 1.

〔3〕 Leo Zaibert, *Punishment and Retributivism*, Ashgate Publishing Limited, 2006, p. 4.

〔4〕 Leo Zaibert, *Punishment and Retributivism*, Ashgate Publishing Limited, 2006, p. 10.

〔5〕 David Boonin, *The Problem of Punishment*, New York: Cambridge University Press, 2008, p. vii.

本书中将不再采用刑罚价值、刑罚功能、刑罚机能等概念。

4.2　刑罚功利论的历史梳理

笔者对刑罚功利论的历史梳理以刑法学的诞生为界分为两大部分。学术界一般将贝卡里亚及其著作《论犯罪与刑罚》（1764 年）的问世作为刑法学和刑事古典学派诞生的标志，而刑罚功利论的内容也恰恰是滥觞于刑事古典学派，因此笔者将刑罚功利论发展大致分为两个阶段，一部分针对刑法学诞生之前的有关刑罚功利论的思想学说，一部分针对刑法学诞生后的刑罚功利论的思想学说。

4.2.1　刑法学诞生前的刑罚功利论

4.2.1.1　刑罚的原貌、功利的萌芽

刑罚的原始形态存在不同的学说观点。这些学说基本可以分为两种。第一种学说可称为禁忌惩罚说。禁忌惩罚说将刑罚与原始人类的禁忌规则相联系。既然存在禁忌规则，则必然存在对于违反禁忌规则的惩罚，这种惩罚便是刑罚的原始形态。一般认为，这种惩罚在高等动物的种群中都是存在的。这种惩罚是否具有意识性则有待进一步研究，是否能将人类群体和动物种群相提并论也存在一定的争议，但总体上看，这种惩罚经历了由本能向意识行为发展的过程，而且我们也无法否认，许多意识行为与本能是不可分割的。第二种学说称为战争说。战争说将刑罚与战争相联系，认为刑罚是战争的替代品。这种战争在原始社会体现为部落征战，人类为了避免征战造成的损伤，于是成立了国家并由其制定刑罚，将复仇的权力交由国家行使。《国语·鲁语》中有“大刑用甲兵”的记载，这可以认为是中国历史上对这种现象最贴切的解释。法律史学界区分了族内惩罚和族外惩罚，族内惩罚便是对部落（种群）内部违反禁忌规则的惩罚，而族外惩罚则是战争行为的一种延续。

笔者认为法律史学的这种分类是有道理的，但它并没有说明究竟这两种情况哪一种更为原始。而在这两种理论中，笔者倾向于族内惩罚，理由如下：①战争说自身存在悖论。战争说认为部落征战状况下，战败部落的男性一般会被杀害，女性则被保留。这种情况在哺乳类动物中十分常见，雄性之间争

夺交配权时，战胜的一方不仅可以拥有与雌性的交配权，它还会杀死战败一方已经诞下的幼崽，其目的是为了保证自己血统（基因）的纯正。但是，远古社会的生产力低下，男性是十分珍贵的生产力。因此战胜部落很有可能没有全部杀害战败部落的男性，而选择将其作为生产力予以保留。为了保证其不反抗统治便制定了一系列的刑罚，于是战俘成了奴隶，反抗成了犯罪，镇压成了刑罚，这种社会现象很有可能就是奴隶制国家诞生的典型过程。战争说所描绘的情况是存在的，但这种情况却恰恰说明其自身并非刑罚的原始形态。因为原始部落之间征战的实质是争夺资源，一个部落的群体和生活区域发展扩大，与其他的部落发生重叠时，这种争夺资源的战争才开始出现。而这种情况的出现则需要生产力的发展达到一定的水平，比如平原征战的马匹就需要对动物的驯养（畜牧业）发展到一定水平。但在部落战争开始之前，人类社会就已经开始形成和存在。②禁忌惩罚说具有很强的合理性，而且可以在现代找到证据。众所周知，几乎所有灵长类动物都是群居动物，而在灵长类动物种群中普遍存在一种“社会制度”——雄性尊长制度，这种雄性尊长制度与人类社会的父权制国家如出一辙。由此可见，人类社会制度的内在规定性在人类还未完全进化为人类的时候就已经开始显现。对于“社会”的形成而言，规则是其根本。换而言之，正是因为有了规则，才有了社会，社会就是有规则的个体的集合。如果个体集合没有规则，那么这个集合就不是社会。在此意义上规则与社会可以作为同义词。对于原始人类社会的“规则”而言，其最重要的便是禁忌规则。因为禁忌规则是保持种群生存的底线法则，这种底线法则一旦破坏就有可能危及个体乃至整个种群的生存，因此禁忌规则是所有规则中最先产生的。禁忌规则的存在则必然需要对违反禁忌规则的行为进行惩罚。这种惩罚的目的便是维持对禁忌规则的遵守。“个别刑罚的出现，渊源于原始公社时期的各个氏族部落内部对违反自我约束纪律的行为的惩罚方法。”〔1〕

综上所述，刑罚的原始形态乃是对违反禁忌规则的惩罚。而这种禁忌规则及其惩罚乃是人类社会的内在规定性，这种现象在人还未完全进化成人的时候就已经存在，因此这种禁忌惩罚乃是刑罚最为原始的形态。

从上文我们可以得出结论，最早的刑罚乃是对违反禁忌规则的惩罚。而

〔1〕 高铭暄、赵秉志主编：《刑罚总论比较研究》，北京大学出版社2008年版，第10页。

对违反禁忌规则的惩罚的目的便是保证个体能够遵守群体的禁忌规则。因此，最初的刑罚是为了威慑违反禁忌规则的行为而设置的，是具有目的性的，是追求一定效果的，因此是功利的。

必须指出，关于刑罚起源的阐述绝大部分内容均属于理论假说，即使存在考古学证据的支持，也无法排除其他的可能性。因此，对这些理论的取舍扬弃关键在于各种理论自身的解释力和合理性。而从解释力和合理性来看，大部分人类学家将刑罚起源往往追溯至远古时期，史前文明，如霍贝尔就将人类历史划分为渔猎文化、农业文化和机械文化等几个发展阶段，并分别对每个阶段的“法律制度”作了论述，[1]而笔者将刑罚的起源乃追溯到更古老的时期，这一时期涵盖了人类由类人猿进化为人的过渡阶段，简而言之，在人还不是人的时候，刑罚就已经存在了。

4.2.1.2　古代刑罚功利论思想

1. 古希腊和古罗马的先哲们已经对犯罪与惩罚的问题进行了思考。

普罗泰戈拉（Protagoras）认为：“在惩罚作恶者时，没有人会关注作恶者过去犯下的错误，或因为他过去犯了错误而加以惩罚，除非像野兽一样采取盲目的报复。有理性的人不会因为某人过去犯下的罪行而对他进行惩罚，因为已经过去的事情不可能挽回，而是为了通过惩罚，防止这个人或其他人在将来重犯过去的罪行，重新作恶。人们之所以拥有这种看法，在于他们相信美德是可以通过教育来灌输的，说到底，惩罚只起一种威慑作用。所有在私下或在公共场合实施惩罚的人都拥有这种看法。你的同胞雅典人肯定会对那些被认为作了恶的人实施惩罚或矫正，其他城邦也会这样做。”[2]

柏拉图认为惩罚有两方面：矫正的一面，即强迫做了错事的人修正他的行为；威慑的一面，即警示他人不要仿效行恶之人。[3]在这两种价值中，最

---

〔1〕［美］霍贝尔：《原始人的法：法律的动态比较研究》，严存生等译，法律出版社 2006 年版，译者前言第 7 页。

〔2〕 Plato，Protagoras. 中文参见《普罗泰戈拉篇》，载［古希腊］柏拉图：《柏拉图全集》（第 1 卷），王晓朝译，人民出版社 2002 年版，第 445 页。普罗泰戈拉：约公元前 490 年—约公元前 420 年，古希腊时期的思想家和哲学家，智者派的主要代表人物。他的著作除少数片段外，均已失传。他的思想只能从柏拉图的对话《泰阿泰德篇》《普罗泰戈拉篇》中见到。

〔3〕 Plato，Gorgias 525a. 中文参见《高尔吉亚篇》，载［古希腊］柏拉图：《柏拉图全集》（第 1 卷），王晓朝译，人民出版社 2002 年版，第 316 页。

频繁见诸文字的是威慑价值。

德摩斯梯尼（Demosthenes）在《斥安卓生》（Against Androtion）的演说中告诉法官说，目睹有罪之人因其罪行而受到惩罚足以警诫别人谨慎行事。[1]

莱克格斯（Lycurgus）也强调了惩罚的这一教育功能：他说，目睹邪恶之辈受罚而善良之士得享褒奖会对年轻人触动甚深；恐惧会使他们尽量避免惩罚降临于己身。[2]埃希里斯（Aeschines）在对柯泰斯芬（Ctesiphon）的起诉中说，当这类邪恶之人受到惩罚时，"其他人依然从中得到警示"。[3]

也有学者认为斯多葛学派（Stoic）和伊壁鸠鲁学派（Epicurian）的学者提出了最早的功利主义和契约论观点。[4]

罗马关于惩罚主体和客体的观点显然来自希腊导师的启示。塞内加（Seneca）在他给尼禄（Nero）皇帝的《论仁慈》一文中，列举了惩罚的三个基础。他说，伤害他人应受到皇帝的惩罚，其理由与法律惩罚的理由相同：改造违法者、警示他人以及放逐犯罪人（sublatis malis），从而人们可以在生活中获得更大的安全。[5]

《圣经·新约》中也认可了消极一般预防的思想，保罗（Paulus）指示提摩太（Timotheus）道："犯了罪的人，应当在公众面前受到谴责，只有这样其他的人才能受到威慑。"[6]这些具体领域的思想碎片，的确在一定程度上体现了消极一般预防的原理。

到了中世纪，德国学者普芬多夫（Samuel Pufendorf，1632—1649 年）最

[1] Demosthenes，Agianst Androtion 614. 转引自［爱尔兰］J. M. 凯利：《西方法律思想简史》，王笑红译，法律出版社 2002 年版，第 31 页。

[2] Lycurgus，Against Leocrates 149. 转引自［爱尔兰］J. M. 凯利：《西方法律思想简史》，王笑红译，法律出版社 2002 年版，第 31 页。

[3] Aeschine，Against Ctesiphon 246. 转引自［爱尔兰］J. M. 凯利：《西方法律思想简史》，王笑红译，法律出版社 2002 年版，第 31 页。

[4] Maria José Falcón y Tella & Fernando Falcón y Tella，*Punishment and Culture*，Leiden，Boston：Martinus Nijhoff Publishers，2006，p. 86.

[5] 塞内加：《论仁慈》1. 22. 1，罗马的刑罚体系中没有现代形式的监禁，sublatis 所指的必定是黯然"避开"。转引自［爱尔兰］约翰·莫里斯·凯利：《西方法律思想简史》，王笑红译，法律出版社 2010 年版，第 64 页。注意：该书 2002 年版第 31 页脚注 72 中将 sublatis 解释为抛弃，根据罗马法，被告可以在判决作出之前选择离开，所以这一做法可以理解为自我流放。

[6] Neues Testament，1. Timotheus，Kap. 5，Vers 20.

先提出刑罚也服务于威慑公众这一命题。[1]“1670 年路易十四颁布敕令规定株连连坐制度，一人犯罪，殃及全家甚至全村社。……在中世纪的德国，以《加洛林纳法典》为见证，体现了威吓主义的刑罚思想。……在中世纪的俄国，其刑罚也极为残酷，目的在于恫吓。”[2]

2. 中国古代有关刑罚功利论的思想同样非常丰富。

根据《周礼》的记载，通过劳动来改造犯人被明确提为周代监狱的一项职能：“大司寇之职，掌建邦之三典，以佐王刑邦国，诘四方。……以圜土聚教罢民。凡害人者，寘之圜土而施职事焉，以明刑耻之。其能改过，反于中国，不齿三年。其不能改而出圜土者杀。”[3]民国时期学者赵琛指出：“周朝使用了另一个术语是‘囹圄’，该术语在秦代再次出现。囹圄在字形上同样也是外面加框，但是其所指代的内部制度与徒劳远不相同：在一个框中是‘令’，即命令、规制，而另一个框中是‘吾’（读‘悟’），即认识、觉醒。因此囹圄被理解为使某人反省其错误行为的地方。”[4]从以上论述可以看出，监狱在很早的时候就具有实现矫正、改造的目的。当然这一观点的普适性需要推敲，因为监狱在封建制的“笞杖徒流死”这五刑中并无独立地位，更多的是作为审判和执行之前的羁押场所。

《周礼》中有“刑治国用轻典，刑平国用中典，刑乱国用重典”，该句后被朱元璋在引用时改为“治乱世用重典”，以及“刑罚世轻世重”等都反映了刑罚功利思想。

中国古代法家对刑罚功利论的思想进行了较为深刻系统的阐述：

《韩非子·奸劫弑臣》：“夫严刑者，民之所畏也。重罚者，民之所恶也。故圣人陈其所畏而禁其邪，设其所恶以防其奸。是以国安而暴乱不起。吾以是明仁义爱惠之不足用，而严刑重罚之可以治国也。”《韩非子·内储说上七术》：“行刑，重其轻者，轻者不至，重者不来，此为以刑去行。”

《商君书·开塞》：“立君之道，莫广于胜法；胜法之务，莫急于去奸；去奸之本，莫深于严刑。”由此可见，严刑乃是去奸之本，这是典型的司法普遍

---

[1] Vgl. Peter Hoffmann, *Vergeltung und Generalprävention im heutigen Strafrecht*, 1995, S. 71f.

[2] 高铭暄、赵秉志主编：《刑罚总论比较研究》，北京大学出版社 2008 年版，第 10 页。

[3] 《周礼·秋官·大司寇》卷廿三，载（清）阮元校刻：《十三经注疏（附校勘记）》（上册），中华书局 1980 年版，第 871 页。

[4] 赵琛编辑：《监狱学》，上海法学编译社、会文堂新记书局 1931 年版，第 6 页。

抑制的观点。《商君书·说民第五》："国治，断家王，断官强，断君弱。重轻，刑去。常官则治。省刑要保，赏不可倍也。有奸必告之，则民断于心。高亨（译）：国家的政事——刑罚、上次等，由人民在家里判断，这样，国家就能成就王业；由官吏来判断，这样，国家就强；由国君来判断，国家就弱。加重刑于轻罪，刑罚就可以不用。官吏不轻易更动，公事就可以办好。刑罚少用，人民互相约束，互相保障。应该行赏不可以不赏。有了奸人，必须揭发。这样，人民对于赏罚，在心里就能判断了。"

《汉书·晁错传》："其立法也，非以苦民伤众而为之机陷也，以之兴利除害，尊主安民而救暴乱也……其行刑也……以禁天下不忠不孝而害国者也。"

3. 日本封建时代的刑罚也体现出刑罚功利论的特点。

"但是就预防主义中的一般预防和特别预防何者受到重视而言，需要根据不同的时期进行考察。一般预防的思想存在于整个江户时期，但是在《公式方御定书》制定以前，比较倾向于一般预防，而在《公事方御定书》制定之后，特别预防逐渐得到重视。"[1]这一思想倾向，在很大程度上就要归功于当时徒刑有利于"改造凡人，让之回归社会"[2]的主张。"而到了明治初期的王政复古阶段，日本颁布了《新律纲领》，该法虽然规定了流刑，但是将流放地特定为北海道，而且规定在一定期间的劳役之后，让之继续在当地定居。此后与1870年颁布的《准流法》规定，流刑不再是将犯罪人流放至北海道，而是在监狱中执行，也即流刑成为徒刑。根据《新律纲领》和《改定律例》的规定，所谓徒刑是通过劳役苦役，让犯罪人改恶向善、回归社会的制度，所以对于劳役，基于一定报酬，在释放之际交予犯罪人，让之从事正业。"[3]可以说经过《准流法》，日本的刑罚拂去了追放刑的性质，慢慢向教育刑转变。[4]

---

〔1〕［日］石井良助：《日本法制史概说》，创文社2002年版，第485页。

〔2〕［日］牧英正、藤原明久编：《日本法制史》，青林书院2007年版，第225页。

〔3〕周振杰：《日本刑法思想史研究》，中国法制出版社2013年版，第73页。

〔4〕［日］川口由彦：《日本近代法制史》，新世社2005年版，第71页。

4.2.2 刑法学诞生后的刑罚功利论

4.2.2.1 刑事古典学派的刑罚功利论思想

从启蒙运动开始一直到20世纪80年代乃是刑罚功利论的繁荣时期。在该段时期内，刑罚功利论一直处于刑罚理论的支配地位。但是在这段时期内，功利论的内容也并非一成不变，功利论阵营内部的一般预防和特殊预防分别披挂上阵，与刑罚报应论进行了长期的理论对抗。一般认为刑事古典学派的学者主要持一般预防理论，而刑事实证学派的学者则持特殊预防理论。〔1〕

马克昌教授指出：启蒙主义的刑法与刑罚思想，通过被称为近代刑法学之祖的贝卡里亚以及被称为近代刑法学之父的费尔巴哈等而开花。他们的主张虽然也有细微的差别，但都是基于以一般预防论为内容的相对主义而谋求刑罚的合理化、缓和化。〔2〕

1. 贝卡里亚的刑罚功利论思想。贝卡里亚究竟属于报应论者还是功利论者至今没有定论。美国学者 David B. Young 认为："贝卡里亚始终将功利主义和报应主义冶于一炉，而且他一般更强调前者。"〔3〕笔者在前文论述了贝卡里亚的报应论思想，此处将论述贝卡里亚的功利论思想。贝卡里亚在论及刑罚的目的时直接地指出："刑罚的目的仅仅在于：阻止罪犯再重新侵害公民，并规诫其他人不要重蹈覆辙。"〔4〕这是典型的刑罚功利论的观点，且内容涵盖了刑罚功利论的两大部分，前半句即个别抑制（即特殊预防），后半句即普遍抑制（即一般预防）。

贝卡里亚论及"刑罚及时性"的时候指出："惩罚犯罪越是迅速和及时，

〔1〕 这里需要注意的是，刑事古典学派与刑事实证学派的对立并不等同于一般预防与特殊预防之间的对立。刑事古典学派中，贝卡里亚、边沁、费尔巴哈均持普遍抑制的刑罚功利论，而康德、黑格尔则是典型的报应论者。此外，学派的对立与理论的对立也是具有相对性的，需要具体问题具体分析，不能简单等同。例如在20世纪中期报应主义刚开始复苏的时候，报应论甚至结合了普遍抑制理论的论据与个别抑制相对抗，最典型的例子便是在美国死刑开始得到恢复，而有学者对死刑与犯罪率之间的关系进行了研究从而得出了死刑对犯罪具有威慑力的结论。

〔2〕 马克昌：《比较刑法原理——外国刑法学总论》，武汉大学出版社2002年版，第824页。

〔3〕 David B. Young, Cesare Beccaria, "Utilitarian or Retributivist?", in *Journal of Criminal Justice*, 1983, vol. 11.

〔4〕 ［意］切萨雷·贝卡里亚：《论犯罪与刑罚》，黄风译，北京大学出版社2008年版，第29页。

就越是公正和有益。……我说的刑罚的及时性是比较有益的，是因为：犯罪与刑罚之间的时间隔得越短，在人们心中，犯罪与刑罚这两个概念的联系就越突出、越持续，因而，人们就很自然地把犯罪看作起因，把刑罚看作不可缺少的必然结果。……只有使犯罪与刑罚衔接紧凑，才能指望相联的刑罚概念使那些粗俗的头脑从诱惑他们的、有利可图的犯罪图景中猛醒过来。”〔1〕贝卡里亚很有心理学方面的天赋和先见之明，这里说的及时性其实就是心理学上操作性条件反射作用中惩罚的延迟时间，详见下文“反向主观个别抑制的延迟时间分析”（第140页）。

贝卡里亚指出：“对于犯罪最有力的约束力量不是刑罚的严酷性，而是刑罚的必定性。”〔2〕事实上，必定性（或称必然性）是及时性的一个组成部分，及时性包括必然性，但必然性却不一定包括及时性。从心理学上看，惩罚如果延迟时间太长，则起不到抑制行为的效果。刑法学的谚语也认为迟来的正义不是正义。所以刑罚不仅应当必要，而且应当及时。当然贝卡里亚的阐述是在论证刑罚宽和性的背景下提出的，所以其观点的明确性需要斟酌。

贝卡里亚指出：“对人类心灵发生较大影响的不是刑罚的强烈性，而是刑罚的延续性。因为最容易和最持久地触动我们感觉的，与其说是一种强烈而暂时的运动，不如说是一种细小而反复的印象。……这种行之有效的约束力经常提醒我们：如果我犯了这样的罪恶，也将陷入这漫长的苦难之中。因而，同人们总感到扑朔迷离的死亡观念相比，它更具有力量。”〔3〕这一阐述同样具有心理学上的先见之明，其延续性指的就是强化过程的持续时间，详见下文“反向主观个别抑制的过程分析”（第141页）。不过这里一方面要考虑到贝卡里亚是在论及死刑时提出的，因此可能只是在死刑和劳役刑上所做的权衡。另一方面贝卡里亚所称的延续性是指劳役刑在时间上的延续性，这与操作性条件作用中“行为—刺激—行为—刺激”的顺序是不同的，所以犯罪与刑罚之间的联系未必能够很好地建立。

---

〔1〕［意］切萨雷·贝卡里亚：《论犯罪与刑罚》，黄风译，北京大学出版社2008年版，第47～48页。

〔2〕［意］切萨雷·贝卡里亚：《论犯罪与刑罚》，黄风译，北京大学出版社2008年版，第62页。

〔3〕［意］切萨雷·贝卡里亚：《论犯罪与刑罚》，黄风译，北京大学出版社2008年版，第62页。

另外，贝卡里亚认为，“刑罚的目的既不是要摧残折磨一个感知者，也不是要消除业已犯下的罪行。”对于这一表述，笔者认为贝卡里亚更多的是为了批判当时的严酷刑罚，而非否定报应论的学说。

由此可见，贝卡里亚直接表达了功利论的刑罚目的，而且对其中的个别抑制（特殊预防）理论进行了富有先见之明的阐述。

2. 边沁与立法威慑论。边沁认为：“所有法律所应有的目的乃是增加群体的快乐，因此换而言之，就要尽可能地排除恶害。而所有的刑罚都是恶害，惩罚从其本身而言是恶的。而根据功利原则，刑罚之恶要得到认可，就必须保证它能够用来制止更大的恶。”〔1〕

从功利主义原则来看，刑罚有四个目的或目标，立法者和执法者都要围绕这四个目的或目标规定和使用刑罚：

（1）预防一切犯罪。刑罚的最广泛、最适当的目的，就是尽可能地预防犯罪。

（2）预防最严重的犯罪。边沁认为，假如一个人确实需要实施某种犯罪的话，那么，刑罚的第二个目的就是减轻其犯罪的危害性。换言之，如果存在两种能够达到其目的的犯罪方式的话，让犯罪人选择危害性较轻的方式来实施。

（3）减轻危害性。当个人已经决定实施某种犯罪时，刑罚的第三个目的就是让犯罪人不要造成超过其犯罪目的的、多余的损害。换言之，就是通过犯罪仅仅造成与他预期的好处相一致的损害，而不要造成超过犯罪人作为犯罪目标的好处的损害。

（4）以最小的代价预防犯罪。刑罚的最后一个目的是以尽可能低廉的费用预防犯罪行为的发生。〔2〕

同时在边沁的犯罪对策中，“预防”是其核心理念，边沁建立了一套完善的犯罪预防体系，包括通过良好的立法预防犯罪、通过恰当适用刑罚预防犯罪、通过完善警察制度预防犯罪、使用多种制裁预防犯罪、通过预测个人的行为倾向来预防犯罪。〔3〕

---

〔1〕 Jeremy Bentham, *Principles of Morals and Legislation*, Ch. XII, Prometheus Books, 1988.

〔2〕 吴宗宪：《西方犯罪学》（第 2 版），法律出版社 2006 年版，第 48 页。

〔3〕 吴宗宪：《西方犯罪学》（第 2 版），法律出版社 2006 年版，第 52~53 页。

边沁还指出："刑罚应该尽可能紧随罪行而发生，因为它对人心理的效果将伴随时间间隔而减弱。此外，间隔通过提供逃脱制裁的新机会而增加了刑罚的不确定性。"这一观点同样也符合心理学的基本观点。

由此可见，边沁的刑罚理论是以"预防"为核心的，这与后来刑罚功利论又进一步发展出一般预防与特殊预防两部分内容不谋而合，而刑罚功利论的"功利"之名也恰恰来源于边沁的"功利主义"哲学。

3. 费尔巴哈与心理强制说。心理强制说（Theorie des Psychologische Zwangs），又称"心理强制主义"（Psychologische Zwangtheorie）〔1〕、"平衡说"（Balanciertheorie）。费尔巴哈最早在其《对现行刑法理论与基本概念的反省》〔2〕一书中提出了以罪刑法定主义为基础的心理强制说。关于心理强制说最为经典的表述出现在他的《德国刑法教科书》第13节："所有的违法在心灵上都有其心理发生的根据，在这个心理范围内，无论人们对实施行为有兴趣还是无兴趣，都同样推动着人们对行为的追求能力。但是当人们知道自己的行为必然会产生一种痛苦，并且，这种痛苦要比与对行为不满意的推动力相适应的无兴趣更强烈时，这种心灵上的推动力就能够被这种认识所取消。"〔3〕

有学者认为这是费尔巴哈受意大利犯罪学家 Tomaso Natele 的影响而提出的。〔4〕还有学者认为在这个学说的产生过程中，费尔巴哈也深受康德思想的影响，但是与康德不同的是，作为一名刑法学家，费尔巴哈严格区分法律与道德，认为犯罪并不是违反道德的行为，而是违反法律的行为；科处刑罚必须以行为为标准，而不应该以行为人为标准。受边沁关于人类有追求快乐和避免痛苦的本能的思想的影响，费尔巴哈认为犯罪行为是犯罪人在趋乐避苦的动机支配下进行的。当犯罪人在进行犯罪之际，首先会考虑犯罪行为可能产生的后果，如果认为犯罪行为带来的快乐大于犯罪行为可能导致的痛苦，也就是犯罪行为的后果利大于害时，他就会实施侵犯他人权利和社会利益的行为。但是，如果认为犯罪行为带来的快乐小于犯罪行为可能导致的痛苦，

---

〔1〕 王觐：《中华刑法论》，中国方正出版社2005年版，第14页。

〔2〕 Paul Johann Anselm von Feuerbach, *Revision der Grundsätze und Grundbegriffe des positiven peinlichen Rechts*, 2 Aufl., Hennings, 1800.

〔3〕 Paul Johann Anselm von Feuerbach, *Lehrbuch des gemeinen in Deutschland geltenden peinlich Rechts*, 1Aufl., 1801.

〔4〕 王觐：《中华刑法论》，中国方正出版社2005年版，第14页。

也就是犯罪行为的后果利小于害时，犯罪人就可能忍受较小的痛苦，抑制自己不去进行犯罪行为，以免招致更大的痛苦，因而也就不会实施犯罪行为。因此，预防犯罪的根本方法，就是要让犯罪人知道，他的犯罪行为只能引起利小于害的结果，从心理上强迫个人抑制求乐避苦的本能冲动，防止犯罪行为的产生。〔1〕

费尔巴哈的心理强制说为刑罚功利论的普遍抑制提供了心理学上的说明，尽管这一理论只能被认为是一种较为原始和朴素的心理学说，但这一理论却构成了一般预防理论的科学基础。需要说明的是，这里的科学基础是指从科学（science）的角度奠定基础，但其是否真的科学合理，是否所有人都遵循这一心理规律则需要作进一步分析。

4.2.2.2 刑事实证学派的刑罚功利论思想

从原著的考察来看，刑事古典学派的理论更加侧重于刑罚，关于自由意志的论述更多的是在为科处刑罚寻求支持，而古典学派的学者并没有对犯罪进行太多的分析，在古典学派那里，“犯罪是什么”这个问题是没有争议的。与此不同的是，刑事实证学派对犯罪进行了深入的研究和探讨，在此基础上所发展起来的犯罪的原因学说、犯罪人分类学说等都为刑罚功利论（尤其是个别抑制）的发展奠定了基础。

1. 龙勃罗梭与犯罪人理论。龙勃罗梭对于刑罚功利论的影响主要在于两个方面：

（1）龙勃罗梭对犯罪学的最大贡献便是其对犯罪原因的研究和对犯罪人的研究，对犯罪原因的研究促进了对犯罪更加全面而深刻的认识，而这种认识的加深为刑罚的科学化埋下了伏笔。

（2）龙勃罗梭本身对刑罚就持功利论的观点，而且其刑罚功利论属于典型的个别抑制的范畴。龙勃罗梭关于犯罪的最为著名的理论便是其“天生犯罪人”理论，他认为对于不同的犯罪人应当采取不同的处置措施，在龙勃罗梭的影响下，人类对犯罪的认识发生了前所未有的转变，犯罪变成了疾病，于是刑罚变成了治疗，更确切地说，治疗取代了刑罚。天生犯罪人理论对于刑罚功利论之普遍抑制的思想进行了否定，但却提倡典型的个别抑制的思想，

---

〔1〕 吴宗宪：《西方犯罪学史》，警官教育出版社 1997 年版，第 95 页。

因此同样属于刑罚功利论的范畴。

2. 李斯特与目的刑论。李斯特于 1882 年通过著名的“马尔堡计划”(Marburger Programm) 系统地提出了特殊预防理论 (Spezialpräventionslehre), 将刑罚的焦点更多地转向了特定的行为人。[1]根据李斯特的观点, 应当将犯罪作为一种社会现象进行理解, 相应地, 也应赋予刑罚以社会功能。他认为, 刑罚根据犯罪人的不同类型 (Tätertyp) 具有不同的功能: ①对有改善可能和改善必要的罪犯进行改善 (Besserung); ②对没有改善必要的罪犯进行威慑 (Abschreckung); ③对没有改善可能的罪犯作无害化处理 (Unschädlichmachu-ng)。[2]

李斯特的犯罪治理主要包括两方面的内容: 目的刑论和刑罚个别化。

目的刑论认为刑罚的主要任务是预防再犯和保卫社会。李斯特将刑罚总结为:“矫正可以矫正者, 不可矫正者不使之为害。”他强调刑罚应当具有一定的效用, 能够实现一定的目的, 这体现了典型的刑罚功利论思想。

刑罚个别化的观点认为只有针对犯罪人的不同特点适用刑罚, 才能发挥刑罚的效果。这种观点的指导思想是让刑罚的效果最大化, 而这种追求刑罚效果的思想很显然是典型的刑罚功利论的思想。刑罚个别化强烈的针对性与目的刑思想一脉相承, 体现了典型的刑罚功利论的思想。如果更加深入分析, 刑罚个别化是为了刑罚能够抑制犯罪人未来再次犯罪, 因此才强调需要针对不同的犯罪人的特点进行适用, 这就体现了典型的个别抑制的观念。刑罚个别化和目的刑论本身就体现了刑罚功利论的不同方面, 更准确地说, 刑罚个别化的思想和理论就是以个别抑制为主导的刑罚功利论的一个分支, 而李斯特的刑罚思想也充分体现了刑罚功利论中的个别抑制倾向。[3]

需要说明的是, 关于刑罚个别化思想的产生, 学术界有不同的观点。有学者认为法国“七月王朝”后被称为惩罚学派的学者首开刑罚个别化运动的先河。[4]也有学者认为 1898 年法国学者 Raymond Saleilles (雷蒙 · 萨雷伊)

---

[1] 有关李斯特的观念及其影响, 可参见 Hans-Heinrich Jescheck u. a., Gedächtnisschrift für Franz von Liszt zur 50. Wiederkehr seines Todestags am 21. Juni. 1919, in: ZStW 81 (1969), H. 3, SS. 541-829.

[2] Franz von Liszt, Der Zweckgedanke im Strafrecht, in: ZStW 3 (1883), SS. 1 ff, 36.

[3] 吴宗宪:《西方犯罪学史》, 警官教育出版社 1997 年版, 第 164 页。

[4] 卢建平:《社会防卫思想》, 载高铭暄、赵秉志主编:《刑法论丛》(第 4 卷), 法律出版社 2000 年版。

在他的《刑罚个别化》[1]一书中正式提出了他的刑罚个人化理论。[2]还有学者认为刑罚个别化是由德国学者沃尔伯格率先提出的，而萨雷伊是将刑罚个别化理论化的第一人。[3]尽管刑罚个别化的肇始在学术上有所争议，但不可否认的是，以加罗法洛、菲利、李斯特等人为代表的刑事实证学派在这一方面所产生的影响是最为显著的。

3. 菲利与刑罚替代措施。在时间上菲利早于李斯特，之所以把菲利排在李斯特之后是因为菲利在刑罚（或者说犯罪治理方法）上的观点比李斯特更为进步。菲利论述了一种以“刑罚替代措施”或“保安措施”为核心的犯罪预防学说。菲利认为，刑罚措施对抑制犯罪的作用是有限的。因此，他寻找能够替代刑罚并对减少犯罪产生更明显效果的间接性措施，他把这些间接的防卫手段称为“刑罚替代措施”[4]。刑罚功利论的基本命题是“刑罚具有抑制犯罪的效用”，在这种情况下，菲利突破了“刑罚的效用”的固有范围，认为“只要有效就行，不必局限于刑罚”，在这种朴素观念的引导下，“刑罚替代措施”应运而生。

菲利的刑罚功利论的思想是先进而科学的，他的思想表现出刑罚功利论的发展所经历的“否定之否定”的规律。哲学认为事物的内部蕴含着否定其自身存在的因素，事物的发展会经历对自身的否定、否定之否定的过程，而在此之后，事物会回到原来的状态，但这一状态却不再完全等同于此前的状态而包含了新的内容和要素，这就是所谓的螺旋式上升的过程。菲利的刑罚功利论恰恰经历了这样一个过程，刑罚功利论本身是追求刑罚效用的理论，而在追求效用的过程中，其自身对刑罚产生了否定，刑罚与功利出现分野，功利跳出了刑罚的限制，以一种更为广阔的视野去寻求犯罪治理的方案，刑罚替代措施的出现便是其典型的例证。此时，功利依然是功利，但却不再是刑罚。

由于预防与刑罚本身构成悖论，因此个别抑制的思想必然突破刑罚的范

---

〔1〕 Raymond Saleilles, *L'individualisation de la peine: étude de criminalité sociale*, F. Alcan, 1898.

〔2〕［日］森下忠：《犯罪者处遇》，白绿铉等译，中国纺织出版社 1994 年版，第 35 页；曲新久：《刑法的精神与范畴》，中国政法大学出版社 2000 年版，第 499~500 页。

〔3〕 马克昌主编：《刑罚通论》，武汉大学出版社 1995 年版，第 291 页；邱兴隆：《罪与罚讲演录》，中国检察出版社 2000 年版，第 90 页。

〔4〕 吴宗宪：《西方犯罪学史》，警官教育出版社 1997 年版，第 129 页。

畴而寻求更为有效的预防手段。个别抑制的思想促使刑罚学、刑法学跳出其自身的学科界限，抛开其学科规训（discipline），以更为原始、朴素的“犯罪治理”的立场来审视“刑法以刑罚来治理犯罪”的合理性。一个形象的比喻就是，刑法学是一座大山，刑罚学是这座大山中的一片森林，个别抑制是这片森林里的一条小路，这条小路对于这片森林、对于这座大山都是微不足道的，但这条小路却能够通向森林之外、通向大山之外，将人们引向一片更为广袤的天地。刑罚功利论的思想势必导致犯罪治理对策突破传统的“刑”的范畴，而向更为广阔的领域寻求解决方案。

4.2.2.3 其他学者的刑罚功利论学说

欧洲学者在延续刑法学派之争的同时，也对刑罚功利论做了进一步的阐述：

德国学者 Filangieri（菲兰吉利）在1788年出版的《刑事立法学》中就指出：“刑罚的执行给公众以恐怖，使之目击犯罪所应得的惩罚而生戒心，进而防止一般人犯罪。”〔1〕有学者指出：“（菲兰吉利）关于刑罚的意旨不在于追求刑罚纸上谈兵式地在法律中确定下来可能产生的威慑作用，而在于通过执行刑罚的活生生的场面使人望而生畏。德国学者 Gmelin 也持相似观点。”〔2〕这一观点在当代被称为行刑威慑主义，而这种观点显然陷入重刑威慑的泥潭，从后世德国积极一般预防的滥觞来看，这一理论也早已被束之高阁。

德国学者 Grolman 认为：“保持法律的状态，必须要求他人不有违法之行为，防止人之违法，即所以以强制力保障法律的状态之存立者也，以强制力保障法律的状态，须防患于未然；是不特赔偿既成之损害已也，然则国家为保持法律状态，排除危险起见，认为犯罪人或犯罪未遂之人，有再犯之倾向时，须监之以威吓，使之不能为物理上犯罪，以达刑罚威吓凡人，改善凡人之目的，改善不能，则剥夺犯罪人之自由，必令其将来不能为违法行为而后已。”〔3〕

---

〔1〕［德］菲兰吉利：《刑事立法学》1788年德文版。转引自邱兴隆、许章润：《刑罚学》，中国政法大学出版社1999年版，第38页。

〔2〕高铭暄、赵秉志主编：《刑罚总论比较研究》，北京大学出版社2008年版，第54页。

〔3〕Carl von Grolman, *Ueber die Begründung des Strafrechts und der Strafgesetzgebung* (etc.), Georg Fr. Heyer, 1799.（方哭卢尔马：《刑法理由》1799年德文版。转引自王觐：《中华刑法论》，中国方正出版社2005年版，第15页。）

德国学者 Bauer 认为："犯罪原因不一，为满足欲望而犯罪者，有之，不知其行为之应为处罚而犯罪以及因行为者之缺乏道德而犯罪者，亦复不少，若以满足欲望，为犯罪之唯一泉源，是不可也，然则国家对于有害法律秩序之行为，欲防患于未然时，非依普及教育警察制度刑罚之三大方法，不为功。又刑法之要旨，在于加人以警戒，与人以训谕，以补正人之弱点。"其理论也被作为一般预防的一种，称为"警戒主义"（Warnungtheorie）。[1]

德国学者 Krause 和 Röder 认为："人之犯罪，即足以暴露其不有正当适法之生活能力，在道德上，法律上，均不能认为已行成熟之人，对此尚未成熟之人，惟有以惩治指导之方法改善之，使之复列于良民，得营社会的生活而已。是则施改善处分于幼年人外，对于成年人，亦须以善良立法和善良行政，达改善国民之目的。刑及犯人，引导其为善，是所谓追加教养。彼假言正义，谓刑罚本质，在予人以报复或威吓民众者，其无谓也。"这些学者的理论也被称为改善主义（Besserungtheorie）。[2]

德国学者 Steltzer 认为："改善凡人，不令其危及社会，乃刑法之目的，然则国家对于成年人，亦须养之育之；是不仅对于幼年人宜加以养育已也。"[3]

德国学者 Bar 提出了道义谴责的理论（Theorie der sittlichen Missbilligung）。他在1882年提出的理论，与今天的积极一般预防理论有着惊人的相似。在他看来，刑罚的宗旨在于表达公众对刑法禁止行为的谴责，刑罚应具有沟通（Kommunikativ）的元素，即以刑罚的判处与社会公众进行沟通。[4] Lammasch 也指出，刑罚能促成规范内化（Norminternalisierung），并能对犯罪防止起作

---

〔1〕 Anton Bauer, *Die Warnungstheorie: nebst einer Darstellung und Beurtheilung aller Strafrechtstheorien*, Göttingen bei Vandenhoeck & Ruprecht, 1830. 另参见王觐：《中华刑法论》，中国方正出版社2005年版，第15页。

〔2〕 K. C. F. Krause, *Das System der Rechtsphilosophie*, Brockhaus, 1874.（克脑卸：《法哲学体系》1874年德文版。）Karl David August Röder, *Besserungstrafe und Besserungstrafanstalten als Rechtsforderung: Eine Berufung an den gesunden Sinn des deutschen Volks*, C. F. Winter, 1864.（列打：《改善刑及感化院》1864年德文版。）以上均转引自王觐：《中华刑法论》，中国方正出版社2005年版，第16页。

〔3〕 C. J. L. Steltzer, *Kritik über des Freyherrn von Eggers Entwurf eines peinlichen Gesezbuchs für die Herzogthümer Schleswig und Holstein*, 1811.（斯磔尔轧：《批判世列斯威及霍尔斯跌英公国之叶揭尔刑法案》1811年德文版。转引自王觐：《中华刑法论》，中国方正出版社2005年版，第16页。）

〔4〕 Carl Ludwig von Bar, *Geschichte des deutschen Strafrechts und der Strafrechtstheorien*, 1882. 转引自 Sven Terlinden, Von der Spezial- zur positiven Generalprävention, Verlag Dr. Kovač, 2009, S. 32.

用。〔1〕

德国学者 Jaeger 认为：对于成年犯罪人，除科独立刑附加刑外，犹须加之以监护，并扩张监护幼年人之制度，以期预防手段之确实云。该种理论也被称为“监护主义”（德语作 Vormundungtheorie）。〔2〕

英国学者 Paley 主张通过重刑威吓来实现刑罚的普遍抑制（一般预防）作用。他在其著名的《道德与政治哲学原理》一书中指出：“所有刑罚的目的不是满足正义，而是预防犯罪。”“如果能够发明这样一种处死，它不用通过残酷和明显地展示死的场面而违反或削弱的公共感性便增加惩罚的恐怖，那么，它便可以在某种程度上加大儆戒的效果……”〔3〕

自 20 世纪 60 年代中期开始，德国刑法学界也开始对威慑的一般预防给予了更多的关注。〔4〕德国学者 Lange 在 1968 年就指出：严厉的刑罚在得到严格执行的情形下是有效的。〔5〕1970 年，他又批评了李斯特的观点，认为李斯特无视一般预防必要性的观点是错误的。随后，有效控制犯罪的思潮逐渐加强，而此时控制犯罪的主要方式就表现为满足威慑预防的要求。20 世纪 70 年

〔1〕 Heinrich Lammasch, Über Zweck und Mittel der Strafe, in: ZStW 9 (1889), S. 423 (427).

〔2〕 J. Jaeger, *Beiträge zur lösung des verbrecher-problems*, 1895.（叶割氏：《犯罪问题之解决》1895 年德文版。转引自王觐：《中华刑法论》，中国方正出版社 2005 年版，第 17 页。王觐书中将 Jaeger 误作 Iaeger。）J. Vargha, *Die Abschaffung der Strafknechtschaft: Studien zur Strafrechtsreform*, Leuschner und Lubensky, 1897.（洼喀尔：《奴隶刑之废止》1897 年德文版。转引自王觐：《中华刑法论》，中国方正出版社 2005 年版，第 17 页。）

〔3〕 William Paley, *The Principles of Moral and Political Philosophy*, New York: B. and S. Colins, 1835.

〔4〕 代表性的文献包括：Norbert Hoerster, *Zur Generalprävention als dem Zweck staatlichen Strafens*, in: GA 1970, S. 272ff. Günther Kaiser, *Die Frage nach der Generalprävention heute*, in: ders., Verkehrsdelinquenz und Generalprävention, 1970, S. 351ff. Hans-Heinrich Jescheck, *Strafrechtsreform in Deutschland*, in: SchwZStrR 91 (1975), S. 1 (16); Klaus Tiedemann, Anmerkung zu BGH, Urteil vom 27. 08. 1974, in: JZ 1975, S. 185 (186 f.); Günther Kaiser, Was ist eigentlich kritisch an der “kritischen Kriminologie”?, in: Günter Warda u. a. (Hrsg.), Festschrift für Richard Lange zum 70. Geburtstag, 1976, S. 521 (524, besonders Fn. 19). Heinz Müller-Dietz, Gutachten zur Vorlage beim BVerfG betr. die Frage “Wie ist beim Mord die Präventive Wirkung der lebenslangen Freiheitsstrafe einzuschätzen?”, in Hans-Heinrich Jescheck u. a. (Hrsg.), Ist die lebenslange Freiheitsstrafe verfassungswidrig? 1978, S. 91 (96 f.).

〔5〕 Richard Lange, Verkehrsrecht aus der Sicht der Rechtslehre, in: Handwörterbuch der Verkehrsmedizin, 1968, S. 47 (57).

代末，德国出现了强劲的一般预防理论的回潮（Kräftige Renaissance）。[1]与此同时，判例和立法中的一般预防思想也开始涌现。自20世纪60年代中期以来，西德的法院多次在判决中指明自己接受消极一般预防的思想。1965年的德国第二道路交通安全法案（2. Straßenverkehrssicherung Gesetz）也流露出了浓厚的一般预防的色彩。按照Hans-Jochen Otto的观点，这部立法兴师动众地扩展构成要件，并部分地大幅提高刑罚，就是试图以威慑降低交通犯罪。[2]

日本在近代师从欧洲，也对刑罚功利论的思想进行了相关的阐述：

胜本勘三郎（1866—1920年）首先对欧洲的学派之争进行深入研究，将新派理论系统介绍进日本。胜本勘三郎在批判毕克迈耶的基础上，认为在犯罪未发生之际，发现、控制具有实施犯罪危险性的人，不会发生相关学者所担忧的人权侵害，而且在治国之策上值得庆贺，并无不可之处。他的刑罚观念还认为刑罚应对一般民众具有警戒作用；刑罚应该能惩戒、劝善；刑罚应该个别化。[3]

富井政章（1858—1935年）曾留学法国，并将社会防卫论以及意大利学派带回日本。关于刑罚目的，他主张通过刑罚国家所期望的应该是防止再犯，所以刑罚应该具有以下要件："第一，刑罚应该对世人形成足够的威慑；第二，刑罚有必要足以对凡人感受其惩罚，防止其再犯；第三，刑罚有必要尽可能改善犯人，使其回归善道；第四，刑罚止于凡人一人；第五，刑罚有必要尽可能地能够取消和不长；第六，刑罚有必要平等适用；第七，刑罚有必要能够分割；第八，刑罚有必要不损害身体。"[4]

宫本英修认为：刑罚的作用有两个，一是实际效果，二是感情效果。实

---

〔1〕 Günther Kaiser, "Kriminalpolitik ohne kriminologische Grundlage?", in Stree/ Lenckner/ Cramer/ Eser (Hrsg.), *Gedächtnisschrift für Horst Schröder*, 1978, S. 481 (490).

〔2〕 Hans-Jochen Otto, *Generalprävention und externe Verhaltenskontrolle*, Eigenverlag von Max-Planck-Institut für ausländisches und internationales Strafrecht, 1982, S. 15. 当然，这种努力后来被证明是无效的，因为交通事故只是短暂地有所下降，几个月过后就又回到了原有的水准之上，立法所规定的短期自由刑的适用最后也被废除。Vgl. Günther Kaiser, *Verkehrsdelinquenz und Generalprävention*, 1970, S. 383ff.

〔3〕［日］中义胜、山中敬一：《胜本勘三郎的刑法理论》，载《法律时评》第50卷第10期，第115页。

〔4〕［日］小林好信：《富井政章的刑法理论》，载《法律时报》第50卷第6期，第121页。

际效果包括一般预防和特殊预防的作用。感情效果是对报应观念的满足。对于这两种效果中哪种反映刑罚的本质，宫本认为，犯罪预防这一目的反映刑罚的本质，满足报应观念这一感情问题是第二位的。也就是说，刑罚的直接目的是犯罪预防，而特别预防是刑罚最直接的目的。宫本认为，刑罚本身对施行反社会行为的行为者具有感化作用，它与报应观念无关。报应观念是人们内心深处隐藏的复仇观念。发展到文明时代，报应主义刑罚已经过时。因此，对犯罪人应当进行改造。所谓改造包括感化和教化。可见，宫本英修在刑罚本质问题持教育改善手段说。他认为对犯罪人的感化是通过心理学的感情投入来进行的，刑罚的感化力来源于感情的投入。这就是其“爱的刑罚观”。〔1〕

木村龟二坚持教育刑论，并对刑罚本质问题进行过论述。首先，他指出，教育刑论是以教育作为刑罚本质的学说。教育刑的教育并不意味着以恶害的报应进行教育，也不意味着单纯传授知识的知识教育，而是兼具知、情、意使人成为社会人的教育。社会人的形成，对正常人是一种普通教育，对不法少年、精神薄弱者是一种特殊教育。因此，教育刑论的基本主张是，刑罚的本质在于使犯人成为社会人，使犯人恢复犯罪前的状态。在这个意义上，也可以说教育刑的教育是“再教育”。其次，由于刑罚的本质是通过对犯人的再教育使之再次恢复为社会人，因此科处刑罚不是因为行为人犯了罪，而是为了行为人不犯罪。可见，木村在刑罚本质问题上明确地表明了教育手段说的立场，即认为刑罚的本质是通过教育实现特别预防的手段。〔2〕

牧野英一认为，刑罚也应该从等同于社会反射运动的报应刑论向自觉有意识的目的刑论进化、发展。他指出，在方法论上报应刑是回顾性的而目的刑是前瞻性的，这是二者的基本差异。报应刑主义主张通过刑罚满足报应观念，保持社会道义，但作为现实的犯罪对策，很明显并不能有效地发挥作用。所以，应该以发达的自然科学为基础，通过运用实证的研究方法，反思刑罚的政策意义。目的刑主义以社会保全为目的，但并不是通过镇压的方法而是通过科学的方法将对犯罪人进行改善与教育放在第一位。如此，目的刑论、教育刑论就与所谓的特别预防相结合，朝向要求刑罚改革的改善刑进化。牧

〔1〕 高铭暄、赵秉志主编：《刑罚总论比较研究》，北京大学出版社 2008 年版，第 60 页。

〔2〕 高铭暄、赵秉志主编：《刑罚总论比较研究》，北京大学出版社 2008 年版，第 60 页。

野英一目的刑论、教育刑论中的国家观是需要特别关注的一点。就此，牧野英一提出了“始自于警察国家，跨越法治国家，朝向文化国家”的国家进化论，并从文化国家的立场出发，对教育刑论的理念进行了阐释。[1]

山口厚认为：“关于刑罚的目的或者正当化根据，多年依赖，以认为其在于对犯罪的报应的报应刑论，与认为其在于对未来犯罪的抑制的目的刑论为主轴，展开了争论。但是在致力于合理的犯罪对策的国家，如上所述，必须从预防、抑制犯罪的立场理解。也即，刑法，是作为通过预告对一定的行为（犯罪）的遂行附加刑罚，并在该行为被实际遂行的场合，对实际实施犯罪行为者科处刑罚，为了防止、抑制将来的犯罪而不得不采取的政策，才获得制度化的正当性。此外，如上所述，作为犯罪抑制手段的刑罚，以恶害性为必要内容（否则就无法实现通过刑罚抑制犯罪），而且，不能忽略其中非难的特别意义（在这一点上，刑罚与针对疾病的治疗不同）。”[2]

中国台湾地区学者陈朴生认为，刑罚的本质，根据其发展过程，由绝对主义至相对主义，基于报应主义理论认为，刑罚具有威吓方法而产生一般预防的效果的观念，已为今日的刑法思想所排斥。而且犯罪的原因，并非单纯由于人的心理作用，其因受社会现象影响所致的居多，以刑罚强制人的心理，或科以残酷刑罚，以威吓社会一般人，均非刑罚的目的。目的刑（教育刑）思想之所以在刑罚理论上占有重要的地位，在于重视刑罚实效，即认为刑罚不过是改善、教育犯罪人的一种方法。如果以刑罚方法不足或不能达到改善、教育的目的时，则应采用其他的方法，倡导刑罚个别化，排斥罪刑均衡之理论。其采取起诉、宣告或执行犹豫等制度固且勿论，并以保安处分等强制措施代替刑罚；即以刑罚为其改善方法者，以特别预防为重心，重在教育组织及设备，并以个人的个性为基础，确定其处遇，才有不定期刑、假释、行刑累进处遇制度等制度的确立。[3]

苏联刑法学界在刑罚本质问题上，预防犯罪手段说占有绝对的主导地位，报应说几乎没有市场。

俄共（布）第八次代表大会通过的党纲中规定：“俄国共产党……应当尽

---

〔1〕 周振杰：《日本刑法思想史研究》，中国法制出版社2013年版，第91页。

〔2〕 ［日］山口厚：《刑法总论》，有斐阁2007年版，第2~3页。

〔3〕 陈朴生编：《刑事经济学》，台北正中书局1975年版，第177~179页。

力……以一套教育性质的办法最终代替惩罚办法。”苏联（含苏俄时期）司法机关领导人在讲话中多次强调指出：无产阶级的法院在判处刑罚时应无条件地排除报复的目的。如 H. B. 克雷连科在 1919 年曾经说过：“尽力重新教育犯罪分子，而不是对其实施的行为进行报复，这就是我们惩罚体系的基础。”又如 H. A. 切尔留恩恰凯维奇在 1922 年召开的苏维埃司法工作者第四次代表大会上作关于《苏俄刑法典》的报告时指出：“对我们来说，刑罚没有任何报复的因素，它是对共和国的社会保卫。”D. И. 库尔斯基在第九届全俄中央执行委员会第三次会议上也指出：“提交大会的刑法典草案‘绝不是想在报复和恐吓的基础上与犯罪进行斗争’。因为对我们来说，犯罪人就是当时有危害的人，需要对他们或是实行隔离或是进行改造，但在任何情况下都不应当对之进行报复。”A. A. 皮昂特科夫斯基指出：“与犯罪做斗争分为两方面。①实现一般预防任务具有特别重要的意义；②实现这种任务则不占首要位置。这二者相互之间的关系在无产阶级专政时期并不是一成不变的。相反，这种相互关系要根据某一具体历史时期保护无产阶级专政社会关系中某个部分的具体要求而经常变化。随着对实现一般预防的要求减少，使用社会保卫方法的特殊预防任务就会与犯罪和报应主义相决裂。”И. С. 诺依也指出：“随着群众觉悟程度的进一步提高和因恐惧而不敢违反法律规范的人数的减少，也由于人们自觉地遵守法律，所以作为刑罚目的的特殊预防任务将会越来越提到首位。”〔1〕

苏联等社会主义国家的刑法理论还有一个特点就是，以马克思主义关于人类社会起源中“劳动创造人”的观点作为刑罚执行和监狱矫正的理论原理。

4.2.3 刑罚功利论的衰弱

从 20 世纪 50 年代到 20 世纪 80 年代，尤其是其中的 60—70 年代，美国以及世界范围内兴起了一股强烈的反矫正风潮。

1954 年在波士顿建立了贝克法官辅导中心（Judge Baker Guidance Center），这一举措被认为是掀开了建立儿童辅导诊所的第一轮热潮。但根据格卢克夫妇（Sheldon Glueck & Eleanor Glueck）的调查，这一诊所的再犯率高达 88%。这意味着该中心的尝试最终以失败告终，诊所的主管对这一实验做了这样的

〔1〕［苏］A. A. 皮昂特科夫斯基等：《苏联刑法科学史》，曹子丹等译，法律出版社 1984 年版，第 96 页。

总结："犯罪学的又一章到此结束。"[1]

美国学者 Glaser 发现监狱的举措对犯人释放后的行为并没有产生有效的引导。[2]只有 10%的犯人在释放后从监狱的劳动培训中获益。他注意到，由于 90%的犯罪乃是针对财产的犯罪，因此犯罪成了工作的替代品。在犯罪人的生涯中，失业乃是一个非常重要的因素；释放人员中只有 25%的人因为在狱中的劳动培训而找到工作。[3]释放人员中 31%再也没有被聘用。没有获得假释的人的失业率是获得假释的人的两倍。[4]Glaser 搜集的证据明确指出，监狱内的教育和职业培训计划并不适当，这些培训和获释后的就业情况也没有联系。这里还探讨了另一个因素，那就是驱使人们工作的动力。一个人愿意去汽车修理厂干活，因为他希望将来可以用学到的"擦火"（不用钥匙，通过电线短路发动汽车）手艺去偷车。只要汽车还是那么容易被偷，那么职业培训就解决不了汽车盗窃问题。"心理学认为，惩罚并不能改变行为，与此相同，奖励也不能获得替代行为。心理学的学习理论认为，特定模式反应（犯罪）能够满足特定模式的刺激，惩罚会对这种固有模式的反应产生抑制，但固有的反应依然具有优势。"[5]Glaser 的监狱研究得出了一个结论，那就是教育计划、职业计划以及意图使犯罪人康复的治疗计划都以失败告终。而假释成功最重要的因素乃是犯罪人释放后所要面对的环境因素，如就业、财产状况、家庭等。[6]

John Conrad 对斯堪的纳维亚制（Scandinavian System）这一最为先进的矫正体制进行了探讨，发现其再犯率达到 75%。关于斯堪的纳维亚矫正机构我们可以这样说，如果良好的意图和出于人道主义目的的群体支持能够重新建立与犯罪人的联系，那么斯堪的纳维亚制的效果将是十分可靠的。而无论是

---

〔1〕 Helen L. Witmer and Edith Tufts, *The Effectiveness of Delinquency Prevention Programs*, Washington, D. C.: Children's Bureau, U. S. Department of Health, Education, and Welfare, 1954, pp. 37-39.

〔2〕 Daniel Glaser, *The Effectiveness of a Prison and Parle System*, Indianapolis: Bbbs-Merrill, 1964, p. 294.

〔3〕 Daniel Glaser, *The Effectiveness of a Prison and Parle System*, Indianapolis: Bbbs-Merrill, 1964, pp. 251-252.

〔4〕 Daniel Glaser, *The Effectiveness of a Prison and Parle System*, Indianapolis: Bbbs-Merrill, 1964, p. 239.

〔5〕 Daniel Glaser, *The Effectiveness of a Prison and Parle System*, Indianapolis: Bbbs-Merrill, 1964, p. 486.

〔6〕 Daniel Glaser, *The Effectiveness of a Prison and Parle System*, Indianapolis: Bbbs-Merrill, 1964, pp. 311ff.

内行还是外行，我们都没有怀疑过这一慷慨的甚至浪费的计划与群体对治疗犯罪人所表现出的感受是否一致……完成一项矫正实践所需要的爱心是有限度的，但无论这一限制是什么，你都能在斯堪的纳维亚找到它。[1]在研究丹麦的群体疗法时，Conrad 发现没有证据证明现代治疗的概念能够产生效果。[2]在其进行的国际矫正调查的研究中指出，我们没有证据证明有哪一项矫正计划获得了高度的成功。"犯罪人乃是从社会中来也将回到社会中去，社会秩序的恢复主要取决于对于这样的社会系统的关注。大部分的矫正研究都得出了与此一致的结论。"[3]这意味着，群体、社区而非监狱才是康复的关键。

Walter Bailey 在对 100 份矫正治疗结果报告的研究中发现，其中 50%的报告产生了积极的效果。他的结论是："但是人们会发现治疗结果的成败交替出现，其原因是不同的报告出自不同的作者，因此结论不同。而这一发现会让人对矫正治疗的效果失去信心。对于每项真实设计和特殊研究方法的批评性的评估会使有的原本有着可靠证据证明的成功结果的概率大为减小。因此我们可以明显看到，根据这一研究的成果报告，即使我们将所有限制条件考虑在内，我们依然可以得出结论——证明矫正治疗有效的证据是微弱的、不一致的，其可靠性是值得怀疑的。"[4]简而言之就是矫正治疗并不一定有效。

Street、Vinter 和 Perrow 通过对三个州的青少年管教所进行调查发现，50% 的被管教者被施以与刑罚一样的监管，25%的人获得重新教育并得到心态和技能方面的改善，还有 25%则接受治疗导向的心理服务。尽管他们发现上述三者在管理政策、组织以及服刑人员关系之间存在不同，但他们并没有能够对上述任一类型的矫正和康复治疗手段的确实功效得出确定结论。不过，他们却对另一个问题得出了确定结论，那就是"没有一个机构都完全成功地促使服刑人员产生适应未来社会的改变。"[5]

---

〔1〕 John Conrad, *Crime and Its Correction*, Berkeley: University of California Press, 1965, pp. 135-136.

〔2〕 John Conrad, *Crime and Its Correction*, Berkeley: University of California Press, 1965, pp. 228-236.

〔3〕 John Conrad, *Crime and Its Correction*, Berkeley: University of California Press, 1965, pp. 64-65.

〔4〕 Walter C. Bailey, "Correctional Outcome: An Evaluation of 100 Reports", *Journal of Criminal Law, Criminology, and Police Science*, June, 1966, pp. 156-157.

〔5〕 David Street, Robert D. Vinter and Charles Perrow, *Organization of Treatment*, New York: Free Press, 1966, pp. 11-57.

Henry McKay在芝加哥进行了两项青少年犯罪生涯研究。他在其中一项研究中发现高达58%的少年犯罪人曾像成年人一样受到逮捕，而另一项针对问题少年培训机构中的男性青少年的研究显示，被研究者中75%~80%在释放之后被再次逮捕。McKay还引证了Healy的研究和格卢克夫妇的研究。Healy的研究显示他研究的少年犯罪人中有61%成年后还在继续犯罪生涯。格卢克夫妇的研究得出的数据则高达80%。McKay由此得出结论："基于这项研究以及其他研究的发现，我们可以判断，即使矫正机构是为了引导目的而设置，但大多数从事非法活动的男性青少年并不会接受矫正机构引导而回到传统的行为方式上来。"〔1〕

Carol Crowther在一项针对美国加州的刑罚系统的研究显示，一个人在监狱里待得越久，再犯概率越大。〔2〕Haskell和Yablonsky对美国加州监狱系统的调查得出结论：监狱可以变得更加人道，但不会变得更加有效。〔3〕加州少年管理局（California Youth Authority）的群体治疗计划（Community Treatment Project）也产生了令人失望的效果，就逮捕记录而言成功了，因为计划显示实验群体和对照组之间没有差别。〔4〕Robison和Smith从一项针对加利福尼亚刑罚体制的研究证明，该州进行的各式各样的计划无一对再犯率产生影响，他们的调查结论认为康复根本不存在。面对进一步的追问，作者这样写道："如果我们把他们锁起来，或者关得再久一点，或者在狱中对其采取一定的措施，或者在此后对他们进行近距离的监控，或者把他们正式释放，他们的行为是否会发生改变？"答案是："很难。"〔5〕

Gresham Sykes对监狱体制做了如下分析："新泽西州立监狱拨款对囚犯进行奖励，并威胁囚犯如果不遵守规章制度便撤销这些奖励。这并没有使囚犯为了获得奖励而开始屈从于各种规章制度……实际上，官方所谓奖励与惩罚的手段早已倒台，因为囚犯们进入的乃是一个毫无希望的世界，等待他们的

---

〔1〕 President's Commission on Law Enforcement and Administration of Justice, *Juvenile Delinquency and Youth Crime*. Washington, D. C.: U. S. Government Printing Office, 1967, pp. 107 ff.

〔2〕 Carol Crowther, "Crimes, Penalities, and Legislatures", in *Annals*, January, 1969, pp. 151-152.

〔3〕 Martin R. Haskell and Lewis Yablonsky, *Crime and Delinquency*, Chicago: Rand McNally, 1970, p. 467.

〔4〕 Stevens H. Clarke, "Juvenile Offender Programs and Delinquency Prevention", in *Aldine Crime and Justice Annual*, Seymour Halleck et al., eds., Chicago, issue. 1, May, 1972, pp. 3ff.

〔5〕 James Robison and Gerald Smith, "The Effectiveness of Correctional Programs", *Crime and Delinquency*, 1971, vol. 17, p. 80.

只有更多的惩罚。监狱里的囚犯早就已经做好了承受社会允许的最大限度惩罚的准备，在这种情况下，威胁他们要对他们施加更多的痛苦的做法看上去更像是一种徒劳。”〔1〕

1971 年《时代》杂志刊登了题为《美国的监狱：犯罪的学校》的文章。〔2〕在这篇文章中，美国监狱的恶劣环境得到详细地描述。1975 年《时代》杂志又以《犯罪》为题发表文章，〔3〕主张实行“应当对他们进行惩罚”的强硬路线。媒体声音并非空穴来风，因为在 1971—1975 年间发生了一些事件，而这些事件都是关于监狱的不利消息。1975 年《美国新闻与世界报导》刊载了题为《监狱的巨大改变：惩罚——而不是改造》的文章，〔4〕“就在我们讨论监狱中的人道灾难、暴力、强奸〔5〕等堕落现象的同时，我们所讨论的依然是要将监狱系统作为通过司法矫正体制的主要手段。而令人感到惭愧的是，即使改善监狱系统确实是我们应对犯罪问题未来的发展方向，但是绝大部分州并没有足够的监狱设施来保证这一制度的运作”。

Kassebaum 主编的文献显示，监狱内的群体咨询对于犯人的行为或假释后的再犯率并没有产生积极影响。〔6〕

Jeremy Miller 一开始就主张废除监禁刑，他在 1971 年和 1972 年关闭了马萨诸塞州的所有少年犯矫正机构，并且在宾夕法尼亚州青少年犯的非监禁化方面取得了一些成就。Miller 曾不止一次地指出，矫正机构是不能改造人的，因而必须关闭。〔7〕MeGee 对矫正机构做了如下总结：“美国监狱的环境存在着严重的人满为患现象、制度性的懒散以及管理人员不足等问题。康复治疗的失败使得很多监狱成了犯罪和堕落的大熔炉，而不再是改造和再社会化的手段。”〔8〕

---

〔1〕 Gresham M. Sykes, *The Society of Captives*, Princeton: Princeton University Press, 1958, p. 52. See also Michael Hindelang, “A Learning Theory Analysis of the Correctional Process”, in *Issues in Criminology*, 1970, vol. 5, issue. 1, pp. 43-58.

〔2〕 *Time*, January 18, 1971.

〔3〕 *Time*, June 30, 1975.

〔4〕 *U. S. News and World Report*, August 25, 1975.

〔5〕 Anthony M. Scacco, *Rape in Prison*. Springfield, Ill.: Charles C. Thomas, 1975.

〔6〕 Gene Kassebaum et al., *Prison Treatment and Parole Survival*, New York: John Wiley, 1971.

〔7〕［美］克莱门斯·巴特勒斯：《矫正导论》，孙晓雳等译，中国人民公安大学出版社 1991 年版，第 25 页。

〔8〕 Robert M. Carter, Daniel Glaser and Leslie T. Wilkins, *Correctional Institutions*, Philadelphia: J. P. Lippincott, 1972, p. xiv.

Beker 和 Hyman 对社区治疗计划的研究作了如下总结："现在的作者不得不得出这样的结论，即 CTP 类型学还未能在青少年犯罪人的处遇项目中成为一种可靠的、准确的、有效的手段……未经证实的发现和实验方案被过度的宣传和过分的传播，以至于这些发现和方案被认为是解决那些复杂问题确实有效的方案，这种现象一定要杜绝。"〔1〕

Clarke 在一份预防青少年犯罪计划的调查中得出以下结论："经评审发现，该研究并没有提供任何证据证明青少年犯罪人的处遇治疗计划使犯罪得到减少，而相反，有许多证据都指出这些计划失败了。八项计划中只有三项提供了成功的证明，但这种明显的成功很有可能是人为的评估造成的，因为评估恰是这些计划中最薄弱的环节。"〔2〕

1973 年，美国国家司法标准与目标顾问委员会（National Advisory Commission on Criminal Justice Standards and Goals）指出："主要机构减少犯罪的努力失败了，这是毋庸置疑的。再犯率居高不下，令人吃惊。公共机构在惩罚方面是成功的，但他们并没有威慑犯罪。他们确实能保护社会，但这种保护只是暂时的。他们确实能改变犯罪人，但这种改变似乎是消极的，而非积极的。〔3〕本报告没有必要对矫正的缺陷再做赘述。今天的诸多问题都与矫正的失败有关。……报应与基于道义的惩罚深深地扎根于社会意识之中，很难轻易被改变。但是无论如何，重刑化倾向都是人性和人类社会发展的一种倒退。Winston Churchill 曾说过我们对于犯罪人的所作所为恰是人类文明程度的真实写照。我们必须承认以下事实：我们的漠视使得康复治疗被神化，我们用简单的人道主义词句塑造了今天美国的矫正体制，而现实中对于犯罪人的治疗则是粗糙的。而且，这一切都没起到应有的作用。犯罪、再犯依然没有减少。"〔4〕委员会由此得出结论：刑罚失败了，粗糙的康复治疗也失败了，再犯依然没有减少。前文引述的 Martinson 和他的同伴进行的研究得出了同样的

---

〔1〕 Jerome Beker and Doris Hyman, "A Critical Appraisal of the California Differential Treatment Typology of Adolescent Offenders", *Criminology*, vol. 10, issue. 1, May, 1972, pp. 3ff.

〔2〕 Stevens H. Clarke, "Juvenile Offender Programs and Delinquency Prevention", *Aldine Crime and Justice Annual*, Seymour Halleck et al., eds., Chicago, issue. 1, May, 1972, p. 399.

〔3〕 National Advisory Commission on Criminal Justice Standards and Goals, *Corrections*, Washington, D. C.: U. S. Government Printing Office, 1973, p. 1.

〔4〕 National Advisory Commission on Criminal Justice Standards and Goals, *Corrections*, Washington, D. C.: U. S. Government Printing Office, 1973, p. 605.

结论：作为康复治疗的机构，监狱失败了。

1974年美国社会学家 Robert Martinson 发表题为《效果何在？——关于监狱改革的问题与答案》的著名论文[1]，对矫正的效果提出了严重的怀疑，整个反矫正运动由此达到一个高潮。Martinson 和他的同伴的研究显示[2]，在对犯罪人的康复治疗中，除了一小部分例外，对绝大部分人进行的治疗计划几乎都失败了。Martinson 的调查并不是最前沿的，只是做了大力宣传而已。

Waller 通过对加拿大假释结果进行研究发现，假释两年之后，44%的假释者被重新逮捕和定罪。再犯率一直居高不下，刑期长度和再犯没有必然联系，假释也没有对有前科者的就业能力产生任何影响。他对研究假释效果的文献进行述评时得出了这样的结论："假释监督对于假释者的犯罪行为的影响微乎其微。"[3]

Andrew von Hirsch 出版了题为《实现正义》的报告。[4]这份报告的主题与 Morris、Wilson、Martinson 和 Fogel 的一样：治疗措施失败了，判决的自由裁量很危险，惩罚必须基于正义的要求，而不是基于犯罪人的个性或未来的人身危险性，科刑应当尽可能避免自由裁量。

1976年，联邦监狱长官 Norman Carlson 已经公开表示，联邦监狱正在放弃康复治疗，并逐步恢复威慑与报应[5]。

这种情况在欧洲也有所体现。在刑罚执行领域，也出现了告别再社会化理论的倾向。[6]传统的青少年刑法领域也出现了对特殊预防理论的质疑。[7]民众对特殊预防理论的认可度也越来越低。[8]

这一时期的刑法理论可以简单地概括为刑罚功利论的衰弱，刑罚报应论的回归。"刑罚功利论衰弱的原因一方面在于对于否定性研究结果的大肆宣

---

[1] Robert Martinson, "What works? —Questions and answers about prison reform", in *The Public Interest*, 1974, vol. 35, pp. 22-54. 该文编后来被称为《马丁森报告》(*The Martinson Report*)。

[2] Douglas Lipton, Robert Martinson and Judith Wilks, *Effectiveness of Correctional Treatment: A Survey of Treatment Evaluation Studies*, New York: Praeger, 1975.

[3] Irvin Waller, *Men Released From Prison*, Toronto: University of Toronto Press, 1974, p. 15.

[4] Andrew von Hirsch, *Doing Justice*, New York: Hill and Wang, 1976.

[5] *Behavior Today*, November 10, 1975. See also Michael S. Serrill, "Critics of Corrections Speak Out", *Corrections Magazine*, March, 1976, pp. 3ff.

[6] Vgl. Rudolf Wassermann, Paradigmawechsel im Strafvollzug? in: ZRP, 2003, 327.

[7] Günther Kaiser, in: ZRP, 1997, 451.

[8] Schwind, in: Müller-Dietz-FS, 2001, 841.

传，另一方面也是对康复治疗方案的知识基础有了更为深刻的认识。”[1]

4.3 刑罚功利论的理论体系

刑罚功利论是对刑罚的工具价值判断，是刑罚的科学问题，回答的是刑罚有没有用的问题。因此，所有关于刑罚对犯罪具有某种效用的理论都属于刑罚功利论的范畴。

刑罚功利论包含个别抑制和普遍抑制两大部分，以个别抑制为主，以普遍抑制为辅。以个别抑制为直接目标、首要目标，以普遍抑制为间接目标、次要目标。个别抑制针对的是具体犯罪人、实在犯罪人，普遍抑制针对的是抽象犯罪人、潜在犯罪人，抽象犯罪人是以具体犯罪人为代表的社会中的潜在犯罪人，这些犯罪人与具体犯罪人之间具有相似性，具有潜在的犯罪可能性。西班牙学者也曾提出类似的概念体系，但在概念划分的理由上与笔者存在差异，具体理论上缺乏足够的深入。[2]

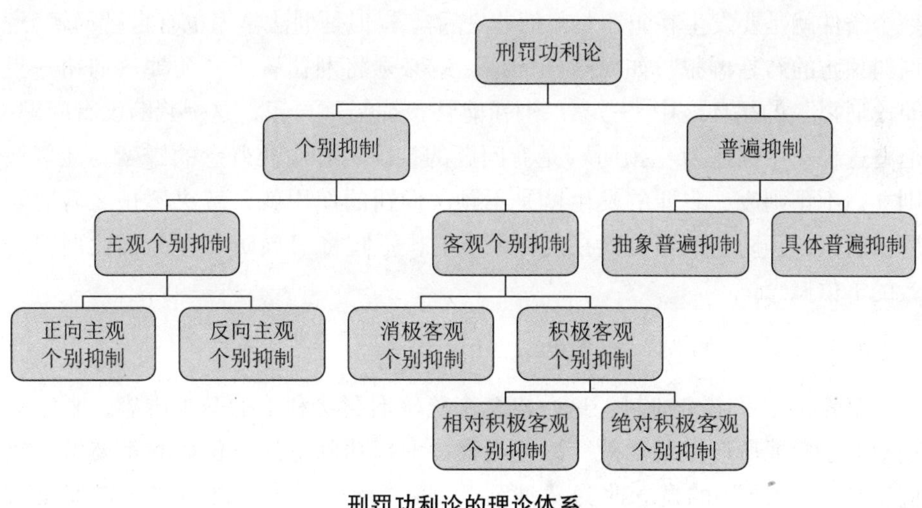

刑罚功利论的理论体系

---

[1] Andrew von Hirsch, Andrew Aashworth and Julian Roberts, *Principled Sentencing*, Third Edtion, Oxford and Portland: Hart Publishing, 2009, p. 1.

[2] Maria José Falcón y Tella & Fernando Falcón y Tella, *Punishment and Culture*, Leiden, Boston: Martinus Nijhoff Publishers, 2006, pp. 151-152.

4.3.1 刑罚功利论的概念调整

4.3.1.1 “预防”概念的缺陷

传统的刑罚功利论分为一般预防与特殊预防两大部分。一般预防是指刑罚防止犯罪人以外的其他人实施犯罪，特殊预防是指刑罚防止具体个案的犯罪人再次犯罪。也有学者采用一般威慑、特殊威慑的措辞。[1]

但是，将刑罚对犯罪的作用称为“预防”存在问题，会造成刑事法学概念的混乱。刑罚和预防显然是一对相互排斥的概念，以犯罪是否发生为界进行区分。犯罪发生之前的防止措施称为预防，犯罪发生之后的治理措施称为刑罚。所以有预防则无刑罚，因为犯罪被预防了，犯罪没有发生，因此无须惩罚；有刑罚则无预防，因为犯罪发生了，显然没有预防或者预防失败了。刑罚的科处以犯罪的发生为前提，如果犯罪得到预防，那么刑罚也就无从启动。在这一问题上犯罪学家就对刑法学家提出了批评，认为刑法学家概念不清或者偷换概念。C. Ray Jeffery 就曾指出，犯罪治理对策要想被称为预防的第一个条件就是要发生在犯罪之前而非之后。[2]但是刑法学家也有自己的解释：刑罚预防的乃是再犯。如果这样的话，就必须将刑罚置于“犯罪—刑罚—犯罪—刑罚”的循环之中来考察。刑罚能够“抑制”再犯，这一判断没有问题，但将这种作用描述为“预防”是有问题的，确实有偷换概念的嫌疑。凡事预则立，不预则废，犯罪的发生就是不预，刑罚的作用就是解决不预之后的问题。所以，预防与刑罚是存在内在矛盾的，不宜将“预防”作为描述刑罚功效的下位概念。

4.3.1.2 “抑制”概念的优势

笔者决定采用“抑制”这一概念来统领刑罚功利论的基本内容，来定义刑罚对于犯罪所产生的功效。以此类推，刑罚功利论的下位概念都要做出相应调整，“预防”的概念改为“抑制”，将“特殊预防”改为“个别抑制”，将“一般预防”改为“普遍抑制”。

---

〔1〕 Joshua Dressler, *Cases and Materials on Criminal Law* , 5th ed. , Thomason Reuters, 2009, p. 35.

〔2〕 C. Ray Jeffery, *Crime Prevention Through Environmental Design*, Beverly Hills & London: Sage Publication, 1977, p. 37.

采用“抑制”这一措辞的优势在于：①化解了原有的预防与刑罚概念之间的逻辑冲突。如上文所言，预防与刑罚二者的关系是相互排斥的，因此用预防来定义刑罚的作用是不科学的，而用抑制来定义刑罚的作用则不存在这样的问题。②抑制的措辞也不会与再犯的概念发生冲突。与犯罪有关的要素其作用可以分为两类，一类是诱发犯罪的，另一类是抑制犯罪的（当然如果考虑中立因素的话可以分为三类，此处不赘）。如果诱发作用超过抑制作用，那么犯罪就会发生，但此时抑制犯罪的因素依然存在，只是犯罪诱发因素的作用力更大而已。③抑制较为妥当地定义了刑罚对犯罪所产生的功效。刑罚的功效受到其有效射程的限制，失之狭隘或失之宽泛都不利于正确理解刑罚的作用，也会带来现实刑事司法的弊端。如果我们对刑罚功效的理解不够深入，则会造成刑罚本应当可以发挥的作用没有得到充分体现，从而造成司法资源的浪费。如果我们对刑罚功效寄予过高期望，则会造成刑罚承担无法胜任的职能。以德国著名刑法学家李斯特的名言为例，李斯特曾说“最好的社会政策就是最好的刑事政策”，这句话在思想上是深刻的，揭示了从社会根源上消除犯罪原因才能真正减少犯罪的真理；但是这句话在方法论上确实是缺乏实践意义的，因为刑事政策显然不可能涉及社会运行的方方面面。

日本学者平野龙一是为数不多的采用“抑制”的措辞来论述刑罚功利论的学者之一。他指出，抑制刑论认为国家以其权力给个人施加刑罚这种痛苦，必须仅限于这样做具有防止犯罪之效果的场合。平野指出，抑制刑论与重返社会论之间没有原理上的对立，因为二者均以防止犯罪为目的，只是在抑制一般人犯罪的效果与防止犯罪人再犯罪的效果发生矛盾时，有一个“如何调节”的问题。对受刑者改善更生的原刑，是作为这样的修正或完善的原理存在的。[1]

除此之外，笔者也斟酌了众多的概念来替换“预防”的措辞。①笔者曾采用“再犯预防”。增加“再犯”作为限定词，来明确刑罚的作用是预防再犯。但这种做法同样存在缺陷：一是措辞冗长，不方便写作，也不方便读者阅读和记忆。二是这个措辞依然保留了预防，所以预防与刑罚的逻辑矛盾依然存在。②笔者曾采用“防范”的措辞。理由是：“防”既表达了刑罚抑制犯罪的作用，又未忽略预防与刑罚二者分别作为犯罪之前与犯罪之后的犯罪

---

〔1〕 李海东主编：《日本刑事法学者》（上），法律出版社、成文堂1995年版，第287~288页。

治理方式的区别。而“范”包含了规范的含义，能够强调采用刑罚抑制犯罪的做法必须受到法律规范。但是由于防范本身在词性上更加口语化，因此最终没有采用。笔者还考察了防止、阻止、制止、制约等措辞，但这些措辞的准确性都相对欠缺。

英文领域既有学者采用 prevention，也有学者采用 deterrence，如 Curt T. Griffiths。[1]

笔者不仅将通行的“预防”改为了“抑制”，也将原来的“一般预防”“特殊预防”改为了“普遍”与“个别”，称为“普遍抑制”和“个别抑制”。如此修改的理由在于：此处采用的这一对概念是为了区分刑罚是否针对具体案件。此前针对具体案件以外的社会上的潜在犯罪人使用“一般”，针对具体案件的犯罪人则使用“特殊”。但事实上，一般与特殊所指代的内容并不明确，在没有具体解释的情况下不能明确表达其指代的内容。而相比之下，普遍与个别的措辞则能够较好地反映其指代的内容。

将“预防”的概念改为“抑制”，将“特殊预防”改为“个别抑制”，将“一般预防”改为“普遍抑制”。这种调整不仅使刑罚功利论现有的概念体系更加准确，更重要的是在此基础上还可以对刑罚功利论的理论体系做进一步深化。这种深化能够促进刑罚基本理论的体系自洽，原本与刑罚功利论的内容存在交叉重叠或游离于刑罚功利论之外的内容都被有效地纳入刑罚功利论的体系中来，刑罚基本理论体系的结构也更加清晰。

4.3.1.3 刑罚功利论与刑罚心理效应

刑罚心理效应，是指刑罚对于人的心理所产生的作用。依据不同的分类标准，刑罚心理效应存在不同的分类。按照效果的积极性，刑罚心理效应可以分为正向和负向两个方面，正向心理效应对促使犯罪人认罪悔罪，改邪归正，重新做人有着重要作用，负向心理效应则起相反的作用。按照作用对象的不同，刑罚心理效应可以分为个体效应和群体效应，个别效应一般特指刑罚对于犯罪人的心理效应，而群体效应一般特指刑罚对于犯罪人以外的社会上的其他人群的心理效应。

刑罚心理效应主要包括：

---

[1] Curt T. Griffiths, *Canadian Corrections*, Nelson Education Ltd., 2010, p. 2.

(1) 刑罚的痛苦效应，即罪犯因刑罚加诸其身而产生痛苦体验，包括外在的痛苦与内在的痛苦两类。前者是指由于适用和执行刑罚使罪犯处于刑罚条件下而产生的生理性的痛苦，如居住条件改变、人际关系的变化等；后者是指由于适用和执行刑罚使罪犯处于刑罚条件下而产生的心理性痛苦，如罪犯的自责、自怨、自我否定等不愉快的情绪体验。罪犯产生痛苦感并非刑罚主体的刻意追求而是由刑罚的内在本质所决定的。罪犯的痛苦体验常常是其认罪悔罪的前提条件，也是其改过自新的动力。[1]

(2) 刑罚的宣言效应，即静态刑罚的正心理效应之一。刑罚通过法律条文的形式，向全体公民公开、正式、严肃和权威性地表明国家对于犯罪的强烈否定和严厉谴责的立场和态度，并且昭示了作为犯罪的法律后果、随时可能投入使用的制裁措施的威慑力量，从而使公民明了法律保护什么、禁止什么，明了孰是孰非、孰行孰止，接受刑罚所要求奉行的价值标准和是非标准，自觉沿着刑罚主体所指引的方向生活。刑罚的公开性和稳定性是宣言实现的必要条件。[2]

(3) 刑罚的安定效应，即刑罚的存在及其运动给社会心理以安全感和保障感。从而实现社会心理的平衡和稳定。这是刑法宣言效应和警戒效应实现后的自然结果。[3]

(4) 刑罚的安抚效应，动态刑罚的正心理效应之一。通过刑罚的运动，使罪犯在精神上、物质上付出一定的代价，来“偿还”他所犯下的罪过，以补偿、抚慰、平息、稳定、满足被害人的损失、痛苦、愤怒以及抑恶扬善的伦理要求。安抚效应的实现有利于在被害人心目中树立刑罚公平、正义的形象，建立公民对于法律的信赖和支持，特别是对于法律所具有的保护社会正义的能力的信赖，从而有效保障社会心理的稳定。[4]

从以上概念可以看出，刑罚心理效应与本书刑罚功利论部分所阐述的个别抑制、普遍抑制具有相似性。依据本书的理论体系，“客观个别抑制”是刑罚对于犯罪人的犯罪能力所产生的客观的抑制作用，因此，客观个别抑制与刑罚心理效应并无直接关联。而“主观个别抑制”“普遍抑制”则都与“刑

---

〔1〕 高铭暄等主编：《中华法学大辞典·刑法学卷》，中国检察出版社1996年版，第641页。

〔2〕 高铭暄等主编：《中华法学大辞典·刑法学卷》，中国检察出版社1996年版，第641页。

〔3〕 高铭暄等主编：《中华法学大辞典·刑法学卷》，中国检察出版社1996年版，第640页

〔4〕 高铭暄等主编：《中华法学大辞典·刑法学卷》，中国检察出版社1996年版，第640页

罚心理效应”具有相通性：刑罚的个体心理效应其实就是刑罚对于犯罪人的犯罪意图所产生的抑制作用，就是主观个别抑制；而刑罚群体心理效应就是刑罚对于社会公众中存在的犯罪意图所产生的抑制作用，就是普遍抑制。二者乃是同一事物的不同方面，刑罚心理效应的出发点是“刑罚对心理的作用”，主观个别抑制、普遍抑制的出发点是“刑罚对犯罪的作用”。

4.3.2 个别抑制

个别抑制的对象是具体案件中的具体犯罪人。个别抑制的内容是防止具体案件中具体犯罪人的再犯（再次犯罪）。个别抑制的核心问题是犯罪人的人身危险性，包括主观恶性和犯罪能力。（犯罪能力主要指再犯能力。）西班牙学者 Maria José Falcón y Tella 与 Fernando Falcón y Tella 也指出：“信息首先要传达给犯罪人（而不是社会），否则我们就会坠入康德所警告的误区，即将人作为手段而不是目的。”[1]

个别抑制的作用主要发生在司法阶段。理论上认为个别抑制是指刑罚所产生的抑制作用，在现实中这种抑制作用不需要等到刑罚的执行就已经开始，一旦犯罪人进入刑事司法系统，个别抑制就已经开始产生作用。换句话说，个别抑制在案件的侦查、起诉、审判、执行等阶段都存在。一般而言，刑罚的作用只有在刑罚执行时才会发生，现实中可以将这种刑罚作用在刑罚执行之前已经发生的现象称为刑罚的边际效应。刑罚的边际效应来源于两个方面：一方面，其来源于刑罚的心理暗示，即犯罪人知道自己即将承受刑罚，其自身行为就会做出调试以适应刑罚作用的结果。这种现象在心理试验中更为明显，例如药物试验中告诉被试者服用了特效药物，但实际上被试者服用的仅仅是没有药效的安慰剂，但很多时候被试者的状况同样出现了好转，这便是心理暗示的典型。另一方面，刑事司法体制一经启动就会给犯罪人带来种种现实中的不便，例如逮捕就现实地剥夺了犯罪嫌疑人的自由，因此刑罚不是等到执行才会剥夺犯罪人的权益，实现刑罚的机制一经启动就会对犯罪人的权益产生现实影响，因此刑罚的作用也就随之产生。

个别抑制的实现与刑种有着十分紧密的联系。刑种直接决定了犯罪人被

---

〔1〕 Maria José Falcón y Tella & Fernando Falcón y Tella, *Punishment and Culture*, Leiden, Boston: Martinus Nijhoff Publishers, 2006, p. 60.

剥夺权益承受痛苦的种类、方式等。从方法论的角度看，由于犯罪的种类多种多样，因此刑种也应当多样化。但刑种的问题不仅是一个科学的问题，更是一个政治和伦理的问题，从人类文明的发展进程来看，刑种数量不断减少，这是人道主义的需求，对此需要十分谨慎，本书恕不展开。

个别抑制可以进一步分为“主观个别抑制”与“客观个别抑制”。主观个别抑制是指通过改变犯罪人的主观状况来实现个别抑制，也称矫正论。客观个别抑制是指通过改变犯罪人的客观状况来实现个别抑制，也称剥夺论。

4.3.2.1　主观个别抑制

主观个别抑制通过改变犯罪人的主观状况来抑制犯罪人再次犯罪。主观个别抑制分为“正向主观个别抑制”与“反向主观个别抑制”。这种分类方法在爱弥尔·涂尔干的著作中已经得到体现，他在《道德教育》（*Moral Education*）〔1〕一书中就已经将刑罚分为消极制裁和积极制裁。而这套理论体系的发扬光大则应当归功于心理学中桑代克〔2〕与斯金纳〔3〕所建立的操作性条件

〔1〕［法］爱弥尔·涂尔干：《道德教育》，陈光金等译，上海人民出版社2006年版。

〔2〕桑代克（Thorndike, Edward Lee, 1874—1949）：美国心理学家，动物心理实验首创者，教育心理学体系和联结主义心理学的创始人。他认为动物的学习是在情景刺激与反应之间形成联结，学习只是联结的形成和巩固。他把这种联结看作是行为的基本单元。反应联结有先天和习得两类，前者主要是本能，后者主要是习惯。他根据动物学习实验，提出两条学习定律，即练习律（包括使用律和不用律两条附律）和效果律。前者指刺激与反应之间的联结，因使用而加强，因不用而减弱。后者指刺激与反应之间的联结，因导致满意的结果而加强，因导致烦恼的结果而减弱。20世纪30年代后，他研究了人类的学习，对这些学习定律进行修改和补充，提出了相属原则，即前后关系相属的容易造成联结，不相属的不容易造成联结。1901年与R. S. 武德沃斯共同研究了学习迁移问题，在此基础上提出了“相同元素说”，认为只是当两种机能有了相同的元素时，这一机能的变化才使另一机能也有变化。第二机能的变化在分量上等于与它的第一种机能所共有的元素的变化。他还设计过很多心理测验（如教育测验），被称为当时美国教育测验运动的领袖之一。主要著作有《心理学纲要》《动物的智慧》《教育心理学（3卷本）》《成人的学习》《人类的学习》《学习要义》《人类与社会秩序》等。参见朱智贤主编：《心理学大词典》，北京师范大学出版社1989年版，第548页。

〔3〕斯金纳（Skinner, Burrhus Frederick, 1904—）：美国当代心理学家，新行为主义心理学的主要代表人物之一。在学位论文《行为描述中的反射概念》中，对反射做出了一种操作性分析。他站在操作主义立场上开始对行为进行科学研究。揭示出动物的操作反应与学习的安排之间的许多规律性问题。20世纪50年代前后，他开始尝试把研究的结论及行为主义的哲学观点应用到人类生活的各个方面。在教学实践方面，他根据操作条件作用的典型环境“斯金纳箱”的原理创造了“教学机”，并设计出“程序教学”的完整方案，大大促进了美国机器教学运动的发展，引起许多国家的注意。在行为矫治方面，他发展出一整套行为矫正技术，普遍应用于各种社会机构，特别是学校、精神病院和弱智儿童教养所的矫治工作。1958年美国心理学会授予他卓越贡献奖。1968年美国政府给予他最高科学奖

反射作用[1]。关于正向强化（Positive Reinforcement）与反向强化（Negative Reinforcement）的分类正是来源这一技术。简而言之，这一技术就是对我们希望的行为予以奖励，对不希望的行为予以惩罚[2]。而从事实上看，主观个别抑制（矫正）的内容本身就是对这种心理学技术的一种运用，只是对于犯罪人及犯罪行为的矫正而言，其内容更为复杂而已。霍贝尔指出："绝大多数规范都是以一定的奖赏和惩罚为手段的。"[3]作为刑法学先驱的贝卡里亚很早就意识到了这一点："对人类心灵发生较大影响的不是刑罚的强烈性，而是刑罚的延续性。因为最容易和最持久地触动我们感觉的，与其说是一种强烈而暂时的运动，不如说是一种细小而反复的印象。"[4]显然贝卡里亚这一表述就是心理学家所称的"强化"过程，只不过他并没有采用心理学家那么专业和精准的概念。

这里采用的概念与严格心理学的概念存在一点区别。斯金纳提出的强化理论分为两种类型：正强化和负强化。斯金纳认为：人或动物为了达到某种目

励——国家科学奖章。1971 年美国心理学基金会赠给他一枚金质奖章。主要著作有《有机体的行为》《科学和人类行为》《言语行为》《教学技术》《关于行为主义》。小说《沃尔登第二》及论著《超越自由和尊严》曾在美国激起巨大反响和争议。参见朱智贤主编：《心理学大词典》，北京师范大学出版社 1989 年版，第 638~639 页。

〔1〕 操作条件作用（Operant Conditioning）：美国心理学家 B. F. 斯金纳发现的一种与经典条件作用不同的动物学习方式。其特点是，用奖励性的手段强化动物的某种反应行为，使其出现率增加。实验如下：把实验动物大白鼠放入斯金纳试验箱中，箱内安装一根杠杆，动物按此杆就能得到食物的强化。刚开始时，动物在实验箱中盲目地活动，偶尔有几次脚踩在杠杆上得到强化物，此后大白鼠在杠杆周围活动的时间明显增加，获得食物粒的次数也增多，最后大白鼠学会了按杠杆得到食物粒。上述学习过程是学会一种操作的过程，因而被称为操作条件作用。它是动物在某种刺激下出现的行为，能得到强化（如食物奖励）的行为被保留下来。这被认为是行为改变的通则。参见朱智贤主编：《心理学大词典》，北京师范大学出版社 1989 年版，第 50 页。

〔2〕 惩罚：在某种行为发生后给予一定的具有减弱某种行为倾向的刺激。行为主义者认为，它是对个体施予心理或生理的不愉快的刺激，从而减低或遏制不良行为的出现。若能适当地应用，它可抑阻较为特殊的不良反应，收到一定的预期效果。但必须指出：①它并不能消灭反应或使反应不再存在，而只是使某种行为减少或延缓发生；②它只是消极地限制某些行为，而未能向人们指出适合该情境的正确行为；③惩罚时的那种攻击性态度会给被惩罚者提供不好的示范，容易引起被惩罚者情绪上的变化，如畏惧、紧张和退缩等；④惩罚是一种挫折的来源，将会引发其他不适应行为的出现。所以人们在使用惩罚时应特别谨慎小心。参见朱智贤主编：《心理学大词典》，北京师范大学出版社 1989 年版，第 70 页。

〔3〕 [美] 霍贝尔：《原始人的法：法律的动态比较研究》，严存生等译，法律出版社 2006 年版，第 14 页。（原著第 16 页。）

〔4〕 [意] 切萨雷·贝卡里亚：《论犯罪与刑罚》，黄风译，北京大学出版社 2008 年版，第 7 页。

的，会采取一定的行为作用于环境，当这种行为的后果对他有利时，这种行为就会在以后重复出现；不利时，这种行为就减弱或消失。人们可以用这种正强化或负强化的办法来影响行为的后果，从而修正其行为。后续有学者对概念进行了调整，其区分了奖励和惩罚，对于正确的行为，增加奖励称为正强化，减少抑制称为负强化；对于错误的行为，增加惩罚称为正抑制，减少奖励称为负抑制。这与斯金纳最初的概念使用存在一定区别，需要读者注意。

心理学与刑罚学在概念上的具体关系是：整体上，刑罚对于犯罪所产生的作用称为抑制，因此刑罚学上的“抑制”对应心理学上的“惩罚”。而刑罚学上的“正向抑制”概念是指对守法的强化，而对守法的强化换个角度来看就是对犯罪的抑制，由于刑罚对于犯罪的作用被定义为抑制，因此只能将其称为正向抑制，其概念在心理学上应该对应的乃是正向强化。而刑罚学上的“反向抑制”中的反向乃是指对犯罪的惩罚，对应的心理学上的概念应当是“正向惩罚”。造成这种差别的原因在于不同学科出发点不同，因此概念体系的逻辑分类也不同。心理学的研究对象是所有人类行为，这些行为可以分为两大类，好的行为与坏的行为，因此其操作机制就可以分为强化和惩罚，强化好的，惩罚坏的；而刑事法律科学的研究主体是犯罪行为，而犯罪行为仅仅是坏的行为。由于刑罚学将刑罚对犯罪的作用定义为“抑制”，而刑罚学的“抑制”相当于心理学的“惩罚”，因此心理学的“强化”在刑罚学中就不需要了，而刑罚制度中有一部分制度具有强化守法行为的作用，对这些作用进行定义又必须以“刑罚抑制犯罪”的定义为出发点，因此只能将这些作用称为正向抑制。

与主观个别抑制相关的概念包括改造（reform）、矫正（corrections）、康复（rehabilitation）等。其中康复更接近正向主观个别抑制，更强调人道化；改造与矫正更接近反向主观个别抑制，更强调其权威性和强制性，而中国更多采用改造的概念，如《中华人民共和国监狱法》第 1 条指出“惩罚和改造罪犯”，其第五章还专门设定了“对罪犯的教育改造”。而在国外则更多采用矫正的概念，西方国家的监狱系统也往往被称为矫正机构。矫正在《中华法学大辞典·刑法学卷》中的解释是：对病癖性的违法者所采取的强制性断案措施。矫正的对象一般是过饮癖者、泥醉者以及麻醉品的惯用者，有的国家把性道德堕落的妇女也列入矫正的对象。矫正的目的是未来使这些病癖性的违法者戒除恶习，培养他们适应社会正常生活的能力，复归社会。矫正措施一般由矫正院、妇女矫正院实施。[1]不同概念之间也存在同时使用的情况，从而明确其方法属性所处的地位，如“康复的矫正模式”（correctional model of rehabilitation）就是将康复作为上位概念，而将矫正作为其中模式的一种。[2]

主观个别抑制也即刑罚对于犯罪人的教育功能。A. C. Ewing 从道德教化的角度论证了刑罚的教育功能。[3] Ewing 的理论可以为道义报应和主观个别抑制的结合提供非常贴切的说明。（详见结论部分）Hampton 十分直白地指出：“刑罚的教育功能在于杜绝人们犯罪，但这并不仅是因为他们认为犯罪是错误的。他们不犯罪是因为他们害怕如果犯罪将会受到以刑罚形式出现的报复。”[4]需要注意，这里的教育同样是奖励与惩罚相结合的概念。

主观个别抑制可以分为正向主观个别抑制和反向主观个别抑制：

1. 正向主观个别抑制。正向主观个别抑制是指采用积极正向的强化方法对行为进行矫正。积极正向强化的内容是对正确的行为进行奖励，该奖励具有心理学意义，不仅包括传统意义的奖励，还包括所有能让人感到愉悦的方式。通过这种奖励，促进行为人实施正确行为。正向主观个别抑制的目的是通过以上积极正向的强化过程，促进犯罪人学习遵纪守法的行为模式。正向主观个别抑制的形式包括行为矫正、心理治疗等。

与正向主观个别抑制有关的概念包括矫正（corrections）、处遇（treatment）、康复（rehabilitation）、再社会化（resocialisation）。从概念上看，再社会化的社会学意义更强，而矫正、处遇和康复的心理学、行为学意义更强。而在矫正、处遇、康复者三者之间，矫正更强调权威性和强制性，处遇和康复更强调人道化。康复又比处遇更加强调犯罪人的权益保护，这是因为处遇也可以译为治疗，在这种语境下，犯罪人是治疗的对象，处于被动地位，而在康复的语境下，犯罪人是康复的主体，处于主动地位。美国在 20 世纪 80 年代之前更多地使用处遇（treatment），这是受到当时刑事司法中医疗思想的影响。欧洲尤其是大陆法系国家更多地使用再社会化的概念。而在目前西方国家通

---

〔1〕 高铭暄等主编：《中华法学大辞典·刑法学卷》，中国检察出版社 1996 年版，第 344 页。

〔2〕 P. Raynor and G. Robinson, *Rehabilitation, Crime and Justice*, Basingstoke: Macmillan, 2005.

〔3〕 A. C. Ewing, *The Morality of Punishment: With Some Suggestions for a General Theory of Ethics*, London: Kegan Paul, Trench, Trubner & Co., Ltd., 1929.

〔4〕 Jean Hampton, “The Moral Education Theory of Punishment”, *Philosophy & Public Affairs*, 1984, vol. 13, issue. 3, pp. 208-238. Jean Hampton, “Correcting Harms versus Righting Wrongs: the Goal of Retribution”, in *UCLA Law Review*, 1992, vol. 39, pp. 201-244.

行的概念则是康复。康复是指："向犯罪人逐渐传递恰当的观念和态度，帮助其建立对于自身和制度的尊重，为其提供方法从而走向建设性的生活。"[1]康复概念是刑罚作用中最为温和的一种。美国学者Edward Rubin指出，"康复乃是不可避免的。"[2]英格兰和威尔士将康复作为量刑的五大法定目标之一[3]，加拿大[4]、新西兰[5]也都将康复作为法定量刑目的之一。澳大利亚学者Trotter指出，澳洲缓刑实践中采用了一种被称为"亲社会塑造"（pro-social modeling）的概念，其内容就是对亲社会的态度和行为进行奖励。[6]显然这种实践非常典型地体现了正向主观个别抑制的内容，即强化遵纪守法行为。

正向主观个别抑制具有很强的人道主义色彩，在当代具有很强的号召力。其身影在教育刑、社区矫正、少年司法等理论与实践中都频频出现，或者我们可以说，教育刑、社区矫正、少年司法等理论与实践归根到底的抽象概念便是正向主观个别抑制。正向主观个别抑制深层的背后蕴含了对于犯罪问题的政治反思，即容易犯罪的人都属于在社会经济状况方面处于劣势的人群，因此政府需要对公民犯罪承担部分责任，所以政府也就有义务为这些犯罪的公民提供相应的服务来帮助其回归遵纪守法的生活。

这里需要注意，这些矫正、康复与正向主观个别抑制的概念只是基本吻合，而非完全吻合。每个项目本身都是一个各种矫正康复措施的综合，其中既包括正向也包括反向，还包括其他措施，如认知行为疗法。但与传统刑罚相比，这些项目更倾向于正向主观个别抑制，其正向引导的因素更强。

正向主观个别抑制的效果如何是一个充满争议的话题。

总体上看，在所有条件得到满足的情况下，矫正项目可以取得积极的效果。西方在该领域进行的计划和项目数量数不胜数，较为著名的研究是针对这些项目计划所开展的5项荟萃分析（meta-analysis）。其中，James McGuire对1985—2001年间发表的共30项研究进行了荟萃分析，其结论认为尽管处遇的影响可以从多个方面进行定义，但总体上看是有效的，但各种处遇或干预

[1] Charles Torcia, *Wharton's Criminal Law*, Clark Boardman Callaghan, 1989, p. 18.

[2] Edward L. Rubin, "The Inevitability of Rehabilitation", in *Law & Inequality*, 2001, vol. 19, p. 344.

[3] Criminal Justice Act 2003, s 142 (1) (b).（英国2003年《刑事司法法案》第142条第1款c项）。

[4] Canadian Criminal Code, s 718.（加拿大《刑法》第718条）。

[5] Sentencing Act 2002 (NZ), s 7.（新西兰2002年《量刑法案》第7条）。

[6] C. Trotter, *The Supervision of Offenders—What Works?* 1993.

措施的总体效果处于中等水平，再次定罪率可以下降9%~10%。[1]另一项关于康复的荟萃分析指出："现有的100多项评估显示，康复项目能够使再犯率下降10%。"[2]

项目的成果如何与测量方法有着重要联系。例如，2001年提交给英国政府的Halliday报告中认为认知行为项目可以减少5%~15%的再犯率。[3]不过Anthony Bottoms对这一研究进行了批判，他认为该研究的结论是十分粗心大意的。这些计划在小规模的实验中要比在大规模实验中更好，换句话说，努力的工作人员和严格的项目控制促使小规模的项目取得成功，而当这些项目在全国范围（如英格兰和威尔士）进行推广的时候，其效果就会大打折扣。该报告的制定者一方面没有意识到这些计划在当时只适用于小部分缓刑犯和监狱服刑人员，所以报告结论被夸大了；另一方面报告仅对犯罪行为项目进行了关注，而忽略了其他项目，所以报告结论也被缩小了。总而言之现有的证据认为这些项目的效果比Halliday报告预期的要好，但又没有其预计的那么乐观。[4]也有学者认为对于康复的测量不应局限于再犯率，如果再犯频率或再犯严重程度有所降低，也可以认为是康复的积极效果。[5]

研究表明，示范项目的效果往往要比现实项目要好。示范项目是指特定的实验项目，而研究所关注的往往都是这些项目；现实项目乃是官方通过落实特定规程所实行的项目。M. Lipsey自己也指出那些以示范项目为基础的推广项目其效果显然要低于示范项目本身。[6]Lipsey针对205个示范项目和196个现实项目进行了对比，发现现实项目的效果仅为示范项目的一半，57%的

〔1〕 James McGuire, "Integrating Findings from Research Reviews", in James McGuire ed., *Offender Rehabilitation and Treatment*, Wiley & Sons Ltd., 2002, p. 3.

〔2〕 Francis T. Cullen & Shannan A. Santana, "Rehabilitation", in *Encyclopedia of Crime & Justice*, Joshua Dressler ed., Macmillan Reference USA, The Gale Group, 2002.

〔3〕 Home Office, *Making Punishments Work: Report of a review of the sentencing framework for England and Wales*, London: Home Office, 2001, para 1.49.

〔4〕 Andrew von Hirsch, Andrew Aashworth and Julian Roberts, *Principled Sentencin*, third edition, Oxford and Portland: Hart Publishing, 2009, pp. 16-17.

〔5〕 Andrew von Hirsch, Andrew Aashworth and Julian Roberts, *Principled Sentencin*, third edition, Oxford and Portland: Hart Publishing, 2009, p. 4.

〔6〕 M. Lipsey, "Can Rehabilitative Programs Reduce the Recidivism of Juvenile Offenders? An Enquiry into the Effectiveness of Practical Programs", in *Virginia Jounal of Social Policy and the Law*, 1992, vol. 6, p. 611.

现实项目没有取得令人满意的效果。[1]

项目成功的关键在于实施。示范项目效果优于普通项目的关键就在于示范项目所获得的资源更加充足，各项措施也能得到更好的贯彻落实。Gendreau 指出项目的实施是项目成功的关键，而人们似乎忘记了这一点。[2] Raynor 和 Vanstone 则指出了部分成功项目中的具体内容，如热情奉献的工作人员、对未来充满好奇的文化传统、鼓励员工对原则和做法进行公开辩论的管理模式，等等。而即使是最为乐观的项目管理者也无法声称这些因素在当前都是存在的。[3] Lipton 的元分析包含了 68 项研究，其结论认为当干预只集中于那些有效措施时，效果维度会进一步上升，可以达到 13%。[4] James McGuire 的后续研究指出如果要成功复制康复项目，原计划的各种实施要求都要得到满足。[5] 各种研究促使官方也加强现实中的项目管理，英国成立了“矫正服务认证小组”（Correctional Services Accreditation Panel）来对英格兰和威尔士的各种矫正项目进行认证。

以上两点是值得中国司法实践关注的。中国的社区矫正开展经历了初步试点、推广试点、全面试点三个阶段，示范试点项目的效果很有可能比较好，但在全面推广之后，必须注意其效果很可能存在一定程度的降低。因此要注意对该领域的跟踪监督，保证各个地区项目实施的专业技术支持和人力物力保障。

相关工作人员的专业技术在正向主观个别抑制中也起到重要作用。Dowden 和 Andrews 的研究对工作人员专业技术和康复效果之间的关系进行了元分析，他们将工作人员的专业技术称为“核心矫正技能”（core correctional practices），其内容包括：有效利用权威、合理的塑造和强化、运用解决问题思路、富有

---

〔1〕 M. Lipsey, “Can Rehabilitative Programs Reduce the Recidivism of Juvenile Offenders? An Enquiry into the Effectiveness of Practical Programs”, in *Virginia Journal of Social Policy & Law*, 1999, vol. 6, p. 611.

〔2〕 P. Gendreau et al., “The Forgotten Issue in Effective Correctional Treatment Program Implementation”, in *International Journal of Offender Therapy and Comparative Criminology*, 1999, vol. 43, p. 180.

〔3〕 P. Raynor and M. Vanstone, “Straight Thinking on Probation: Evidence-based Practice and the Culture of Curiosity”, in G. Bernfeld, D. Farrington and A. Leschied eds., *Offender Rehabilitation in Practice*, John Wiley, 2001.

〔4〕 D. Lipton et al., “The Effectiveness of Cognitive-Behavioural Treatment Methods on Offender Recidivism”, in J. McGuire ed., *Offender Rehabilitation and Treatment*, Wiley & Sons Ltd., 2002, p. 79.

〔5〕 James McGuire eds., *What Works: Reducing Reoffending*, Chichester: Wiley, 1995; James McGuire, “Integrating Findings from Research Reviews”, in James McGuire ed., *Offender Rehabilitation and Treatment: Effective Programmes and Policies to Reduce Re-offending*, Chichester: Wiley, 2002.

同情心、开放热情且具有建设性。令人遗憾的是，“这些技能在本次元分析中很难找到。”[1]

2. 反向主观个别抑制。反向主观个别抑制是指采用消极反向强化的方法对行为进行矫正，即最为狭义的惩罚。消极反向强化的内容是对错误的行为进行惩罚，该惩罚具有心理学意义，其内容不仅包括传统意义的惩罚，还包括所有能让人的身心感到痛苦的方式。通过这种惩罚，避免行为人实施错误行为。反向主观个别抑制的目的是通过以上消极反向的强化过程，促进犯罪人远离违法犯罪的行为模式。反向主观个别抑制也可以被称为个别威慑。反向主观个别抑制的作用在所有种类的刑罚中都能够得到体现，因为所有的刑罚都是对犯罪人的一种恶害，都会让犯罪人的身心感受到痛苦。

反向主观个别抑制的理论地位十分重要：第一，它是整个刑事法学体系的理论支点，否则整个刑法学的理论将无法立足。第二，它是整个刑事司法体制的逻辑起点，否则整个刑事司法制度将无从入手。第三，它是整个刑罚学的核心和关键，它构建起刑罚功利论与刑罚报应论相互沟通的桥梁。反向主观个别抑制乃是刑法的灵魂所在。

（1）反向主观个别抑制的对象分析。心理学实验的对象往往是鸽子、小白鼠等小动物，而刑罚的作用对象则是人。与动物相比，人最大的特点便是具有理性，这种理性促使人类能够进行自主思考，具有主观能动性。人的理性特点在反向主观个别抑制上具有正反两方面的意义。从其实现来看，因为人类具有理性，所以可以对规则作出回应，因此刑罚可能并不需要现实发生就可以产生其预期效果，即法律只要宣告某种行为属于犯罪而禁止人们实行，大部分人就会选择不去实行这种行为（普遍抑制）。但另一方面，这就意味着对于人的行为塑造不可能像驯服动物那样容易，即使在一定时空范围内能够让个体保持所需要的行为模式，但并不意味着个体的思想和意志就接受这种行为模式。中外历史的暴政不但没有驯服人民，反而激起人民的反抗，这就是历史最坚实的证据。

（2）反向主观个别抑制的强化物分析。反向主观个别抑制就是心理学上

---

[1] C. Dowden and D. Andrews, “The Importance of Staff Practice in Delivering Effective Correctional Treatment: A Meta-Analysis”, in *International Journal of Offender Therapy and Comparative Criminology*, 2004, vol. 48, p. 203.

的惩罚，就是剥夺权益、施加恶害。那么剥夺什么样的权益、施加什么样惩罚能够更有效地抑制犯罪行为呢？这个问题其实就是刑种的创制问题。它一方面关系到刑罚功利论的问题，另一方面也关系到刑罚权的问题。

从施加痛苦的角度来看，疼痛乃是心理学上是十分有效的抑制方式。贝卡里亚曾提到“需要由易感触的力量（motivi sensibility）来阻止个人专横的心灵，把社会的法律重新沦入古时的混乱之中。这种易感触的力量，就是对初犯法律者所规定的刑罚。我之所以称它为易感触的力量，是因为经验表明：如果所采用的力量不直接触及感官，又不经常现于头脑之中以抗衡违反普遍利益的强烈私欲，那么，群众就接受不了稳定的品行准则，也背弃不了物质和精神世界所共有的涣散原则。任何雄辩，任何说教，任何不那么卓越的真理，都不足以长久地约束活生生的物质刺激所激发的欲望。”[1]贝氏的概念与现代心理学存在差别，但其观点却是十分精准的。

不过，肉体痛苦会引发法律和政治上的极大争议。因为这一原理在刑罚上的运用意味着恢复肉刑。而人类文明的发展进程所走的乃是一条逐步限制和废止肉刑的道路，所以恢复肉刑无异于在开历史的倒车。当然，这一问题虽然十分敏感，但也不能因为其敏感而将其列为学术讨论的禁区。现代民主国家如新加坡至今仍保留有鞭刑，而父母管教子女的最严厉的方法也无非就是“打屁股”。从某种程度上看，单纯造成疼痛而不造成组织损伤的刑罚其实是可以考虑的。

在现代刑罚体制下，有研究认为增加“惩罚力”的最好办法是对监狱条件进行微调而引起痛苦（与人的尊严相一致，如社会道德感要求），是在更加有尊严、更短但更痛苦的一个阶段进行，或采用非监禁的其他办法，这些办法的优点是费用较低。例如，如果监狱生活的不可预见性是令人讨厌的，那么故意增加不确定性同时缩短监禁期是可能做到的。对于不那么严重的犯罪，已经有一些办法可以替代监禁刑，人们所理解的惩罚力会和短期监禁的惩罚力相同。[2]

---

〔1〕［意］切萨雷·贝卡里亚：《论犯罪与刑罚》，黄风译，北京大学出版社 2008 年版，第 7 页。

〔2〕 George Gescheider Edgar Catlin and Anne Fontana, “Psychophysical Measurement of the Judged Seriousness of Crimes and Severity of Punishment”, in *Bulletin of the Psychonomic Society*, 1982, vol. 19, pp. 275-285. See also Robert Harlow, John M. Darley and Paul H. Robinson, “Psychophysical Scaling Approach for Obtaining Community Perceptions”, in *Journal of Quantitative Criminology*, 1995, vol. 11, pp. 71-95.

（3）反向主观个别抑制的强度分析。反向主观个别抑制的强度即刑罚的严厉程度，在自由刑上主要表现为服刑期限，此外还包括其他方面的限制；在财产刑上主要表现为金额的大小。郑莉芳指出："只有使刑罚心理效应能够有效扼制住犯罪心理的扩张性，才能控制行为人的犯罪意图不必然转化为犯罪动机。"〔1〕袁彬指出："新行为主义心理学者赫尔在说明行为的动力机制时提出过两个概念：一个是反应势能；另一个是反应阈限。反应势能是指个体在一定刺激作用之下可能产生某种反应倾向的能量，其作用在于驱动个体在一定方向上的行动。反应阈限是指恰能引发某种反应的临界状态。如反应势能在反应阈限以上时，反应就会发生。刑罚作为一种刺激作用于罪犯必能产生一定的反应势能，要使这种反应势能达到改变罪犯行为的效果，其能量必须在反应阈限之上。这就意味着刑罚必须要具有一定的强度。"〔2〕

这其实是从一正一反两个方面对刑罚的抑制效果进行的阐述。前者从主观方面强调刑罚的强度需要达到抑制犯罪意图的程度，后者从客观方面强调刑罚的强度需要达到改变罪犯行为的程度。简而言之，前者的目标是让你想都不敢想，后者的目标是让你动都不敢动。

（4）反向主观个别抑制的延迟时间分析。所谓刑罚及时性，其本质就是反向主观个别抑制作用的延迟时间问题。心理学研究的结论认为操作性条件作用的延迟时间越长，对于形成操作性条件作用的效果越差。换句话说，条件作用必须及时实现，这样才能实现生命有机体对于条件作用与本能行为之间的连接。刑法学者也都对此做出了相同的判断。日本学者森武夫就指出："惩罚最好是在每次行为后即进行。"〔3〕这其实就是上述心理学原理在刑事法学上的体现。

反向主观个别抑制乃是刑罚学的最大软肋。反向主观个别抑制遵循的乃是心理学上操作性条件作用理论的基本原理。但刑罚反向主观个别抑制作用与操作性条件作用在时间上存在数量级别差异。相比而言，反向主观个别抑制的时间精度以日、月、年为计量单位，是宏观的；而心理学上操作性条件反射的时间精度以秒、毫秒为计量单位，是微观的。二者处于完全不同数量

〔1〕 郑莉芳：《犯罪与刑罚的心理对抗——兼谈刑罚配置的改革路径》，载《西南民族大学学报（人文社科版）》2007年第10期，第114页。

〔2〕 袁彬：《刑法的一种心理学分析》，载《中国刑事法杂志》2005年第2期，第13页。

〔3〕［日］森武夫：《犯罪心理学》，邵道生等译，知识出版社1982年版，第182页。

级，心理学中操作性条件作用的刺激时间间隔的紧密联系是刑事司法体制所无法实现的。而一旦延迟时间增加，建立稳固心理联结机制的效果就会大打折扣，犯罪人未必会觉得一旦犯罪就会受到惩罚；其延迟期间会受到多重因素的干扰，从而弱化其作用效果，犯罪人会有逃避刑罚的侥幸心理。

当然我们也可以认为，刑罚的反向主观个别抑制不必按照心理学的时间精度进行作用，只要案件在规定的办理时限得到处理，刑罚的反向主观个别抑制就能有效实现，那么我们也将面临第二个问题，即现实中的刑事司法体制效率低下。现代刑事司法体制缺乏效率的原因在于两个方面：①现行的犯罪治理系统以刑事司法为中心，刑事司法以刑事诉讼为中心，刑事诉讼以审判为中心，审判以证据规则为中心。整个犯罪治理系统是犯罪后才启动的，而这一切过程乃是一个回溯性的过程，在时间上是逆向的，因此不可避免会浪费时间。②治理犯罪问题的基本矛盾是犯罪人与社会的矛盾，但一旦进入法律的范畴，其基本矛盾就变成了公权与私权的矛盾，其主要内容是如何对国家权力的行使进行规范和限制。这种情况就会大大制约刑事司法体制的工作效率。

反向主观个别抑制本质就是心理学上的惩罚，但它却无法满足心理学上操作性条件作用实现的必要条件，这其实就是反向主观个别抑制的作用在现实中不甚理想的根本原因。

（5）反向主观个别抑制的过程分析。刑罚的反向主观个别抑制作用其实就是操作性条件作用的宏观应用，但它却无法满足操作性条件作用的过程条件——不断重复刺激。如果按照心理学中操作性条件作用的理论模型是：犯错—惩罚、犯错—惩罚，如此重复，从而降低错误行为的出现概率。依照这一原理，反向主观个别抑制的作用机理必须满足“犯罪—刑罚、犯罪—刑罚”这一不断重复的过程，才能降低犯罪出现的概率。问题就在于刑事司法的过程是不可能如此重复的，如果重复了，恰恰证明抑制失败了，因为犯罪人如果经过刑事司法机关的若干次处理，那么就是“惯犯”“累犯”，其再犯率只会增加，不会减少。Robinson 和 Darley 以美国的“三振出局”规则为例，指出刑事司法体制的规则本身已经默认了反向主观个别抑制的失败，从而拒绝再次进行强化的必要，后续重刑裁量完全是出于客观个别抑制（剥夺犯罪能力）的需要。

是否可以转换为另一种思维，以整个社会作为刑罚的对象呢？就像刑罚作用于个人时也是作用于个人的某一方面，如肉刑是针对人的某一部位，罚金则针对人的财产，那么刑罚作用于社会，也不是作用于社会的所有人，而是作用于社会中的某一部分，即犯罪人。在这种情况下，刑事司法勉强能够符合心理学的操作性条件反射作用的模型，即社会出现犯罪—刑罚、社会出现犯罪—刑罚，如此重复，从而降低社会出现犯罪的概率。这与前文相关研究似乎也能实现一致，如法经济学的研究证明刑罚能够减少犯罪〔1〕，关于利他惩罚的计算机模拟实验也都证明刑罚确实减少了社会中的犯罪并有利于社会的发展和人类进化。〔2〕但问题在于，操作性条件作用的对象是单个生命有机体，而社会并不是单个生命有机体，而是多个生命有机体的集合。尽管从社会科学的角度出发，我们会认为社会也是一个高度整合的有机体，但社会并不是单个的生命有机体，它的各个系统之间的相互作用显然不及单个生命有机体各系统之间的相互作用那么紧密，而这种紧密程度也恰恰是条件反射作用的生理基础。

是否可以再转换思维，即加大刑罚的扩张效应，使其不再局限于个人，而是能够扩展到社会的相关系统，但这显然违背了刑罚进化的基本路线和人类文明发展的基本方向。古代的“连坐”“族刑”所体现就是这种刑罚的扩张效应，但显然其反人类性更加显而易见。惩罚个人乃是有选择性地惩罚社会，这样的观点是符号象征主义的（sybolism），其作用机制也就变成了司法的、个案的、具体普遍抑制（威慑）的。

由此可见，上述两种转换思维以社会作为刑罚对象的理解已经超出了反向主观个别抑制针对具体案件具体犯罪人的限定，从而进入了普遍抑制的范畴，详见下文“4.3.3 普遍抑制”。

（6）反向主观个别抑制与剥夺的相对性。刑罚不仅涉及客观的权益剥夺，在主观上也涉及犯罪人对于刑罚的主观感受。因为同样的刑罚，对不同人群所产生的效果是不一样的。同样的罚金，对富人的伤害就比对穷人的伤害小。同样的监禁，对收入高的人就比对收入低的人的伤害大。如果不考虑剥夺的

〔1〕［美］加里·S. 贝克尔：《人类行为的经济分析》，王业宇、陈琪译，格致出版社、上海三联书店、上海人民出版社 2008 年版，第 73 页。原文参见 Gary Becker，“Crime and Punishment an Economic Approach”，in *Journal of Political Economy*，1968，vol. 76，issue. 2，p. 184.

〔2〕 Samuel Bowles & Herbert Gintis，“The evolution of strong reciprocity：cooperation in heterogeneous populations”，in *Theoretical Population Biology*，2004，vol. 65，pp. 17-28.

相对性，反向主观个别抑制的效果可能就会受到影响。如果考虑相对剥夺，那么反向主观个别抑制就有可能导致法律适用的不平等。

3. 主观个别抑制的内部关系。正反两种主观个别抑制之间既存在矛盾，又可以积极互动。

（1）正反主观个别抑制的矛盾。正向主观个别抑制和反向主观个别抑制之间存在一定程度的矛盾。正向主观个别抑制更加强调康复、教育、再社会化的理念，强调犯罪人重新回归社会。反向主观个别抑制更加强调惩罚、训诫，强调犯罪人不再实施犯罪。由于反向主观个别抑制具有标签效应，一方面“罪犯”标签会对犯罪人自身产生负面的心理暗示，另一方面“罪犯”标签会促使社会群体对犯罪人产生排斥的情绪，这两种情况都不利于犯罪人的再社会化。如果社会的排斥情绪过于强烈使得犯罪人再社会化的进程受到阻碍，犯罪人就有可能被再度边缘化，从而走上重新犯罪的道路。另一方面，即使犯罪人没有再犯，这种标签效应所具有的边际效应也会伴随其终身，这对犯罪人的人生也是一个巨大负担。

（2）正反主观个别抑制的互动。现实刑事司法、刑罚或者其他制裁措施并不单纯表现为一种形式，而可能同时包含正向和反向两种作用在内。例如，对犯罪人科处社区服务，这种处理就同时包含了反向和正向的作用在内。其反向的作用表现为犯罪人的社区服务是一种劳务的剥夺，而且是强制性的。其正向的方面在于犯罪人通过对社区进行服务，从而加强其自身与社区、群体的联系，从而促使其成功实现再社会化。

（3）主观个别抑制的弱化。人在成长过程中所接受的所有教育几乎都属于正向主观个别抑制，我们也不否认教育对于部分犯罪具有抑制作用，但我们必须明白，教育的这种行为塑造都是在学校环境中进行的。在行为塑造上，学校与监狱具有极为相似的特征——二者都是特殊设置的、经过强化的、专门为了塑造行为所设立的。二者的最大差别就在于学校采用积极的方法多一些，而监狱采用消极的方法多一些，学校更加强调鼓励，监狱更加强调处罚（最起码在理论上应该是这样）。由此可见，在行为塑造上，学校和监狱面临同样的问题，那就是一旦离开封闭的环境，一旦进入社会，原有的行为塑造机制就不存在了，而在这套机制中形成的行为模式也势必会在新的机制中做出适应和调整，原有的守法行为模式是否能够保持则成为未知。

现实社会的日常生活所存在的正向主观个别抑制的机制主要来自两个方

面：政治与宗教。这里的政治是指个人所受到的各种行政管理。由于政治的显规则与潜规则并存，因此很难说政治所产生的行为强化就是正向的，而且很多时候这种行为强化恰恰是反向的。阿谀奉承、请客送礼、行贿受贿等都与道德法律背道而驰，但在现实中则有可能大行其道。一般情况下，宗教的作用应当是有利于正向主观个别抑制的。而令人感到困惑的是，意大利的黑手党往往都是虔诚的天主教徒，港台地区的黑社会都拜关二爷，由此可见在某些时期某些地区，即使是宗教的行为模式也并非都是正向的。简而言之，正向主观个别抑制的弱化就是导致众人因善小而不为。一个完善的社会应当形成这样一种行为塑造模式：这种模式强化遵纪守法行为、弱化违反犯罪行为，而李斯特所说的“最好的社会政策就是最好的刑事政策”恰恰从侧面印证了这一点。

正向主观个别抑制的理念对于刑事司法体制并不危险，即使走向极端也无非就是把监狱办成学校，这本身并不存在严重的问题。但问题是，这会造成巨大的司法资源的消耗。更重要的是，即使是学校也没有实现彻底的犯罪预防。如果一个人在受过良好的教育之后仍然走上了犯罪道路，那么即使把监狱变成学校又能怎么样呢？更何况监狱不是学校，监狱只是监狱。

正如前文指出的，反向主观个别抑制乃是刑法理论的支点、刑事司法的起点、刑罚理论的核心关键。而当我们提倡教育体制应当强调鼓励学生、工作体制应当鼓励职员时，我们就是在强调社会的日常运行应当强化正向主观个别抑制，于是反向主观个别抑制的任务就更加集中地汇聚到刑法之上。这是好事，这种做法会使社会更加积极，也使得刑法更加纯粹。[1]

4.3.2.2 客观个别抑制

客观个别抑制通过剥夺犯罪人的犯罪能力来抑制犯罪人再次犯罪，因此客观个别抑制也称为剥夺。剥夺的内容是犯罪人的犯罪能力，其英文则译为incapacitation，其英文的字面意思是“使其丧失能力”。对此美国学者Arthur

---

〔1〕 从这一点来看，笔者认为监狱不是学校，监狱就是监狱，监狱应当是行为规范最为严格的场所。而另一个问题便是对行刑社会化、社区矫正的态度。与社区矫正的本身作用相比，笔者更愿意强调社区矫正与监所矫正相比所表现出的优势，因为从“环境塑造行为”的命题出发，社区矫正并没有优势。因此，社区矫正的意义在于两个方面：一是考虑犯罪的偶然性因素，给予犯罪人改过自新的机会；二是考虑监所矫正的弊端，防止监狱服刑导致的犯罪恶习交叉感染。

Campbell 作出了类似的定义："剥夺是指犯罪人物理上无法实施犯罪。"[1]

有观点认为所谓剥夺是剥夺犯罪人的幸福，这是一种误解。因为剥夺福祉就是施加恶害，犯罪是行为人给社会施加的恶害，刑罚就是社会对行为人施加的恶害，因此剥夺福祉的观点是报应论，而非功利论。而这种权益剥夺的概念所对应的英语翻译应为 deprivation，此处不赘。

客观个别抑制又可以分为"消极客观个别抑制"与"积极客观个别抑制"。消极客观个别抑制也称消极剥夺，积极客观个别抑制也称积极剥夺。

1. 消极客观个别抑制（消极剥夺）。消极客观个别抑制的措施一般是可解除的。其措施解除之后，犯罪人的状态是可恢复的。消极客观个别抑制（剥夺论）具体种类主要包括各种监禁刑、徒刑，最为典型的便是监禁。

剥夺在历史上曾经受到过相当的重视。美洲殖民地时期就将监狱作为一种"更加可靠的剥夺犯罪能力的措施"。[2]英国保守党前内政大臣 Michael Howard 在 1993 年指出："监狱能够发挥作用，不仅在于其有威慑作用，而且在于其能够确保我们避免杀人犯、抢劫犯和强奸犯的危害。"[3]美国学者 Herbert Packer 指出："与关于其经验根据存在持续争论的一般威慑相反，剥夺犯罪能力的经验根据是清楚而不争的。只要我们将一个人关在监狱，他便完全没有机会尝试某些类型的犯罪——夜盗、欺诈和逃税是以这种方式阻止的许多种类犯罪中的三种。而且，他尝试某些其他犯罪——如攻击或者谋杀——的机会由于关押而被大大减少。当然，诸如处死或者终身单身监禁之类的极端刑事的惩罚可以确保完全或者近乎完全剥夺犯罪能力。在一心一意将镇压犯罪作为社会生活的一种最高目的的社会，剥夺犯罪能力会是对罪犯惩罚的最直接的合理的功利根据。"[4]美国学者 Zimring 和 Hawkins 也指出剥夺犯罪能力乃是主导监禁刑的刑罚目的。[5]

---

〔1〕 另可参见 Arthur W. Campbell, *Law of Sentencing*, Clark Boardman, Callaghan-Whitney, 1978, pp. 27-28. 该书最新再版至 2013 年。

〔2〕 Adam J. Hirsch, *The Rise of the Penitentiary*: *Prison and Punishment in Early America*, New Haven: Yale University Press, 1992, p. 44.

〔3〕 赵秉志主编：《英美刑法学》（第 2 版），科学出版社 2010 年版，第 185 页。

〔4〕 ［美］赫伯特·帕克：《惩罚的正当根据》，邱兴隆校，载邱兴隆主编：《比较刑法（第 2 卷）——刑罚基本理论专号》，中国检察出版社 2004 年版，第 583~584 页。

〔5〕 Franklin E. Zimring & Gordon Hawkins, *Incapacitation*: *Penal Confinement and the Restraint of Crime*, New York: Oxford University Press, 1995.

但这样的观点受到了批判。有学者认为："剥夺的概念过于简单，等于什么都没说（原文称其为 foolproof）。因为只要犯罪人处于监禁之中，那么他的犯罪能力就是被剥夺的，但一旦这种措施解除，其犯罪能力又将得到恢复。"[1]

2. 积极客观个别抑制（积极剥夺）。积极客观个别抑制的措施一般是不可解除的。其措施采取之后，犯罪人的状态是不可恢复的，是不可逆的。积极客观个别抑制可以进一步分为"相对积极客观个别抑制"与"绝对积极客观个别抑制"。

（1）相对积极客观个别抑制又称"相对积极剥夺"，主张有针对性地剥夺犯罪人的犯罪能力，因此又被称为选择性剥夺（selective incapacitation）。[2] 由于该说强调针对性，因此其内容因犯罪种类的不同而不同。对于诸如贪污贿赂、毒品犯罪、走私犯罪等贪利性、营业性犯罪可以适用罚金、没收；对于强奸罪，可以采用注射雌性激素的方法，这一做法也被称为化学阉割，其做法同样存在争议；对于严重暴力行为倾向的犯罪人，可以采用脑白质切除术。[3]

（2）绝对积极客观个别抑制又称"绝对积极剥夺"。绝对积极客观个别抑制强调彻底剥夺犯罪人再犯的能力。绝对积极客观个别抑制的典型是死刑，因为犯罪人的生命被剥夺，则其附带的任何犯罪能力都将被剥夺，这也是为什么这一刑罚功效被冠之以"绝对"的原因。

按照谦抑性递减、激进性递增的顺序，以上个别抑制的不同种类可以作如下排列：正向主观个别抑制—反向主观个别抑制—消极客观个别抑制—相对积极客观个别抑制—绝对积极客观个别抑制。排名靠前的更加谦抑，排名

---

〔1〕 Richard J. Bonnie, Anne M. Coughlin, John C. Jeffries, *Criminal Law*, 3rd ed., Foundation Press, 2010, p. 25.

〔2〕 参见 Peter W. Greenwood, *Selective Incapacitation*, Rand Corporation, 1982; Andrew von Hirsch, Don M. Gottfredson, "Selective Incapacitation: Some Queries about Research Design and Equity", in *N. Y. U. Review of Law & Social Change*, 1983 - 1984, vol. 12, pp. 11 - 51; Peter W. Greenwood, Susan Turner, *Selective Incapacitation: Why the High-Rate Offenders Are Hard to Predict*, Rand Corporation, 1987.

〔3〕 这里需要说明的是，手术治疗强调在保留犯罪人生命的情况下，针对其犯罪倾向剥夺其犯罪能力。仅从字面意思上看，手术治疗保留了人的生命，而且对犯罪倾向具有针对性，因此比死刑更人道更科学。但现实的情况并非如此，历史上存在过的手术治疗是极其不人道的，甚至可以说是灭绝人性的，以至于人们不禁萌生出一个观念——死刑在某种程度上，更体现了对犯罪人的尊重。

靠后的更加激进。

4.3.2.3 个别抑制的外部分析

1. 个别抑制的刑种分析。主观个别抑制（矫正）与客观个别抑制（剥夺）的区分是对刑罚功效在理论上的区分，具有相对性，而对于具体种类的刑罚而言，往往每种刑罚都同时具备主观、客观两种个别抑制的作用，只是在二者的侧重上有所不同。例如有研究指出实施抢劫罪的犯罪人的年龄集中在某一特定年龄段，因此如果对某一特定年龄段的抢劫罪的犯罪人科以特定期限的监禁，使其犯罪高发年龄段在狱中度过，这样就能够有效遏制该犯罪人实施更多的抢劫。在此类案例中，刑罚就分别具有主观个别抑制和客观个别抑制的作用。又例如没收，财产的剥夺当然会给犯罪人带来痛苦，而与此同时财产的剥夺还可以剥夺（或者减弱）犯罪人再次实施犯罪的条件，所以前者就属于反向主观个别抑制，后者则属于相对积极客观个别抑制，二者统一于没收。

具体刑种并不绝对属于以上某一种类，而是兼具不同的抑制作用。吴宗宪教授就认为刑罚哲学的不同要素之间具有关联性，他指出："从不同的角度和侧面来看，这些刑罚哲学之间存在一定的相互重叠、相互包容的特征。"〔1〕甚至某些刑种具有两种典型抑制作用之间的过渡性质。以注射雌性激素为例，这种措施通过降低其体内雄性激素的浓度从而减少性欲，可以用来治疗强奸罪的犯罪人。这种做法比监禁要积极，但比宫刑要缓和。而监禁属于典型的"消极客观个别抑制"，而宫刑则属于典型的"相对积极客观个别抑制"。在控制剂量的情况下，犯罪人的雄性激素水平和性欲可以在停止雌性激素注射之后得到恢复，因此这种做法依然是可逆的，因此属于消极客观个别抑制的范畴。但如果长期注射或剂量超标的话，有可能造成性器官的永久性损害，当然这并不是本书要讨论的重点，但这一点使这一措施的过渡性质显得更加明显。

自由刑是现代刑事司法的主要刑种，在这一意义上，自由刑几乎可以与监狱画等号。而监狱的主观个别抑制作用却是一个具有很大争议的问题。即使刑罚实现了主观个别抑制对于行为的强化作用，我们也无法保证犯罪人在

---

〔1〕 吴宗宪：《西方国家刑罚哲学述评》，载赵秉志主编：《京师法律评论》（第 1 卷），北京师范大学出版社 2007 年版，第 138 页。

回归社会之后还能够获得同样的强化从而使其维持原有的遵纪守法的行为模式，或者使其维持原有的远离违法犯罪的行为模式。监狱矫正在这一方面的问题尤为严重。因为监狱环境与社会环境的差距巨大，众多的犯罪人在刑满释放后无法适应社会。

监狱中的行为塑造模式是特殊设置的、高强度的、专门为主观个别抑制所设立的。同样强度的行为塑造机制在社会中是不存在的，甚至可以断言，同样的机制在社会中是要弱化很多的，在行为塑造模式作用弱化的情况下，同样的行为是否能够在社会上继续保持是值得怀疑的。

更为现实、更为重要的是，服刑人员也是人，需要与人交往。[1]而在监狱中就只能与其他服刑人员进行交往。人际交往需要拥有共同语言，而对于服刑人员来说，他们的共同语言就是他们都有过犯罪经历。在一个充满犯罪性的环境中所学到的自然是犯罪行为。从这个角度来看，监狱乃是犯罪的大学，是犯罪人学习犯罪技能的大学，是犯罪人互相交流的大学，此言真实不虚。Lawrence Stone 认为监狱对于人类社会就像阑尾对于人体一样是可有可无的，监狱之所以存在只是因为监狱体制自身已经形成了一套存在方式。

社区矫正是针对监狱矫正存在的问题（不仅包括上面的问题，还包括犯罪习性交叉感染的问题、标签效应的问题等）所提出的替代方案。但问题是，犯罪人在社区中就能够得到更好的矫正吗？我们必须记得，犯罪人的犯罪正是在原先的社会生活环境中产生的。抛开偶然性因素不谈，可以认为犯罪人之所以犯罪，就是因为他原先生活的社会环境所具有的行为塑造模式乃是“犯罪性”的，而在这种模式中所习得的行为自然是犯罪。

很多时候犯罪的产生恰恰是因为这个社会存在着各种带有犯罪性（或称犯因性、制罪性，criminogenic）的行为塑造模式。在这种模式中，遵纪守法行为会给行为人带来身心上的痛苦，违法犯罪行为反而会给行为人带来身心上的快乐。不仅仅是社会的潜规则会存在这样的情况，即使是社会的显规则也不能够必然得出强化守法行为的结论。比如排队就比插队要耗时间、等红灯就比闯红灯要耗时间，当插队和闯红灯这种错误行为没有风险成本的时候，插队和闯红灯便成了必然的选择。从这一点看，刑法也只是给犯罪增加了风

[1] Price-Lapedis, “Jail Inmates Also Are People Who Need People”, *Federal Probation*, September, 1965.

险成本。令人尴尬的是，风险成本的实现是有概率的，这意味着风险成本的实现并不是必然的。对应到刑事司法体制中来，犯罪人是有可能逃避惩罚的，风险成本的实现在于案件已被侦破，而这并不是刑法本身的问题，乃是刑事侦查的问题。由此可见，作为现代刑罚主要刑种的监禁刑虽然能够强化守法行为，但一旦脱离监狱环境，一旦失去强化的行为塑造机制，则行为人又有可能再次犯罪。又比如街头帮派，这些人员生活在治安混乱地区，时刻都有可能面对危险，暴力已经成为他们的生活方式，他们需要以此来维持生存，这种情况下个别抑制的作用同样受到了削弱。

2. 个别抑制与人身危险性评估的关系。人身危险性评估主要发生在以下几个阶段：侦查阶段需要对羁押的必要性进行评估、审判阶段需要对刑罚进行裁量、刑罚执行阶段需要考虑减刑假释等问题。

由于犯罪人在未来是否会再次犯罪是不确定的，因此要想证明剥夺犯罪能力的正当性，就必须证明犯罪人未来还会再次犯罪。有研究认为特定年龄阶段乃是抢劫犯罪的高发期。如果按照这一理论，对该年龄段实施抢劫的犯罪人科以充分长度的刑期，那么犯罪人在抢劫罪高发期的年龄段就将在监狱中度过，因此也就减少了抢劫罪的数量。但是这种理论是非常危险的，尤其是以这一研究结论加重犯罪人量刑的情况下。首先这一研究的结论究竟有多准确有待进一步考察。剥夺本身与预防性拘留会面临同样的质疑。即使这一研究的结论是正确的，也不能以这种结论而剥夺一个人的自由，毕竟该犯罪人未来的行为依然是他自己自由选择的结果，他不应该为可能实施而尚未实施的行为承担责任。从法治的角度看，一个人需要为没有实施而仅仅是可能实施的行为承担责任，这是对人权的极大侵犯；从政治的角度看，如果两人一个生活幸福，一个生活不幸，谁犯罪更值得原谅？当然是生活不幸的人。因为生活幸福的人在客观上找不到他犯罪的理由，所以犯罪的原因可以更多地归结为自身的恶性，而生活不幸的人其犯罪的原因则更多地来自于客观的社会环境。但依据人身危险性评估，谁的刑期更长？也是生活不幸的人。因为生活幸福的人拥有很好的社会支持、家庭支持，所以他回归社会后再次实施犯罪的概率较小，而生活不幸的人由于缺乏良好的社会支持，其再次犯罪的风险就会更大。这种讨论尽管是假设的，但它表明了人身危险性评估的一种内在缺陷，即不幸的人群会得到更严厉的惩罚。这一问题背后所蕴含的贫富差距、家庭与社会关系、社会阶层分化等问题并非本书重点，且此类问题过于纷繁复杂也非本书所能一一阐明，此处论及这一问题旨在表明，整个司法体制应该注意避免自身沦为有权有钱阶级的司法体制，倘若如此，司法体制就会丧失其公正性。

4.3.2.4 个别抑制批判

个别抑制的批判可以分为科学批判与伦理批判。科学批判乃是针对个别抑制的合理性批判，是对个别抑制形而下的批判。伦理批判是从道德的角度进行的批判，是对个别抑制形而上的批判。由于个别抑制的科学批判在上文个别抑制的各个具体章节进行了论述，以下仅就个别抑制的伦理批判做一阐述。

个别抑制在伦理上最大的弱点就是对人性的否定。这种否定可以从保守和极端两种意义上来理解：

（1）从保守的意义上看，人应当是制度的目的而不是手段，如果将人作为手段，那就是对人的物化，是对“人之所以作为人”的地位的否定。康德认为：“一个人绝对不应该仅仅作为一种手段去达到他人的目的。”[1]黑格尔认为：“这不是对人的尊严和自由予以应有的重视，而是像狗一样对待他。”[2]美国学者 Neville 指出：“这种做法乃是对人类意识的防卫界限进行操纵。”[3]美国学者 C. S. Lewis 在他的刑罚人道主义理论中也指出：“当我们不再考虑犯罪人所应得的，而仅仅考虑如何治愈他们……我们就已经默认将他从正义的领域中删除了。”[4]这种对于人性的哲学认识会在现实中的政治和法律议题上表现出来，国家权力本来应该是外部的，但现在却侵入了公民个人的自由和自治。

（2）从极端的意义上看，客观个别抑制走向极端会导致人道主义灾难。酷刑在人类社会发展的若干黑暗时期都存在过，如果为了防止犯罪可以将人的大脑切除一部分，那么恢复宫刑又有何不可？最起码对犯强奸罪的犯罪人

---

〔1〕［德］康德：《法的形而上学原理——权利的科学》，沈叔平译，商务印书馆 1997 年版，第 164 页。

〔2〕［德］黑格尔：《法哲学原理》，范扬、张企泰译，商务印书馆 1996 年版，第 102 页。

〔3〕 Neville, “Ethical and Philosophical Issues of Behavior Control”, in *American Association for the Advancement of Science*, 1972, vol. 27, p. 4.

〔4〕 C. S. Lewis, “The Humanitarian Theory of Punishment,” in R. Gerber & P. McAnany eds., *Contemporary Punishment: Views, Explanations, and Justifications*, University of Notre Dame Press, 1972, p. 194.

采取宫刑是没有问题的，既符合报应也符合功利。如果顺着这一思路继续下去，刑罚会倒退回同态复仇的时代中去。强制手术治疗乃是对人的极端物化，是对人格的彻底否定，在这种情况下，我们不得不承认与之相比，单纯的死刑反倒能够体现对犯罪人人格的尊重。刑罚形态的进化历史表明整个刑罚在朝着人道主义的方向发展，而非反其道而行之。这种观点在康德和黑格尔的著作中都得到了体现，尤其是在康德绝对主义的刑罚报应理论中更是体现得淋漓尽致。人道主义的基本原则和人权保护的基本法理告诉我们，人类对待同胞不能肆无忌惮。即使以上情况只是特殊历史时期的极端案例，但我们在个别抑制的现实操作中依然需要对这些现象保持警惕。Francis Allen 指出：现实中存在这样的现象，以各种缺乏明确含义的名称来掩盖侵犯人权的事实，如现实中将单独禁闭称为“建设性调解”（constructive mediation），将禁闭室称为“安静房间”（the quiet room），将不包含任何治疗的监禁称为“环境疗法”（milieu therapy），将拘留所称为“云端九号”（cloud nine），等等。[1]

如果不考虑犯罪的偶然性因素，那么离开监狱后的行为完全取决于其所处的社会环境，刑罚的个别抑制作用都成为徒劳。如果考虑犯罪的偶然性因素的话，那么个别抑制也会受到弱化。以仇杀为例，犯罪人只是因为复仇这一偶然性因素才实施了犯罪行为，而在复仇之后，他很有可能回归到原来的守法状态，因为大仇已报，他不必再去杀害他人。对于这种人而言，个别抑制同样不起作用，因为他要杀的人已经杀了，如果刑罚不介入，或者犯罪没有被追诉，他完全有可能回归原来的遵纪守法的生活，从此安分守己。

4.3.2.5 个别抑制小结

假设犯罪人是一辆冲向犯罪的汽车，为了阻止犯罪人到达犯罪的目的地，可以有以下做法：

（1）主观个别抑制是调转汽车方向。

（2）正向主观个别抑制是将汽车 180 度调头，驶向遵纪守法的目的地。

（3）反向主观个别抑制是将汽车 90 度转向，驶离违法犯罪的目的地。

（4）客观个别抑制是阻止汽车前进。

---

[1] M. Lipsey, “Can Rehabilitative Programs Reduce the Recidivism of Juvenile Offenders? An Enquiry into the Effectiveness of Practical Programs”, in *Virginia Jounal of Social Policy and the Law*, 1992, vol. 6, p. 611.

(5) 消极客观个别抑制(消极剥夺)(监禁)是刹车,一旦松开刹车,汽车依然可以前进。

(6) 积极客观个别抑制(积极剥夺)是通过破坏来停止汽车。

(7) 绝对积极客观个别抑制(绝对积极剥夺)是破坏汽车发动机,导致汽车报废。

(8) 相对积极客观个别抑制(相对积极剥夺)乃是破坏汽车油箱、轮胎等配件。

问题在于,汽车是可以拆了再修的,而人是不能拆了再修的。

4.3.3 普遍抑制

普遍抑制是指通过对犯罪人适用刑罚从而防止社会上的其他人实行犯罪。

普遍抑制的对象是犯罪人以外的社会上的其他人,其重点对象是社会上的潜在犯罪人,潜在犯罪人是指具有犯罪倾向的人。Singer 和 La Fond 也指出:“深入研究证明特定群体有可能实施特定犯罪,而保证这些群体能够接收到刑罚威慑的信息要比普通公众接收威慑信息更加重要。”[1]

普遍抑制分为“抽象普遍抑制”与“具体普遍抑制”。抽象普遍抑制乃是立法的普遍抑制,总体的普遍抑制;具体普遍抑制乃是司法的普遍抑制,个案的普遍抑制。每一起司法个案具体普遍抑制都是立法抽象总体普遍抑制的强化,抽象普遍抑制的作用会随着时间的推移不断降低,因此需要通过具体普遍抑制不断地进行强化,从而使刑罚的总体普遍抑制作用维持在一个特定水平。

普遍抑制也称为威慑。威慑,《中华法学大辞典·刑法学卷》的解释是:“威慑预防论,又称‘威慑论’。通过严厉惩罚,使犯罪者感到恐惧而达到预防和控制犯罪的一种理论。该理论认为,犯罪之所以发生,是刑罚威慑作用失败的结果。因为,人是有理性的动物,做什么不做什么都得考虑自身的利害得失,犯罪者也一样。当行为人意识到自己犯罪后不可能逃脱惩罚,并且这种惩罚是严厉的会很快来的,他就不敢犯罪了,这就达到了惩罚威慑的目的。也就是说,只有行为人行为付出的代价(受到的惩罚)比犯罪所得收益大时,犯罪行为才不会发生。威慑论的倡导者的本意,是想借助于高压手段

---

〔1〕 Richard G. Singer & John Q. La Fond, *Criminal Law*, fifth ed., Aspen Publishers, 2010, p. 22.

来遏制犯罪，以维护社会的安宁，但这种惩罚主义实际收效甚微。”[1]

有学者将威慑分为立法威慑主义、行刑威慑主义。这一分类与本书的分类相通，相比而言，立法威慑主义相当于抽象普遍抑制（立法普遍抑制），行刑威慑主义相当于具体普遍抑制（个案普遍抑制）。但是从措辞的合理性上看，行刑威慑主义的概念存在缺陷，因为刑事司法传递给社会的信息仅仅是判决，并不包括执行。一般情况下，犯罪人监狱服刑的情况是不为公众所知晓的，财产罚没的情况也是不为公众所知晓的，所以行刑威慑主义的概念不甚准确。

威慑在英文中称为 deterrence，有时也可以译为抑制。英文文献中部分学者将 deterrence 作为抑制来使用，并将其分为特别威慑和一般威慑，特别威慑即本书所称的个别抑制（特别预防），一般威慑即本书所称的普遍抑制（一般预防）。[2]前者是指：“对个别犯罪人进行训诫以防止其再次实施相同或其他犯罪。”[3]本书不采这种用法，特此说明。

4.3.3.1　抽象普遍抑制

抽象普遍抑制（抽象威慑）也可称为立法普遍抑制（立法威慑）、总体普遍抑制（总体威慑）。它是指整个刑事法律制度对社会中的潜在犯罪人所产生的普遍抑制作用。抽象普遍抑制的作用发生在立法阶段，即确立“国家禁止犯罪，如果犯罪将会受到国家惩罚”的一般普遍规则。这一规则包含两部分内容：第一，国家禁止以下行为。该部分内容即各项罪名犯罪构成（罪状）；第二，国家将对实施以下行为的人科处刑罚。该部分内容即各项罪名的法定刑。

抽象普遍抑制作用不仅体现在刑法之中，也体现在刑事法及其他部门法之中。整个刑事法律制度主要包括规定犯罪与刑罚的刑事实体法、规定刑事司法程序的刑事程序法以及其他相关法律，在中国以道路交通安全法和治安管理处罚法为典型。抽象普遍抑制的直接目标是建立国家惩罚犯罪的基本规则。抽象普遍抑制的间接目标是将国家惩罚犯罪的这一信息传达给社会，强化公民对于“国家惩罚犯罪”这一规则的印象，从而明确法律对于公民的指

---

〔1〕 高铭暄等主编：《中华法学大辞典·刑法学卷》，中国检察出版社 1996 年版，第 583 页。

〔2〕 Joshua Dressler, *Cases and Materials on Criminal Law*, 5th ed., Thomson/Reuter, 2009, p. 35.

〔3〕 Arthur W. Campbell, *Law of Sentencing*, Clark Boardman, Callaghan-Whitney, 1978, p. 25.

引作用，指引公民远离犯罪行为。由于在这一过程中，公民所了解的刑罚并非现实的刑罚，而是抽象的刑罚，因此称其为抽象普遍抑制。这一过程主要通过立法的颁布，法律知识的宣传和普及来实现。法理学将法的作用分为指引、教育、评价、预测、强制，而抽象普遍抑制指的就是刑法的指引作用。

4.3.3.2 具体普遍抑制

具体普遍抑制（具体威慑）也称为司法普遍抑制（司法威慑）、个案普遍抑制（具体威慑）。它是指通过具体个别案件的司法对社会中的潜在犯罪人产生的普遍抑制作用。具体普遍抑制的直接目标是实现国家惩罚犯罪的基本规则。这一规则的实现需要具体普遍抑制的作用机制与犯罪现象的出现保持一致，二者交替持续发生。具体普遍抑制的间接目标是将具体个别案件的刑事司法信息传递给社会，让社会公众了解该案件的侦破、起诉、审判、科刑的信息，从而强化公民对于“国家惩罚犯罪”规则的印象。这种强化对于不同的公民、不同的社会群体有着不同的效果。其抑制效果对于以下人群最为显著：与该案有关但未受到追诉的人（共犯）；与该案无关但有类似犯罪行为的人（已犯，犯罪黑数）；与该案无关，但欲实施类似犯罪行为的人（潜在犯罪人）。具体普遍抑制强调威慑。

4.3.3.3 抽象普遍抑制与个案普遍抑制的关系

费尔巴哈认为刑罚的现实目的首要在于消除人们的违法动机，其次是进行法律上的威慑。如果将消除人们的违法动机和威慑相区分的话，那么前者就是不愿，后者就是不敢，显然，前者类似于抽象普遍抑制，后者类似于具体普遍抑制。因为在抽象意义上，立法的含义是不要这么做，而在具体意义上，司法的含义是如果这么做了就会发生什么。

从总体上看，每一起司法的、个案的、具体的普遍抑制都是立法的、抽象的、总体的普遍抑制的强化，抽象普遍抑制的作用会随着时间的推移不断衰减，因此需要通过个案普遍抑制不断地进行强化，从而使刑罚的总体普遍抑制作用维持在一个特定水平。

由于抽象普遍抑制和具体普遍抑制的关系十分紧密，下文中笔者将二者统一作普遍抑制进行论述，仅在必要时对二者作区分论述。

4.3.3.4　普遍抑制的效果

普遍抑制的效果具体表现在以下几个方面：

1. 对犯罪的整体抑制作用。刑罚的抽象普遍抑制是客观存在而不容否认的。刑事司法体制只要存在就具有一定的威慑。此观点在一般意义上是成立的。“只要存在着一个勉强正常运行的刑事司法体系，就会对犯罪产生威慑。”[1]普遍抑制的一个预设前提是理性人假设，从该角度看，理性犯罪人犯罪的原因是因为犯罪能够满足其特定的需求，假设没有刑罚作为抑制因素的存在，那么该部分犯罪的数量就必然会增加。这是因为抑制因素的减少就相当于是鼓励因素的增加。法经济学为此提供了强有力的说明：刑罚对于犯罪而言乃是一种风险成本，通过对成本和收益进行计算，如果某人从工作中获得的效益要大于犯罪的效益，那么他就不会去实施犯罪。[2]而当代的法经济学研究也事实上验证了刑罚功利论的思想渊源——趋乐避苦和利益计算。

那些认为刑罚没有威慑效力的观点都是不现实的。有是肯定有的，只不过在特定情况下会失效。正如前文所言，单纯否认刑罚具有普遍抑制效果的观点显然是错误的。正如John Diiulio 指出：“在去开会的路上我发现，那些犯罪学家虽然批判威慑没有实际效果，不过当他们看到高速交警的时候，他们还是踩了一下刹车。”[3]1919 年 7 月 31 日，英国利物浦市的警察罢工。结果，自 8 月 1 日晚 8 时开始发生抢劫商店的案件，并持续数日，约有 400 家商店被抢劫。1949 年 9 月，德国人逮捕了所有丹麦警察。在没有警察的 7 个月中，丹麦严重犯罪率急剧上升。抢劫案与盗窃案的发案率均上升了 10 余倍。1969 年，加拿大蒙特利尔市警察罢工仅一天，整个城市便“完全被无政府状态、流氓暴行和破门盗窃所控制……所有职业罪犯一见身边没有警察就立即以加倍的疯狂去为所欲为……平日奉公守法的人一下子就投入抢劫、街头斗

---

〔1〕 D. M. Kennedy, *Deterrence and Crime Prevention: Reconsidering the Prospect of Sanction*, New York: Routledge, 2009.

〔2〕 参见 Gary Becker, “Crime and Punishment an Economic Approach”, in *Journal of Political Economy*, 1968, vol. 76 (2), p. 184.（译文参见［美］加里·S. 贝克尔：《人类行为的经济分析》，王业宇、陈琪译，格致出版社、上海三联书店、上海人民出版社 2008 年版，第 73 页。）Richard Posner, “An Economic Theory of Criminal Law”, *Columbia Law Review*, 1985, vol. 85, p. 1193.

〔3〕 John J. Diiulio Jr., “Help Wanted: Economists, Crime and Public Policy”, 10 *J. Econ. Persp.* 3, 16 (1996).

殴等犯罪活动中”。[1]由此可见，刑罚对于犯罪的抑制作用是存在的。以上例证在研究方法上最为朴素，甚至没有研究方法可言，完全是基于现实观察而得到的结论，但它却提供了最具说服力的证据。无论我们是否能够找到一种更好的犯罪治理方式，无论我们是否能探索出一种有效的犯罪预防机制，传统刑事司法体制所建立的基本规则是永远必须存在的。林山田教授指出：“一个没有刑罚存在的社会，其秩序之紊乱，生命、身体、自由与财产受到任意侵犯的危险情况，是我们不难想象的。”[2]

不过也有学者举例认为部分情况下警察罢工时社会的犯罪率没有上涨，这意味着刑罚没有威慑力。这则论据作为反驳的依据有一定的证明力，但同样可以对其进行其他解释，比如警察罢工而社会稳定，其原因很可能是社会稳定具有惯性。但这种惯性可以保持多久则值得讨论，这种秩序在小城镇可能保持较久，但在大城市则有可能迅速崩塌。

2. 通过对特定行为的犯罪化以减少该种行为的产生。当立法对犯罪圈作出调整时，被犯罪化的行为也会相应减少。这就是抽象普遍抑制（立法普遍抑制）的作用。Andenaes 的研究指出，当行为被犯罪化之后，其数量会得到明显降低。以罗马尼亚有关堕胎的立法为例，罗马尼亚的婴儿出生率在 1956 年为 2.42%，1957 年立法修改宣告堕胎合法，1966 年该国婴儿出生率降至 1.43%。1966 年罗马尼亚再次立法禁止堕胎，1967 年出生率回升至 2.73%，1968 年回调至 2.67%，1969 回调至 2.3%。又如，当立法对醉酒驾车采取严厉惩罚之后，酒后行为立即减少，英国《1967 年交通安全法》（Road Safety Act 1967）对饮酒过量后的驾车行为规定了严厉的惩罚，统计数据表明，新法颁布后的 4 个月内，酒后驾车造成的交通事故比新法颁布前一年同期下降了 2%。[3]

不过针对这一问题也有研究得出了否定性的结论，夏威夷对堕胎实行非犯罪化后，Zimring 对这里立法调整与堕胎率之间的关系进行了研究，其结论

---

〔1〕 参见［美］马库斯·德克·达博：《积极的一般预防与法益理论——一个美国人眼里的德国刑法学的两个重要成就》，杨萌译，载《刑事法评论》2007 年第 2 期。

〔2〕 林山田：《犯罪问题与刑事司法》，台湾商务印书馆 1982 年版，第 148 页。

〔3〕 Road Safety Act 1967, c. 30 (effective Oct. 9, 1967). See Johannes Andenaes, “Deterrence and specific offenses”, in *The University of Chicago Law Review*, 1971, vol. 38, issue. 3, pp. 537-553.

是堕胎的犯罪化和非犯罪化对于堕胎率没有影响。[1]这一研究对抽象普遍抑制提出了质疑，但应当考虑该研究自身的特点削弱了其说服力：①堕胎行为本身就不是法律规定的核心犯罪。②立法可能导致犯罪转移，即行为人离开夏威夷到其他的州进行手术。

3. 通过对不同犯罪配置不同刑罚，促使犯罪人实施较轻的犯罪，从而减少重罪的发生。[2] 一项关于武装抢劫中犯罪分子是否选择携带武器的研究为抽象普遍抑制提供了支持。由于法律对武装抢劫规定了更为严厉的刑罚，因此犯罪分子在准备实施抢劫时选择不携带枪支进行抢劫。[3]笔者接触过的一桩抢劫案中，犯罪人将所携带的刀具的刀刃部分用透明胶带进行了包裹，其用意是不会真正伤到人，显然该犯罪人也明白抢劫伤人和抢劫不伤人的罪行严重程度是不同的。

也有很多研究认为犯罪人在实施犯罪时压根不考虑可能受到惩罚的可能。Shover 的研究发现，即使是在监狱中几进几出的惯偷，按道理说他们对于刑罚风险有着十分清楚的认识，但他们绝大多数人在实施犯罪时同样不考虑受到刑罚惩罚的风险。[4]而这似乎也印证了普遍抑制的尴尬，那就是“刑罚的威慑作用最好的时候也正是它最差的时候”[5]。这句话的意思是，犯罪人只有知道刑罚，刑罚才有威慑力，但犯罪人真的知道刑罚的时候，他们就不怕了。所以从这一点来看，中国古代“法不可知则威不可测”的观点其实是准确的，这种观念对于刑罚威慑力的理解其实非常的精确，也就是说刑罚向公民所传达的信息不能没有，也不能太细。

4. 具体普遍抑制的效果还有另一种作用，它能够产生安抚作用，安抚作用最直接的作用对象是被害人及其近亲属，安抚作用的间接作用对象是整个

---

〔1〕 Franklin E. Zimring, “Of Doctors, Deterrence, and the Dark Figure of Crime, A Note on Abortion in Hawaii”, 39 *University of Chicago Law Review*, 699 (1972).

〔2〕［美］加里·S. 贝克尔：《人类行为的经济分析》，王业宇、陈琪译，格致出版社、上海三联书店、上海人民出版社 2008 年版，第 73 页。原文参见 Gary Becker, “Crime and Punishment an Economic Approach”, *Journal of Political Economy*, 1968, vol. 76 (2), p. 184.

〔3〕 R. Harding, “Rational-choice Gun Use in Armed Robbery: The Likely Deterrent effect on Gun Use of Mandatory Additional Imprinsonment”, in *Criminal Law Forum* , vol. 1, p. 427.

〔4〕 N. Shover, *Great Pretenders: Pursuits and Careers of Persistent Thieves*, Boulder, CO, Westview Press, 1996.

〔5〕 Paul H. Robinson, John M. Darley, “The Role of Deterrence in the Formulation of Criminal Law Rules: At Its Worst When Doing Its Best”, in *Georgetown Law Journal*, 2003, vol. 91, p. 949.

社会（即社会上的其他守法公民）。将安抚作用放在具体普遍抑制的概念下进行讨论可能带来争议，但在笔者看来安抚作用恰恰是刑罚功利论与刑罚报应论相联结的另一种统一，这种统一既是心理作用机制的统一，更是生理作用机制的统一。如果说反向主观个别抑制是刑罚功利论与刑罚报应论最为内在的统一，那么安抚作用则是二者最为外在的联结。由于该部分并非本书重点，恕不展开。

4.3.3.5 普遍抑制的作用机制

上述关于普遍抑制效果的研究表明，刑罚的普遍抑制作用是存在的。但这种作用似乎并不乐观。辩证而中肯的观点是刑罚在特定条件下具有特定的作用。罗宾逊指出："只有全部前提条件得到满足，威慑作用才成为可能。缺少任何一个条件都意味着威慑作用不存在。如果潜在的犯罪人没有意识到法律规则对其行为的影响，或者虽然意识到了，却没有看到遭受惩罚的可能性，或者虽然意识到了惩罚的可能性，但却没有认识到整个成本会超过整个利益（由于未来惩罚的高折扣率或因为眼前利益占了上风，或毒瘾占了上风），或者虽然意识到了整体纯成本，却不能用该信息影响其行动的选择，那么惩罚威胁将不会对这个人形成威慑并阻止其实施犯罪。这里的要点是，跨越任何一个前提障碍对于威慑作用都是至关重要的。……任何一个前提条件中的弱点可以和任何其他前提条件中的弱点相结合，从而来减少对某些小事的最后威慑作用。之所以这样是因为，连接前提条件和整体威慑作用的功能的理论特点是，必要条件的倍增合并引起总的威慑作用的增强。这样，在这些条件中的几个值降低后，威慑的组合作用可能是极低的。"[1]学者的任务在于通过研究来明确这些特定的条件和特定的作用究竟是什么。

下文将对普遍抑制的作用机制从强化机制和弱化机制两方面来进行探讨：

1. 普遍抑制的强化机制。普遍抑制的强化机制从普遍抑制实现的必要条件和相关因素出发来探讨普遍抑制作用的实现，下文分为四个部分，普遍抑制与刑罚及时性、普遍抑制与刑罚严厉性的部分属于普遍抑制强化机制的横向分析，而普遍抑制的信息输出和普遍抑制的信息接收则属于普遍抑制强化机制的纵向分析。

---

〔1〕［美］保罗·H. 罗宾逊：《刑法的分配原则——谁应受罚，如何量刑?》，沙丽金译，中国人民公安大学出版社 2009 年版，第 52~53 页。

（1）普遍抑制与刑罚及时性。在讨论这一问题时，许多学者采用了刑罚必然性的观点，这是不准确的，准确的概念是刑罚及时性。因为及时肯定是必然的，但必然却未必是及时的。及时性比必然性要求更高，及时性不仅要求必然性，而且要求延迟时间不能太长。正如前文心理学所提到的，延迟时间过长便无法实现操作性条件作用的实现。刑法学也认为迟到的正义不是正义。

一系列研究证明刑罚的及时性对于普遍抑制作用具有重要意义。Levitt 的研究区分了威慑作用和改变逮捕率而导致的剥夺犯罪能力的作用的实验。他做了很精细的工作来处理统计数据中的错误问题，这个问题对以前的有关研究产生了很多干扰。他的假设是：如果增加逮捕率通过剥夺犯罪能力来发挥作用，那么某一种犯罪的逮捕率增加会减少所有（至少所有相关）的犯罪率。例如，如果盗窃的犯人实施了抢劫，因一个犯罪他们被关押，这意味着他们不能再实施其他犯罪。但是，从威慑的角度看，针对某一个犯罪的逮捕率的增加会导致其他犯罪率的增加，因为犯罪人会理性地避开实施目前经常会遭到逮捕的犯罪，而去实施逮捕率没有上升的犯罪。他们这样做，表明他们的反应是理性的，他们从逮捕率高的犯罪转向逮捕率低的犯罪。[1] Andenaes 的研究显示，增加对于醉酒驾车的检测可以减少醉驾的发生，甚至在对其惩罚的程度降低的时候也是如此。这一研究表明，受到惩罚的可能性要比惩罚本身的严厉性更能够威慑犯罪。换而言之，案件的侦破更能够威慑犯罪而不是刑罚的严厉程度。[2] Jeffrey Grogger 的研究也认为刑罚的可能性比刑罚的严厉程度会创造更多机会增加威慑。[3]

但上面提到的研究针对的是最为广义的刑事司法体制，其研究内容包含逮捕率、检查率等因素。一般认为刑罚的必然性和及时性是实现普遍抑制的必要条件。而问题就在于，这两个条件与刑罚本身并无关联。这两个内容是刑事侦查的问题，是破案率的问题，而不是刑罚的问题。刑罚的必然性是指一旦发生犯罪，罪犯必受惩罚。因此要惩罚罪犯，必须先将犯罪侦破。但破

---

〔1〕 Steven D. Levitt, "Why Do Increased arrest Rates Appear to Reduce Crime: Deterrence, Incapacitation, or Measurement Error?", in *Economic Inquiry*, 1998, vol. 36, pp. 353-372.

〔2〕 Johannes Andenaes, "The Scandinavian Experience, in Social Control of the Drinking Driver", 43 *Michael D. Laurence*, John R. Snortum & Franklin E. Zimring eds. , 1988.

〔3〕 Jeffrey Grogger, "Certainty v. Severity of Punishment", in *Economic Inquiry*, 1991, vol. 43, p. 297.

案是需要条件的，必须保证人力、物力、财力等司法资源供给充分，保证刑事侦查技术水平要高于犯罪水平。因此实现刑罚的基本目的的前提条件不在于刑罚，从这个角度看，刑罚是否有效与刑罚本身无关。

刑罚的必然性与及时性的实现只能是一个概率，犯罪学上“犯罪黑数”（dark figure）的概念就是指不被官方所发现和记录的犯罪数量，刑事侦查中也有悬案（cold case），总是存在一部分犯罪无法侦破、无法起诉或是最终无法判刑。这主要由于两方面的原因：一方面，刑事诉讼受到程序规则尤其是证据规则的制约，因此一部分犯罪即使被侦破也无法起诉，或者即使起诉也无法定罪，又或者即使定罪也无法执行。另一方面，刑事侦查本身是一个或然的过程，总是存在无法侦破的案件。刑罚的必然性和及时性与刑罚本身并无关联，这里也做一简要分析。有关惩罚确定性与再犯抑制率之间的关系研究表明，惩罚率为50%时，被试的再犯大量地减少，减少幅度几乎是30%。但在被试的惩罚率是10%时，却几乎观察不到反应的抑制。[1]惊人的发现是，在行为科学的文献中，这种研究相对较少，但已有的研究却支持同样的结论。在对它们进行评价时，Lande 的结论是，由于惩罚可能性比例的趋势是减少的，它们在抑制反应方面作用也较小。[2]当一个反应发生后能够受到切实地震慑，它就是有效的抑制因素，但如果该震慑作用不太可能发生时，其抑制作用就会降低。当震慑的可能性降低到几乎与各种犯罪的逮捕率相当的程度时，它们的行为抑制作用就会相当低。[3]

（2）普遍抑制与刑罚严厉性。传统观念认为刑罚越严厉威慑力越大，经济学对这一现象进行了解释。Gary Becker 指出：18 世纪和 19 世纪的盎格鲁-撒克逊语系国家，甚至当今一些国家存在一种趋势，即对判定有罪者施行严厉的惩罚。同时，逮捕和定罪可能性取值很低。对这种趋势的合乎情理的解释是，增加定罪可能性明显会占用公共资源和私人资源，表现为需要更多的警察、法官、陪审团等。因而，这种可能性经“补偿”后的减少会明显减少

〔1〕 Nathan Azaran, “Fixed Ratio Punishment”, in *Journal of the Experimental Analysis of Behavior*, 1963, vol. 6, p. 141.

〔2〕 Stephen Lande, “An Interresponse Time Analysis of Variable Ratio Punishment”, 35 *Journal of the Experimental Analysis of Behavior*, 55 (1981).

〔3〕 Sourcebook of Criminal Justice Statistics 2001, see http://www.albany.edu/sourcebook/1995/pdf/t41.pdf.

对付违法的支出。由于预期惩罚不变，在损害数量和惩罚成本方面都不会有“明显”的补偿性增长，结果显然是实施不断的政治压力，一方面保持警察及其他支出相对较少，另一方面，通过对罪犯的严厉惩罚加以补偿。[1]

一项研究显示刑罚配置差异并不能够实现犯罪转移，Zimring 所进行的一个组合作用的研究使用了内布拉斯加州（Nebraska）一家银行的数据库，里面包括书面空头支票的数量和美元数额。该州刑法对提取超过或低于 35 美元的支票所判刑罚不同，直觉的区别并没有引起人们的注意，但那些经常写空头支票的人可能会知道。该研究发现，对于该罪或重或轻的量刑很少有显著的威慑作用或没有威慑作用。[2]不过该项研究所针对的问题过于细琐，因此影响了其结论的普遍适用性。

还有部分研究认为刑罚没有威慑力。Gary Kleck 等人的研究认为刑罚的程度与犯罪的程度之间基本没有关联。[3]德国学者 Schumann 就认为，过去几年的研究显示，威慑效果小得可以忽略不计。不过实际上他否定的并不是一般预防的基本原理，而否定的是重刑威慑这种一般预防的实现途径。因为舒曼一方面否定一般预防的可证实性，而在面对排外型的暴力犯罪之际，他却毫不犹豫地建议刑事追诉机关加强犯罪侦破力度（Intensivierung von Tataufdeckung），因为有关“一般预防有效性的基础研究”表明，犯罪侦破风险的提高，有助于降低犯罪频繁程度（Häufigkeit von Straftatbegehung）。[4]

部分研究认为加大刑罚的严厉性具有短期效果，但这种效果会随着时间推移而降低。Ross 做的一个著名的研究是关于英国通过《1967 年交通安全法》时犯罪率的变化。该法规定了较高的刑罚，如针对醉酒驾车就规定了较高刑罚，同时进行了广泛的宣传运动，这意味着警察在道路和高速公路上出现的频率会大大增加。其威慑作用一开始很高，可能是因为公众的过高估计，

---

〔1〕［美］加里·S. 贝克尔：《人类行为的经济分析》，王业宇、陈琪译，格致出版社、上海三联书店、上海人民出版社 2008 年版，第 73 页。原文参见 Gary Becker, “Crime and Punishment an Economic Approach”, in *Journal of Political Economy*, 1968, vol. 76, issue. 2, p. 184.

〔2〕 Frank Zimring, “Punishment and Deterrence: Bad Checks in Nebraska: A Study in Complex Threats”, in David Greenberg, ed., *Corrections*, *Deterrence*, 1977, p. 173.

〔3〕 Gary Kleck, “Constricted Rationality and the Limits of General Deterrence”, in T. Blomberg and S. Cohen eds., *Punishment and Social Control*, New York: Aldine de Gruyter, 2003.

〔4〕 Vgl. Schumann, StV 1993, 324, 328. 在这个问题上，有重要参考价值的文献可参见 Lothar Kuhlen, Zum Strafrecht der Risikogesellschaft, in: GA 141 (1994), SS. 347ff.

随着时间的推移，虽然没有减轻执行的力度，公众也没有能够更好地统计警察出现的频率，但是威慑作用却明显地降低了。[1] Ross 的另一项研究发现，1978 年法国采纳了一部以“斯堪的纳维亚饮酒与驾驶法”为模式的法律之后，该法律有显著的威慑作用，但是只是短暂的。[2] 胡云腾就中国的“严打”与杀人罪发生率之间的关系进行了实证研究，得出的结论是：死刑虽然在短期内有明显的遏制犯罪的效果，但从长远看这种效果难以持续。[3]

从刑罚的内部来看，刑罚严厉性对抽象普遍抑制的影响较小，对具体普遍抑制的影响相对较大。加大刑罚的严厉性在短期内可以达到一定的效果，但这种效果会随着时间的推移而降低。而且，从刑罚普遍抑制作用的优化来看，单纯加大严厉性的做法过于单调，更重要的是让社会公众感受到刑罚的严厉性加大了。

（3）普遍抑制的信息输出。信息论的一般原理认为系统与环境之间的相互作用是通过信息的传递来实现的，而信息的传递包括两种情况，信息输入和信息输出。普遍抑制如果要充分地发挥其效果就需要保证整个刑罚过程的信息被反复地输入社会，而且这种信息的传递必须是通畅的、充分的、持续的。

从理论上看，应当加强刑罚信息输出，让社会尽可能了解刑事司法的信息。我国实行的严打政策从某种角度上看就是为了加强刑事司法的信息输出，让有关严打的信息宣传传递到社会中去。刑事司法的仪式性质也是为了加强刑罚普遍抑制作用的信息输出，福柯就曾指出：“酷刑并不等于任意施刑，而毋宁说是一种权力技术。公开执行的酷刑作为一种‘仪式’，其主要目的不是重建正义，而是以儆效尤，重振君主的权力。”[4] Robert Gahringer 就指出：“正常情况下刑法学和犯罪学的理论都认为刑罚以及刑事制裁具有与潜在犯罪人及更广泛的社会大众进行交流的功能。这种交流不仅通过行为、举动来进

---

〔1〕 H. L. Ross, “Law, Science, and Accidents”, *The Journal of Legal Studies*, vol. 2, issue. 1, Jan., 1973, pp. 1-78.

〔2〕 H. L. Ross, Richard McCleary and Thomas Epperlein, “Deterrence of Drinking and Driving in France: An Evaluation of the Law of July 12, 1978”, 16 *Law & Soc'y Rev.* 345 (1981-1982).

〔3〕 邱兴隆：《死刑断想——从死刑问题国际研讨会谈起》，载中国人民大学刑事法律科学研究中心组织编写：《现代刑事法治问题探索》（第 2 卷），法律出版社 2004 年版，第 359 页。

〔4〕 ［法］米歇尔·福柯：《规训与惩罚：监狱的诞生》，刘北成、杨远婴译，生活·读书·新知三联书店 2007 年版。

行，还通过符号、信号、宣示、修辞等机制进行。”[1]

但是，加强信息输出存在若干问题：

第一，加强信息输出存在困难。实现信息输出最大化受到各方面的客观限制，很难实现。绝大部分的刑罚信息其实并没有输入到社会中去。社会、媒体一般只关注大案要案，而司法程序所处理的案件总数要远远超出社会关注的范围，大部分的案件信息并没有传递到社会中去。加强信息输出频率也是实现信息输出强化的一大途径，这一过程的心理学机制就是操作性条件作用中惩罚的抑制作用，而此时的对象是以社会为单位的。但这其中的悖论就在于，信息输出频率的提高同时意味着受到处理的犯罪越来越多，如果刑罚的普遍抑制作用提高的同时，犯罪率也在升高，那么刑罚究竟有没有威慑力呢？还是前文所提到的那个悖论：“刑罚的威慑作用最好的时候也正是它最差的时候。”[2]

第二，加强信息输出存在问题。但是在刑罚适用的公开上会遇到几个问题。究竟是审判公开还是执行公开？审判公开究竟是审理公开还是宣判公开？究竟是刑罚的适用公开还是刑罚的执行公开？司法适用公开的争议较小，因为司法审判本身就应当符合公开的原则，除了极少部分不适合公开审理的案件外，绝大部分案件是公开审理的，而且所有案件都应该公开宣判，这是刑事诉讼法的明文规定。但是是否需要采取额外的扩音机制？如我国严打期间就有公判大会，在各大广场等公众集会场公开宣判，被告人还得站在卡车上带上标牌游街示众，这种做法无疑能够加强刑事司法对于社会的信息输入，但其是否符合司法文明的发展方向同样受到质疑和批判。又如刑事案件信息的过多曝光会损害犯罪人权益。犯罪人保护同时包含两方面的含义：一是犯罪人的隐私保护问题，如果青少年犯罪人借助前科封存制度能够得到较好的保护，那么成年犯罪人的个人隐私则未必能够受到很好的保护。二是犯罪人的标签效应，犯罪人自身可能因为受过刑事司法的处理而一生背负犯罪人的名声，这不利于被告的改造和再社会化，而且如果犯罪人所生活的社区较为狭隘保守，那么该社区也很有可能对犯罪人产生抵触，从而为犯罪人的再社

[1] Robert Ervin Gahringer, “Punishment as Language”, in *Ethics*, 1960, vol. 76, pp. 46-48.

[2] Paul H. Robinson, John M. Darley, “The Role of Deterrence in the Formulation of Criminal Law Rules: At Its Worst When Doing Its Best”, *Georgetown Law Journal*, 2003, vol. 91, p. 949.

会化制造障碍，甚至导致犯罪人的再度边缘化。

普遍抑制的信息输出在中国的死刑制度问题上存在着明显的悖论。中国每年死刑的执行数量是一个保密的数字，这就意味着绝大部分的死刑执行不为社会所知，社会大众根本不知道这些死刑曾经发生过，其信息从来没有传递到社会中去。既然这些信息从来没有输入到社会中去，那么社会中的犯罪率或升或降都与这些被保密的死刑之间没有任何关系，可以断定这些被保密的死刑从来没有实现其普遍抑制的效果。如果说死刑是否具有威慑力的问题仍存在争论的话，那么我们至少可以认为死刑的威慑力基本上只存在于普遍抑制的普遍宏观的观念上，而绝大部分具体案件的死刑是没有威慑力的，最起码这些被保密的死刑是没有威慑力的，因为它们从来不曾被人知道。从信息论的角度看，系统与外界的交互作用需要借助信息的输入和输出，如果刑罚的信息从来没有输入到社会中去，那么刑罚对于社会的作用机制显然是不存在的。

笔者所举的乃是死刑的例子，但其原理可以应用于所有其他种类的刑罚。以监禁为例，当代社会的刑罚体系以自由刑为核心，因此每年被判处监禁的案件数量是最多的，由此可见，监禁刑的数字比死刑更为庞大，但这些监禁刑的信息只有极少数被传递到社会中去。

1975 年美国芝加哥大学的经济学家 Isaac Ehrlich 发表题为《死刑的威慑效果：一个生与死的问题》[1]的重要论文，其研究认为从 1933—1969 年每执行一次死刑都威慑了 7~8 起凶杀行为，从而明确肯定死刑具有普遍抑制的威慑效果。[2]不仅如此，根据笔者所掌握的资料，国外学者采用类似数学方法对死刑是否具有威慑力进行的研究多达 20 余项，而其中当代的研究就有 10 项左右。令人感到奇怪的是，尽管这些学者在研究方法以及最后结论中关于威慑效果的结论数据上存在差异，但他们中的大多数的基本结论是一致的——死刑能够对犯罪产生威慑力。

对于这一观点，笔者是不认同的。首先，死刑对于犯罪具有威慑力，这是肯定的。但是死刑对于犯罪的威慑力是否能够通过 1 起死刑抑制 n 起犯罪

---

〔1〕 Isaac Ehrlich，“The deterrent effect of capital punishment：A question of life and death”，in *American Economic Review*，1975，vol. 65，pp. 397-417.

〔2〕 吴宗宪：《西方犯罪学》（第 2 版），法律出版社 2006 年版，第 60~61 页。

这样的数量关系来表示呢？笔者认为即使可以，当前的研究也是存在问题的。当前的研究都以现实社会为研究对象，因此无法做到像科学实验那样将有可能干扰实验结果的其他变量排除。简而言之，在我们计算刑罚与犯罪的数量关系时，同时还存在众多的因素会影响犯罪数量，因此我们所得到的刑罚与犯罪之间的数量关系是不具有排他性的。

对于笔者的这一批判，数理统计学者以“黑箱”理论来对这一问题进行辩护。“黑箱”理论主要说明两个问题：①这其中的作用机制暂时无法弄清，以当前的科学技术水平无法详细了解对内部的作用机制，因此称其为“黑箱”；②这其中的作用机制不必弄清，这一观点说明我们只需要知道“黑箱”的输入和输出的结果就行了。就像汽车一样，大部分驾驶员并不了解汽车详细的机械构造，但这并不影响驾驶，我们只要知道踩下油门汽车就会加速就行了，至于油门踏板、连接杠杆、油箱、化油器、喷油嘴、发动机等部件之间究竟如何工作我们并不需要知道。只要“黑箱”的处理机制在输入和输出上保持稳定，那么即使其在认识论上难以实现，它在方法论上还是可以把握的。简而言之，“黑箱”即使无法被看透，但依然可以操控。刑罚对于犯罪肯定是有抑制作用的，这种抑制作用通过多个途径对社会产生影响，这些影响的具体机制并不清楚（“黑箱”），但我们可以通过观察最后得到的结果来判定二者之间的数量关系。

但是这样的逻辑在中国的刑罚尤其是死刑问题上却无法实现。根据上文笔者关于信息论一般原理的论述，无论如何计算死刑的数量与犯罪率之间的关系，无论这些数据得出了什么样的结论，都必须先满足一个前提，那就是死刑的信息输入到社会中去了。这期间死刑的预防作用——威慑力究竟如何作用是不甚明了的。但如果连信息输入的基本前提都无法满足的话，无论其最后的公式和统计结果如何吻合，笔者都只能遗憾地说这只是一种巧合，死刑与犯罪基本没有关系，因为社会从来不知道这些死刑曾经发生过。而从研究的方法论上看，定量研究要接受定性研究的检验，宏观数据要接受微观作用的检验。

普遍抑制的信息作用乃是一个信息输出和信息接收相结合的过程，其重要性不仅在于国家刑罚的信息输出，更在于社会公众对于刑罚的信息接收，这种信息接收既有间接性，又有主观性，更多时候这种间接而主观地接收到的信息才决定了刑罚普遍抑制的实际效果。详见下文“普遍抑制的信息接收”。

（4）普遍抑制的信息接收。普遍抑制乃是刑罚对于具体犯罪人以外的社会上其他人犯罪所产生的抑制效果。普遍抑制的作用是间接的，而非直接的，社会公众并不直接承受刑罚，他们只是间接地获取关于刑罚的信息。普遍抑制是根据社会公众对刑罚信息的了解而产生作用的，因此普遍抑制的信息接收一方面是客观存在的，另一方面又具有主观色彩。刑罚的普遍抑制作用从社会公众接收刑罚信息的研究来看也是喜忧参半。

公民对于刑罚的信息的了解并不准确，他们的行为与法律知识之间也没有十分紧密的联系。①美国有一项研究在五个州进行，该研究设计一个普通人可以发现自己所处的境遇：规则设计他们帮助处于危险之中的陌生人、在受害人可以安全撤退的情况中使用致命的防御武力、报告已知重罪的责任、用致命武力保护财产。研究结论发现人们的行为与这些法律规则并无太大关系，人们是根据对于法律的直觉认识来进行行为选择的。[1]②对于犯罪未遂的研究表明，人们乃是用自己的道德直觉来预测惩罚量而不具有任何真正的法律知识。[2]

对犯罪人人群的测试验证了以上判断，即人们对于刑罚的信息接收并不准确。①有研究测试了现有罪犯对刑法典有关制裁方面的知识，发现他们对这些知识的了解并不确切。对因重罪而被监禁的男性进行测试，考虑他们在监狱的时间和他们对问题的兴趣，他们被假定为既有动机又有机会学习大量的刑罚制度。但是，只有22%的犯人认为他们确实知道针对他们所实施的犯罪会有什么样的刑罚（尽管他们可能是错的）。18%的犯人认为他们对制裁没有概念。对于所实施的犯罪的刑罚，另外35%的犯人说：“我甚至都没有想到刑罚。”[3]②在 Anderson 的研究中，“76%的积极罪犯和89%的暴力罪犯，不

---

〔1〕 John M. Darley, Kevin M. Carlsmith & Paul H. Robinson, “the Ex Ante Function of The Criminal law”, in *Law & Society Review*, 2001, vol. 35, p. 165.

〔2〕 John M. Darley, Catherine Sanderson & Peter LaMantia, “Community Standards for Defining Attempt: Inconsistencies With the Model Penal Code American Penal Code”, in *American Behavioral Science*, 1996, vol. 39, p. 405.

〔3〕 David Anderson, “The Deterrence Hypothesis and Picking Pocket at the Pickpocket's Hanging”, in *American Law and Economics Review*, 2002, vol. 4, p. 295.

是认识不到被拘捕的风险，就是没有想到对他们所犯罪行的惩罚。”[1]

虽然民众对于刑罚信息的了解并不准确，但普通民众感受刑罚威慑力的情况却比较乐观。有研究显示，对于威慑，民众容易过高地估计罕见事件的发生。也许最好的概括是，一般人对惩罚比例的认知虽然是低的，但至少比实际情况要高。[2]公众并不掌握准确的刑罚信息，所以普遍抑制被弱化。但公众又往往高估刑罚效率，所以普遍抑制被强化了。这种情况颇有歪打正着的意味，令人哭笑不得。

增加刑罚的信息接收也并不必然增加普遍抑制的作用，甚至会带来副作用。

第一，降低公众安全感。如果关于刑事案件的信息充斥着日常生活，那么社会公众就会认为社会治安状况在恶化，人民生活的幸福感也会随之降低。

第二，贬损国家形象。福柯指出：“而酷刑之所以消失，就是因为到18世纪前后时，君主逐渐发现，酷刑不足以实现其预期的目的，因为在公开行刑的恐怖仪式中，民众的角色是多义的——诚然，在一些公开处决中，民众会受到恐吓和威慑，但在另外一些当中，则引起了社会的骚乱：民众不是服从统治者，而是嘲笑统治者；而被处决者常常变成民众的英雄。因为这些弊端，当权者逐渐抛弃了公开执行的酷刑，转而发现，监狱才更能契合权力技术的需要。监狱根据军事化的时间表对罪犯进行行为训练、培养习惯和对人身加以限制，从而构成对肉体的有效规训。在公开行刑时，场面宏大，有受刑人，有施刑人，有看客，大家共同实现刑罚的目标；而在监狱中，受刑人是被个体化地标定的和规训的主体。简单来说就是：酷刑是通过压制来威慑群体，而监狱是通过军事化管理来驯顺个人。不言而喻，后者更为有效。由是，以‘隔离’‘禁闭’为主要特征的近代监狱纷纷建立，成为刑罚制度的主体。”[3]为证明自己的观点，Spierenburg选取作为公共景观的刑罚为一个视角，描述公开行刑的兴衰成败，追踪民众之感受对这整个过程的影响。申言之，Spier-

---

[1] David Anderson, “The Deterrence Hypothesis and Picking Pocket at the Pickpocket's Hanging”, in *American Law and Economics Review*, 2002, vol. 4, p. 295.

[2] Lance Lochner, “A Theoretical and Empirical Study of Individual Perceptions of the Criminal Justice System”, in *Rochester center for economic research working paper*, 2001 June, issue. 483.

[3] [法] 米歇尔·福柯：《规训与惩罚：监狱的诞生》，刘北成、杨远婴译，生活·读书·新知三联书店2007年版。

enburg 的考察集中在 1650—1750 年间，公开行刑在欧洲（主要是在阿姆斯特丹）从兴起到消失的过程。通过大量的史实，Spierenburg 发现，刑罚压制模式的转变反映着民众感受的变化。对于犯罪人之公开行刑，民众最初是持积极态度；但是逐渐地，民众的内心开始变得温和，对于刑罚的敏感度开始上升；到 19 世纪时，民众对于公开行刑的忍耐达到极限。与此相应，公开行刑虽然曾作为彰显刑罚权威的重要步骤而发挥关键性作用，但是逐渐地，先是阿姆斯特丹的石制断头台（不可移动，始终矗立于市中心）换成了木制断头台（可移动，行刑完毕后就收起来），接着是废止了执行死刑后的曝尸，最终彻底废除了公开行刑，转到更隐蔽的监狱中行刑，从公众视野中消失了。[1]显然，司法的、个案的普遍抑制如果使得犯罪人承受了较其罪行更为严厉的刑罚，那么这一判决不仅不能得到抑制的效果，反而会破坏司法的公信力。葛德文指出："不论我们形成什么样的反对法令的观念，虽然可能杂有错的成分，但总是真诚地从我们的生存的基本条件出发的。我们把这些法令同以团体资格所实行的暴政相比较；比较得越多，对于所面对的非正义的怨言和愤怒也就越多越大。愤怒的情绪是不能起安抚作用的；而野蛮手段也不具有任何说服力量。它可以吓人，但是不能使我们虚心和逆来顺受。为非正义所如此败坏的情况下，我们的痛苦和希望以及一切情感上的要求就会一再出现。它们一定会胜利，这又有什么可奇怪的呢？"[2]

第三，助长犯罪风气。对于案件的报道更多的是侧重于犯罪的报道，而非刑罚的报道。犯罪新闻报道主要是通过讲述犯罪过程、情节以及对其评价，激发人们激情、恐惧、爱憎等情感，满足人们内心冲动、正义追求、信息汲取等需要以及进行社会控制的一种文化传播方式。媒体对于犯罪故事、法律和正义情有独钟的报道已经成为一个主要的文化工具了，即以它来界定社会可接受的行为准则、身份和社会现实。作为一个活跃的行使社会控制的机构，新闻媒体向受众展现了一种社会规范，人们的行为会以这些规范为参照，并受到约束。[3]在美国等西方国家，基督教有巨大的影响，基督教文化又有

---

〔1〕 Peter Spierenburg, *The Spectacle of Suffering*, Cambridge University Press, 1984, p. vii.

〔2〕［英］威廉·葛德文：《政治正义论》（第 2、3 卷），何慕李译，商务印书馆 1980 年版，第 232 页。

〔3〕 R. V. Ericson, P. M. Baranek, J. B. L. Chan, *Visualizing Deviance: A Study of News Organization*, Torronto: University of Torronto Press, 1987.

“罪感文化”之称。源于这种“罪感文化”，美国等西方国家的新闻文化强调负面报道，挖掘丑闻，批评社会的不公正、不平等现象。正如西方新闻界的名言：“坏的事情就是好的新闻”，灾难、事故、犯罪、丑闻等成为最吸引读者的主题。大众传媒专家约翰·马丁博士认为：“报纸之所以对负面报道感兴趣是因为这种新闻有一种缺憾，而有缺憾的东西才更具有吸引力。”[1]基于大众对犯罪新闻报道的需求，美国等国家媒体在报道内容上往往会尽可能细致地描述犯罪的具体细节，在报道犯罪对象时会从挖掘涉嫌犯罪者人性化方面着手，分析犯罪者的周围环境，进行立体报道。在报道程度上也经常会尽描绘暴力、色情之能事，基于经济利益而游离社会责任的边界。因此，有学者研究得出结论——“犯罪新闻报道具有双向效果。”[2]在这种情况下犯罪新闻报道就需要找到一个恰当的平衡点才能够有利于刑罚普遍抑制作用的最大化。

由此可见刑罚普遍抑制的信息输出所追求的并非信息输出最大化，而是有效信息输出的最大化，或者说是信息输出的最优化。所以实现刑罚普遍抑制作用最大化的关键在于如何实现刑罚普遍抑制作用机制的优化组合。刑罚普遍抑制作用的强化机制需要满足一系列条件，而一旦某一条件无法满足就有可能形成短板效应，从整体上限制刑罚普遍作用机制的实现。

2. 普遍抑制的弱化机制。刑罚的普遍抑制作用在现实中还受到来自各个方面的弱化。刑罚的普遍抑制作用在现实中不甚乐观的原因一方面在于其无法有效实现强化机制，另一方面在于其同时存在弱化机制。这种弱化机制与强化机制并行不悖，如果强化机制无法实现，而同时又受到弱化机制的影响，刑罚普遍抑制的效果就会显得十分苍白。

普遍抑制的弱化机制可以分为“内部弱化”和“外部弱化”。

（1）普遍抑制的内部弱化。普遍抑制的内部弱化是指行为人自身所产生的抑制自己实施犯罪的能力的弱化。

普遍抑制的心理学基础是趋乐避苦。边沁的利益计算、费尔巴哈的心理强制说都是从这一方面来论证普遍抑制的。但是，古典学派的学者在心理学方面的理论只能被认为是朴素的观念，它们存在着种种不足。趋乐避苦是人

---

〔1〕 朱颖：《犯罪新闻报道的文化问题之比较》，载《国际新闻界》2005年第5期。

〔2〕 宋远升、高玉冰：《犯罪新闻报道的双向效果与少年犯罪》，载《犯罪研究》2013年第3期。

类的普遍心理，但并非必然心理和全部心理。

现实中存在部分犯罪人不受趋乐避苦心理的制约，这便是趋乐避苦作用的盲区。普遍抑制对部分人群不起作用，例如变态人格者。变态犯罪人能够接收普遍抑制的信息，但普遍抑制的信息对他们并不产生作用。在这种情况下，该部分属于普遍抑制作用的盲区。普遍抑制对部分人群作用减弱，例如青少年，John Diiulio 的研究结论指出青少年由于心智发育有待进一步成熟，因此刑罚的威慑作用会下降。[1]又如普遍抑制对部分自我控制能力较弱的人如激情犯罪人，其作用也会下降。[2]普遍抑制对于部分人群在特定状况下的作用也会下降，如服用酒精、毒品等即是自我控制消极弱化的典型。

（2）普遍抑制的积极弱化。普遍抑制的积极弱化是指行为人积极主动地弱化刑罚的普遍抑制作用。

第一，利益计算得出犯罪结论。刑罚功利论的基本心理假设是人具有趋乐避苦本能。因此当实施犯罪会受到刑罚处罚时，通过对犯罪与刑罚之间的收益进行计算，行为人便会选择放弃犯罪。但这种情况并非绝对。即使进行利益计算，也并非所有人都会远离犯罪。这种情况最为典型的例子便是赤贫人口所实施的财产犯罪。因为犯罪人是一无所有的赤贫人口，所以他们即使犯罪也不会被剥夺什么利益，相反，入狱服刑反而可以解决温饱问题，而如果成功实施犯罪而逃脱刑罚，那就意味着更多的财富，所以赤贫人口面临这种情况的计算结论必然是犯罪。事实上相当一部分的犯罪都是理性计算后得出的结果。在这个角度，犯罪与一般经济活动没有差异，其都是经过收益和风险评估后所得出的结论，而贪利性犯罪、经营性犯罪则是经过缜密计算而得出的结果。Salmond 就指出："对邪恶成功的奖励机会太多了。"[3]

第二，逃避刑事追诉。人的理性表现为人的主观能动性，而这种能动性是十分辩证的。费尔巴哈认为人有"趋乐避苦"的趋向，但他忘了恰恰因为趋乐避苦，人类完全可以"既趋犯罪之利，又避刑罚之苦"。有组织犯罪、高

---

〔1〕 John J. Diiulio Jr.，"Help Wanted：Economists，Crime and Public Policy"，in *Journal of Economic Perspective*，1996，vol. 10，pp. 3，16.

〔2〕 Michael R. Gottfredson，Travis Hirschi，*A Genral Theory of Crime*，Stanford University Press，1990. 中文译本参见［美］迈克尔·戈特弗里德森、特拉维斯·赫希：《犯罪的一般理论》，吴宗宪、苏明月译，中国人民公安大学出版社 2009 年版。

〔3〕 J. W. Salmond，*Jurisprudence：or the theory of law*，New York：Stevens and Haynes，1990，p. 132.

智商犯罪中躲避刑事追诉乃是犯罪的有机组成部分，此类犯罪现象正好指明了普遍抑制究竟是如何被积极地弱化的。潜在犯罪人是普遍抑制作用的核心区域，但却也是普遍抑制作用积极弱化的核心区域。有研究显示，潜在的犯罪人更加倾向于根本不考虑他们的行为后果或不知道他们的行为。[1]而且他们比一般人更加容易冲动。[2]

共同犯罪对于普遍抑制既有消极弱化效果也有积极弱化效果，从消极弱化来看，人多便有从众心理，自我约束就被削弱；从积极弱化来看，人多更容易毁灭罪证，互相包庇。很多人报告“他们卷入的主要原因是其伙伴”。[3]有研究显示：与罪犯的交谈总是表明，个人是被其他群体成员所说的“他们不会被抓获”引导而实施犯罪的。如果犯罪人是在街上结伙作案，以下几个作用可以临时减少预期来临的监禁期，对目前的违法行为有影响：“激励作用”导致行为放纵而降低对风险的敏感程度，立即奖赏来自于团体尊重的增加，在这个团体中有大胆违反法律的成员。[4]共同犯罪弱化普遍抑制的另一种情况是“去个性化”。在这种现象中，个体“在群体中消失”，即如果和一群人或乌合之众一起实施这些行为，个人所感受到的是他不用为其个人行为负责，因此而参加更多的反社会行为。[5]

4.3.3.6 普遍抑制批判

普遍抑制的批判分为正当性批判与合理性批判。正当性批判是从道德的角度进行的批判，是对普遍抑制形而上的批判。正当性的批判认为普遍抑制受到正当性的限制从而不能极端化。但是需要注意的是，持有该观点的学者有相当一部分承认普遍抑制具有独立性，可以取代刑罚报应论，其批判只是针对普遍抑制被滥用时可能导致的无罪受罚和轻罪重罚等违背公平正义的现

〔1〕 David Anderson, “The Deterrence Hypothesis and Picking Pocket at the Pickpocket’ s Hanging”, in *American Law and Economics Review*, 2002, vol. 4, p. 295.

〔2〕 David P. Farrington, “Human Development and Criminal Careers”, in *Oxford Handbook of Criminology*, Mike Maguire, Rod Morgan & Robert Reiner eds., 2nd ed., 1997, pp. 361, 384.

〔3〕 Floyd Feeny, “Robbers as decision-makers”, in *The Reasoning criminal: Rational Choice Perspectives on Offending*, David Cornish & Ronald Clarke eds., 1986, p. 58.

〔4〕 Paul F. Cromwell, James N. Olson & D’Aunn Wester Avary, *Breaking and Entering: An Ethnographic Analysis of Burglary*, Washington D. C.: Sage Publications, 1991, pp. 69-70.

〔5〕 Leon Mann, James W. Newon & J. M. Innes, “A Test Between Deindividuation and Emergent Norm Theories of Crowd aggression”, in *Journal of Person & Social Psychology*, 1982, vol. 42, p. 260.

象。普遍抑制的合理性批判是从科学的角度进行的批判，是对普遍抑制形而下的批判。合理性批判认为普遍抑制受到限制的原因不仅是因为受到正当性的限制，更是由于其自身的作用机制存在弱化。

1. 普遍抑制的伦理批判。普遍抑制的含义是指通过刑罚对社会上的其他人产生恐吓作用从而阻止其犯罪。单纯的威慑倾向意味着虽然刑罚是对犯罪人因其犯罪行为而进行的惩罚，但犯罪行为只是动用刑罚的一个起因，惩罚谁、为什么惩罚的问题并不重要，关键是要让整个社会知道“犯罪要受惩罚”，要让这一信息传达到社会中去。这种思路会导致普遍抑制走向极端化，其表现就是重刑主义（也称重刑威慑）。重刑主义在中国文化传统中普遍得到认可，明太祖朱元璋就有“治乱世用重典”的言论，而这句话的原型可以追溯至《周礼》——“刑治国用轻典，刑平国用中典，刑乱国用重典”。

正当性批判的基本观点是任何方法手段其自身应当具有正当性，目的的正当性不能够直接证明手段的正当性，目的的正当性不能够成为手段不正当的辩解，不能够因为正当目的而不择手段，即使刑罚能够抑制犯罪，也不能够为了抑制犯罪而穷刑黩罚。

从哲学上看，康德和黑格尔都强调人是手段，更是目的。尤其是康德，他强调“人的行动，要把你自己人身中的人性，和其他人身中的人性，在任何时候都同样看作是目的，永远不能只看作是手段。”“任何一个人对别人所作的恶行，可以看作是他对他自己作恶。”〔1〕他指出：“法院的惩罚绝对不能仅仅作为促进另一种善的手段，不论对犯罪者本人或者对公民社会。惩罚在任何情况下，必须只是由于一个人已经犯了一种罪行才加刑于他。因为一个人绝对不应该仅仅作为一种手段去达到他人的目的。”〔2〕黑格尔指出：“威吓固然终于会激发人们，表明他们的自由以对抗威吓，然而威吓毕竟把正义摔在一旁……根据这种学说所制定的法典，就缺乏真正的基础。威吓的前提是人不是自由的，因而要用祸害这种观念来强制人们，然而法和正义必须在自由和意志中，而不是在威吓所指向的不自由中寻找它们的根据，如果以威吓为刑罚的根据，就好像对着狗举起拐杖来，这不是对人的尊严和自由予以应

〔1〕［德］康德：《法的形而上学原理——权利的科学》，沈叔平译，商务印书馆 1997 年版，第 165 页。

〔2〕［德］康德：《法的形而上学原理——权利的科学》，沈叔平译，商务印书馆 1997 年版，第 164 页。

有的重视，而是像狗一样对待他。”[1]因此单纯地将人作为手段的做法意味着人的异化，人成了工具，人不再是主体，人不再是人。

从法学上看，正义是法学的元概念，正义要求罪与刑的对等，而极端的普遍抑制会导致重刑主义，这就意味着为了威慑犯罪，轻罪可以重刑。中国古代法家思想便带有此种重刑主义倾向，《商君书·开塞》：“立君之道，莫广于胜法；胜法之务，莫急于去奸；去奸之本，莫深于严刑。”《商君书·说民第五》有“重轻刑去”的记载，其含义就是对轻罪用重罚，则刑罚会用得越来越少。遗憾的是这种观念终究与正义的原理背道而驰，在客观上也会导致民众对于法律缺乏认同而不愿遵守。Andrew von Hirsch 认为以威慑的需要为转移的刑罚“很有可能支持对被定轻罪的人中的某些人使用极端的刑罚……这似乎是一种模糊不清的正义”。[2]

从人道主义上看，普遍抑制走向极端会导致重刑主义，而这违背人类基本的同情和怜悯，也违反了人类社会发展和追求的方向，因此不具有正当性。

2. 普遍抑制的无理批判及其反驳。众多学者对刑罚功利论导致惩罚无辜进行了批判，如 Ross[3]、Raphael[4]。笔者认为所有关于惩罚无辜的批判都是无理的。

除此之外，还有文章举例某地发生命案，传言乃是黑人所为，白人团体扬言要进行报复，警长是否可以逮捕某一黑人从而进行迅速审判以平息事端。[5]笔者认为这种举例简直就是开玩笑。首先，传闻证据规则，谣言不足以采信。其次，白人至上团体扬言进行报复，要逮捕也是逮捕白人，怎么可以随便逮捕黑人？而从该案例的命题来看，其本身已经与刑罚无关，刑罚只是一个幌子，乃是政客的工具。所以这个案例讨论的压根不是刑罚功利论的内容，刑罚功利论必须限定在以“刑罚对于犯罪所产生的抑制作用”这个框架内。认

---

[1] ［德］黑格尔：《法哲学原理》，范扬、张企泰译，商务印书馆 1996 年版，第 102 页。

[2] Andrew von Hirsch, “Neoclassism, Proportionality, and the Rationale for Punishment: Thoughts on the Scandinavian Debate”, in *Crime and Delinquency*, 1983, vol. 23.

[3] W. D. Ross, *The Right and the Good*, Clarendon Press, 2002, pp. 56-64.

[4] D. Daiches Raphael, *Moral Judgement*, London: George Allen & Unwin Ltd., 1955, pp. 70-73.

[5] Guyora Binder & Nicholas J. Smith, “Framed: Utilitarianism and Punishment of the Innocent”, in *Rutgers Law Journal*, 2000, pp. 115-224; H. J. McCloskey, “A Non-Utilitarian Approach to Punishment”, in *Inquiry: An Interdisciplinary Journal of Philosophy*, 1965, vol. 8, pp. 249-263; T. L. S. Sprigge, “A Utilitarian Reply to Dr. McCloskey”, in *Inquiry: An Interdisciplinary Journal of Philosophy*, 1965, vol. 8, pp. 264-291.

为对黑人施加刑罚可以抑制白人至上团体的犯罪的话，这种观点显然是逻辑错位的。

葛德文就曾指出："任何健全的推理原则。在任何情况下，如果能够清楚地证明给人造成痛苦会产生更多的幸福，那么，我造成这种痛苦就是正确的。不过这样造成的痛苦和遭受这种痛苦的人的是否有罪并无关系。如果能有良好效果，就是无罪的人也可以成为造成痛苦的恰当对象。而一个有罪的人，也只能根据这种观点才能成为痛苦的恰当对象。如果根据任何假定，为了过去的和无可挽回的事，并且只是为了这样的考虑而惩罚他，这种做法就只能被看作毫无教养的野蛮主义的最有害的表现之一。"显然有罪与无罪与受罚之间不仅在哲理、法理上有关，在生理上也有关，对于冤狱人们感受到的是不安，而对于罪有应得的惩罚，人们所感受到的的的确确就是幸福。

4.3.4 积极一般预防述评

传统理论也将抽象普遍抑制称为积极一般预防，而积极一般预防也是德语国家的主流刑罚理论，中文领域就积极一般预防较为全面的研究可以参见陈金林的《积极一般预防理论研究》[1]。下文仅对以德国刑法学为代表的积极一般预防理论做简要述评。

积极一般预防，英语作 Positive General Prevention，德语译作 Positive Generalprävention。又称整合预防、一体性预防、整体预防（德语作 Integrationspravention）、联合预防、广泛的一般预防、间接的一般预防。这个理论有很多版本，其数量如此之多以至于事实上可以不提积极的一般预防理论（Theorie），而称之为积极的一般预防的理论群（Theorien）。[2]

4.3.4.1 积极一般预防的历史梳理

根据陈金林博士的考证，其实早在近代，李斯特就有过类似的表述："刑罚是刑事法官根据现行法律就犯罪人的犯罪行为而基于犯罪人的惩罚（Uebel），

〔1〕 陈金林：《积极一般预防理论研究》，武汉大学出版社 2013 年版。

〔2〕［德］哈赛默尔：《对积极的一般预防论的修正》，载许迺曼主编：《积极的一般预防——德语—英语对话中的批评性分析》1998 年版，第 29 页、第 43 页。转引自［美］马库斯·德克·达博：《积极的一般预防与法益理论——一个美国人眼中的德国刑法学的两个重要成就》，杨萌译，载《刑事法评论》2007 年第 2 期。

以表达社会对行为及行为人的否定评价。"[1]但直接提出这一概念的是 Beckmann，他完成了新理论与传统消极一般预防理论的分离，并将其正式命名为"积极的一般预防"。根据他的观点，刑罚服务于促成对法秩序的信赖，通过它的行为掌控效果达成由国家保证的安全（法信赖的确立）。[2] Beckmann 所提出的术语逐渐为刑法学界所接受。Franz Streng 在 1980 年接受了这一概念；[3] 1982 年，Hans-Jochen Otto 也使用了这一概念；[4] Wolfgang Köberer 于 1982 年将法定刑设置可能具有的合规范行为的强化作用视为一种"新的"一般预防理论；[5] 1983 年以来，Hassemer 也开始使用"消极与积极一般预防"这一对概念；[6] Jakobs 于 1983 年指出，当时已经存在独立的积极一般预防理论（eine eigenständige Theorie der positiven Generalprävention）。[7]此后，Dieter Dölling、Hans Achenbach、Arthur Kaufmann、Schroth 等先后使用了这一概念。[8]自 1985 年起，积极的一般预防成了《莱比锡刑法评论》（Leipziger Kommentar）中的关键词之一。[9]此后，学界开始普遍运用这一理论。例如，Moos 在 1989 年强调，通过刑罚，犯罪人和社会都得以再度与规范进行整合，社会的内部

---

〔1〕［德］弗兰茨·冯·李斯特：《德国刑法教科书》，徐久生译，法律出版社 2000 年版，第 401 页。

〔2〕 Paul Beckmann, in: GA 1979, S. 439 (457).

〔3〕 Franz Streng, Schuld, Vergeltung, Generalprävention. Eine tiefenpsychologische Rekonstruktion strafrechtlicher Zentralbegriffe, in: ZStW 92 (1980), S. 637 (641, 661 Fn. 71, 666).

〔4〕 Hans-Jochen Otto, Generalprävention und externe Verhaltenskontrolle, Eigenverlag von Max-Planck-Institut für ausländisches und internationales Strafrecht, 1982, S. 279 f.

〔5〕 Wolfgang Köberer, Läßt sich Generalprävention messen? Zur neuen Diskussion der abschreckenden Wirkung von Strafe - am Beispiel der Todesstrafe in den USA, in: MschKrim 65 (1982), S. 200 (216, Fn. 97).

〔6〕 Winfried Hassemer, Strafziele im sozialwissenschaftlichen orientierten Strafrecht, in: Winfried Hassemer/ Klaus Lüderssen/ Wolfgang Naucke (Hrsg.), Fortschritte im Strafrecht durch die Sozialwissenschaften, 1983, S. 39 (50 Fn. 33, S. 57, 64).

〔7〕 Günther Jakobs, Strafrecht AT, 1983, Rn. I/4, I/18.

〔8〕 Dieter Dölling, Strafeinschätzungen und Delinquenz bei Jugendlichen und Heranwachsenden, in: Kerner/ Kury/Sessar (Hrsg.), Deutsche Forschung zur Kriminalitätsentstehung und Kriminalitätskontrolle, Teilband 1, 1983, S. 51 (74); Hans Achenbach, Individuelle Zurechnung, Verantwortlichkeit, Schuld, in: Bernd Schünemann (Hrsg.), Grundfragen des modernen Strafrechtssystems, 1984, S. 135 (142); Arthur Kaufmann, Schuld und Prävention, in: Broda/ Deutsch/ Schreiber/ Vogel (Hrsg.), Festschrift für Rudolf Wassermann zum 65. Geburtstag, 1985, S. 889 (892 f.).

〔9〕 Günter Hirsch, in: Hans-Heinrich Jescheck u. a. (Hrsg.), Leipziger Kommentar zum Strafgesetzbuch, 10. Aufl., 2. Band, 1985, Vor § 46, Rn. 10.

整合也因此得以实现。〔1〕Heinz Zipf 在 1989 年将刑罚视为推动民众规范接受的合法工具，并认为通过法忠诚训练实现的积极的一般预防对于消极的一般预防具有优先地位。〔2〕

Ostendorf 于 1976 年指出，应当如此理解一般预防，即通过刑事政策或刑法措施，对公众进行指导，以使其实施与社会兼容的、符合规范的行为，并预防与社会对抗的、反规范的行为。〔3〕Christian Schöneborn 于 1976 年将宽泛意义上的社会教义学意义（sozialpädagogischer Sinn）作为一般预防的核心内容进行理解，主张应通过处罚违规行为，使刑法规范的不可违反性得以确保。〔4〕因而，规范效果强化的一面（der normbekräftigende Aspekt）也被当成了刑罚一般预防效果的一部分。

20 世纪 70 年代末，积极一般预防理论已经基本成型。在这一时期，与积极一般预防观念具有亲缘关系的术语，诸如法秩序维护（Wahrung der Rechtsordnung）、〔5〕加强民众的法忠诚感（die Rechtstreue der Bevölkerung zu stärken）、〔6〕确保相应法律的不可违背性（Unverbrüchlichkeit des jeweiligen Kodexes plakativ sicherzustellen）等，〔7〕得到了广泛的传播。另外一些处于中间形态的理论则被称作“一般预防的积极面”，〔8〕例如 Müller-Dietz 就认为，一般预防的积极一面包括“民众法忠诚感的获得与强化”（Erhaltung oder Stärkung

〔1〕 Reinhard Moos, Positive Generalprävention und Vergeltung, in: Walter Melnizky/ O. F. Müller (Hrsg.), Strafrecht, Strafprozeßrecht und Kriminologie. Festschrift für Franz Pallin zum 80. Geburtstag, 1989, S. 283 (300).

〔2〕 Heinz Zipf, Die Integrationsprävention (positive Generalprävention), in: Walter Melnizky/ O. F. Müller (Hrsg.), Strafrecht, Strafprozeßrecht und Kriminologie. Festschrift für Franz Pallin zum 80. Geburtstag, 1989, S. 479 (484).

〔3〕 Heribert Ostendorf, Auf Generalprävention kann noch nicht verzichtet werden, in: ZRP 1976, S. 281 (283).

〔4〕 Christian Schöneborn, Schuldprinzip und generalpräventiver Aspekt, in: ZStW 88 (1976), S. 349 (351).

〔5〕 Harro Otto, Strafwürdigkeit und Strafbedürftigkeit als eigenständige Deliktskategorien, in: Stree/ Lenckner/ Cramer/ Eser (Hrsg.), Gedächtnisschrift für Horst Schröder, 1978, 1978, S. 53 (56).

〔6〕 Heribert Ostendorf, Auf Generalprävention kann noch nicht verzichtet werden, in: ZRP 1976, S. 281 (283).

〔7〕 Christian Schöneborn, Schuldprinzip und generalpräventiver Aspekt, in: ZStW 88 (1976), S. 349 (351).

〔8〕 Hans-Jürgen Bruns, Strafzumessungsrecht, 2. A., 1974, S. 207; Armin Kaufmann, Die Aufgabe des Strafrechts, 1983, S. 17.

der Rechtstreue der Bevölkerung）以及“民众对法秩序存在以及贯彻力的信任”（Vertrauens in die Bestands- und Durchsetzungskraft der Rechtsordnung）的维持。[1] Gerhard Dornseifer 指出，应该通过沟通性归责（kommunikative Schuldzuschreibung）实现法忠诚训练。[2] Armin Kaufmann 也将刑罚理解为一种面向法忠诚的社会化过程。在他看来，刑法最重要的机能就是为多数公民创造或强化一种持续性的法忠诚意识或一种合法的生活状态。此外，刑罚具有信息传达和信赖形成的元素（informative, vertrauensbildende Komponente），它一方面向公众传达（aufklären）当前通行的规范，另一方面又强化规范有效性的信赖。[3]

4.3.4.2　积极一般预防的理论体系

由于积极的一般预防理论以特定的个人与国家/社会之间的基本观念为基础，因而国家观直接影响着对积极一般预防观念的态度。[4]

刑罚当然也具有象征功能，它是表达刑法对社会支持的媒介，是对主流社会（main-stream-society）标准价值观的支持。[5]

积极一般预防的观点在于建构：①规范的不可侵犯性；②规范为行为的引导模式（Orientierungsmuster）；③规范必须确实被遵守；④规范的确信。[6] 亦即犯罪是犯罪人从违反规范的意思，到进而破坏规范的过程，而刑事制裁则在于对于破坏规范的否定，进而确立法规范的不容破坏性，以维持法规范的安定性。从而，刑事制裁系一种维护法规范的威吓手段，其所宣誓者，则为规范的完整性，刑罚系以威吓方式达到规范尊重的目的，进而从规范破坏

---

〔1〕 Heinz Müller-Dietz, Gutachten zur Vorlage beim BVerfG betr. die Frage “Wie ist beim Mord die Präventive Wirkung der lebenslangen Freiheitsstrafe einzuschätzen?”, in Hans - Heinrich Jescheck u. a. (Hrsg.), Ist die lebenslange Freiheitsstrafe verfassungswidrig?, 1978, S. 91 (98 f., 94 f.).

〔2〕 Gerhard Dornseifer, Rechtstheorie und Strafrechtsdogmatik Adolf Merkels, Duncker Humblot, 1979, S. 108ff.

〔3〕 Armin Kaufmann, Die Aufgabe des Strafrechts, 1983, S. 18, 20.

〔4〕 Vgl. Heike Jung, Zur Einordnung des Konzepts der positiven Generalprävention, in: Schünemann/von Hirsch/ Jareborg (Hrsg.), Positive Generalprävention, Kritische Analysen im deutsch-englischen Dialog, C. F. Müller Verlag, 1998, SS. 51-53, 53.

〔5〕 Vgl. Karl-Ludwig Kunz, Kriminologie, Haupt, 1994, S. 44, § 8, Rn. 7.; Vgl. Roxin, Täterschaft und Tatherrschaft, 7. Aufl, SS. 7, 8.

〔6〕 K. F. Schumann, Positive Generalprävention: Ergebnisse und Chancen der Forschung, CF Müller Juristischer Verlag, 1989, S. 1.

的制裁中，强化社会大众的规范意识，乃至达成规范信赖的目的。[1]

C. Roxin 认为积极的一般预防需要区分三种目标和效应：①以社会教育为动机的学习效应（Lerneffekt），社会大众经由刑事司法活动被唤起的；②信赖效应（Vertrauens Effekt），公民见到法得到贯彻实施时出现的；③最后是安抚效应（Befriedungs Effekt），当一般的法意识（Allgemeine Rechtsbewusstsein），因为对规范的违反受到了制裁而得以平息，且认为与犯罪人的冲突已经得到解决时出现的。[2]

对于积极一般预防的理解，德国学者也各有侧重，部分学者强调规范性，部分强调经验性。前者就是即使现实中无法实现，刑罚依然需要表达其否定态度，而后者则强调刑罚是否能够实现公众的法忠诚。这种观点的分野其实反映了刑罚最最深刻的话题，我们惩罚犯罪人总是希望实现某种目的，而当这些目的因为种种原因无法实现时，我们依然要惩罚犯罪人。积极一般预防理论的支持者大多偏向规范的一面。德国有关积极的一般预防的文献对预防本身并不是特别关注，在其最近的发展中，积极的一般预防强调的不是预防，而是对社会同一性（或者其他自身目的）的确认。[3]德国学者 Karl-Ludwig Kunz 认为宣示刑罚对违规行为的谴责，对一般预防的效果尤其重要，刑罚正是通过对违规行为的宣示性回应来实现预防效果。[4] Alessandro Baratta 认为积极的一般预防理论中，宣示机能是第一位的，功用性的机能则仅占有次要的位置。[5]施特拉滕韦特也偏重于规范层面的积极一般预防理论，他认为，“与通常理解的不同，刑罚的这种功能（积极的一般预防）不仅仅是预防或者防止将来的犯罪，而更多地在于通过法律秩序的稳定与安全而减轻所有人的负担。”[6]当前，尤其是以宣示理论为先锋的观点，在积极的一般预防理论领

---

〔1〕 Jakobs, Strafrecht AT, 2. Aufl., SS. 13ff.

〔2〕 Siehe, Roxin, Strafrecht AT I, 3. Aufl., S. 41; Roxin, AT1, § Rdn. 27; ders., FS Müller-Dietz, S. 709. 转引自［德］米夏埃尔·帕夫利克：《人格体 主体 公民：刑罚的合法性研究》，谭淦译，中国人民大学出版社 2011 年版，第 15 页。

〔3〕 参见［美］马库斯·德克·达博：《积极的一般预防与法益理论——一个美国人眼里的德国刑法学的两个重要成就》，杨萌译，载《刑事法评论》2007 年第 2 期。

〔4〕 Vgl. Karl-Ludwig Kunz, Kriminologie, Haupt, 1994, S. 276, § 28, Rn. 16.

〔5〕 Vgl. Alessandro Baratta, Jenseits der Strafe, in: Fritjof Haft u. a. (Hrsg.), Strafgerechtigkeit. Festschrift für Arthur Kaufmann zum 70. Geburtstag, Müller, 1993, S. 393 (412 f.).

〔6〕 参见［德］冈特·施特拉滕韦特、洛塔尔·库伦：《刑法总论 I ——犯罪论》，杨萌译，法律出版社 2006 年版，第 15 页。

域异军突起。这种宣示理论，就是典型的规范层面的积极一般预防理论。Baratta 甚至认为，积极的一般预防是一种直接通过法律秩序所接受的价值宣示并以此与规范的确证相关的一种理论，因而它是宣示性的，而非经验性的。[1]

4.3.4.3　积极一般预防批判

这种近似绝对理论的积极一般预防理论，在德国刑法学界激起了一片反对之声。Kalous 就认为 Jakobs 的理论只不过将“通过报应的预防”（Prävention durch Vergeltung）这一古老话题换了一个说法而已。[2]帕夫利克指出表达被侵害法规范的一贯权威性乃是报应论的现代版本。[3]中国有学者指出，“报应论尤其是法律报应论与积极的一般预防有着深刻的一致性。在一定程度上，甚至可以说，报应的正义是积极一般预防的必然组成部分。没有对正义的追求，也就没有对社会同一性的追求。”[4]Jakobs 也对自己与黑格尔学说之间的关系进行了解释，并承认 Kalous 的说法值得他仔细斟酌。不过他仍认为他所持的机能的视角与正义报应的观念依然是可以分开的。[5]这种解释说服力仍然有限。Koriath 就认为 Jakobs 的理论仍只是报应理论的乔装（verkappte Vergeltungstheorie）而已。[6]Puppe 也认为 Jakobs 的理论接近康德的绝对理论，她认为这是一种系统论进路的循环，因为这种进路以对系统的稳固来论证制度与教义的正当性，而制度和教义本身则是这个系统本身。[7]Schünemann 则认为，Jakobs 实际上提出了一种新的报应理论，只是他用社会的规范同一性（die normative Identität der Gesellschaft）取代了正义（Gerechtigkeit）的位置。[8]

---

〔1〕 Vgl. Alessandro Baratta, Jenseits der Strafe, in: Fritjof Haft u. a. （Hrsg.）, Strafgerechtigkeit. Festschrift für Arthur Kaufmann zum 70. Geburtstag, Müller, 1993, S. 393（412）.

〔2〕 Angela Kalous, Positive Generalprävention durch Vergeltung, 2000.

〔3〕［德］米夏埃尔·帕夫利克：《人格体 主体 公民：刑罚的合法性研究》，谭淦译，中国人民大学出版社 2011 年版，第 5 页。

〔4〕 参见韩友谊：《积极的一般预防》，载《河北法学》2005 年第 2 期。

〔5〕 Günther Jakobs, in: Androulakis-FS, 2003, 251.

〔6〕 Koriath, 2004, 59.

〔7〕 Puppe, Rostocker Strafrechtslehertagung, in: ZStW 107（1995）, 925.

〔8〕 Schünemann, Rostocker Strafrechtslehertagung, in: ZStW 107（1995）, 926.

4.3.4.4 积极一般预防小结

积极一般预防的观点可以概括为："法要向社会宣示：我依然有效！"作为一种刑罚理论，积极一般预防在概念和内容上都存在问题。

（1）积极一般预防的概念存在歧义。如果积极乃是一般预防的定语，那么积极一般预防很可能被误解为重刑威慑。而通说中，"积极"的含义是针对增进守法行为而言，而"一般预防"的含义是预防犯罪，因此"积极一般预防"中的"积极"与"一般预防"的指称是错位的，这一词语的组合本身就存在歧义。研究积极一般预防的学者著述需要花费大量篇幅来说明"积极"并非一般理解之积极，"预防"也非一般理解之预防，这也从侧面反映了这一概念的先天不足。

（2）积极一般预防的内容并不科学。概念中的歧义已经暴露了积极一般预防在内容上的深层次问题。依据笔者的观点，要谈刑罚，要谈刑罚功利论，就要明确其内容是刑罚对犯罪所产生的抑制功效，其讨论必须限定在"刑罚—犯罪"逻辑框架内。积极一般预防的内容超越了这一框架，而这种超越并没有为该理论提供优势，反而使得该理论失之宽泛，失去了对于刑罚本身的意义。显然这样的做法只是徒增歧义。如同保健之于医学，医学上认为预防疾病比治疗疾病更为重要。所谓"上医治未病"，加强营养、锻炼身体、增强免疫力是抵抗疾病的最好方法，这一观点无疑是正确的，但这些并非医学的核心内容。医学的核心内容还是如何治疗疾病。积极一般预防与刑罚的关系，正如保健与医学的关系，你可以说医学发展的一个重要分支就是保健医学，但医学知识体系的主题部分与核心部分不是保健，而是治病。积极一般预防提倡实现法规范的维护，这一观点无疑是正确的，但这种内容并非刑罚理论的核心内容。

由此可见，作为一种刑罚理论，积极一般预防迷失了自我。

4.3.5 普遍抑制小结

菲利指出："如果我们把犯罪的总体结果与导致其产生的人类学的、自然的和社会的因素的不同特征进行比较，就会很容易发现刑罚对犯罪的结果只不过略微有些影响。其实，刑罚仅凭其作为心理力量的法律威慑的特殊作用，显然不能抵消气候、习惯、人口增长、农业生产及经济和政治危机等因素的世代相传的持续作用。统计资料一直表明这些因素的作用是导致犯罪增加或减少的最有力的原因。力，除非属于同种的，不能相互抵触或抵消，这是一条自然规律。如果没有一种与引力相似的力的作用，物体下降时绝不能减速、加速或改变方向。刑罚作为一种心理力量，只能抵消犯罪产生的心理因素，而且实际上只能抵消那些偶然的和不太有力的因素。”“一个国家的犯罪在自然领域受个人的生理心理状况和自然环境的影响，在社会领域受经济、政治、行政和民事法律比受刑法典的影响要大得多。”〔1〕朱元璋自己曾哀叹：“朕欲除贪赃官吏，却奈何朝杀而暮犯。”

由此可见，犯罪很复杂，刑罚太简单。具体的个别的犯罪之间存在巨大差异，此罪与彼罪存在差异，初犯与再犯存在差异，因此一般性、普遍性、宏观性的普遍抑制对于具体化、个别化的犯罪所能够起到的抑制作用是十分有限的。普遍抑制无异于万金油，它可以适用的症状颇多，但却无法治本。

4.4　刑罚功利论小结

刑罚功利论是客观存在的。无论是从宏观还是微观上看，刑罚都对犯罪起到了抑制作用。但对于这种抑制作用必须要有客观而科学的认识。刑罚对于犯罪的抑制作用是客观存在的，是必须承认的，刑事司法体制的作用是不可否认的。

刑罚功利论是有条件的。刑罚功利论的实现需要满足各种条件，任何条件的缺失或不当都会导致刑罚功效无法实现或大打折扣，而这其中许多条件都是刑罚自身力所不及的。

刑罚功利论的作用是有限的。单纯调节刑罚试图加强对于犯罪的抑制作用是很难实现的。刑罚的功效不仅取决于刑罚本身，更取决于整个社会状况。在社会秩序稳定的前提下，在非常有限的范围内对刑罚进行调整能对抑制犯罪起到一定的效果。而如果社会秩序动荡，或刑罚的调节超出这一限度，那么对抑制犯罪都不会收到很好的效果，甚至可能会适得其反。而且刑罚在特定情况下是存在副作用甚至是反作用的，因此必须科学有效地实现刑罚对于

〔1〕［意］恩里科·菲利：《犯罪社会学》，郭建安译，中国人民公安大学出版社 1990 年版，第 26、98 页。

犯罪的抑制作用。

在这一问题上，葛德文一语中的："以儆效尤可能是这种惩罚的附带结果，但它不是其本质的组成部分。"[1]但惩罚也可以对违反社会规范的行为起到威慑作用，促使人们做出公平的决策。[2]

---

〔1〕［英］威廉·葛德文：《政治正义论》（第2、3卷），何慕李译，商务印书馆1980年版，第233页。

〔2〕E. Fehr & U. Fischbacher, "Third-party punishment and social norms", in *Evolution and Human Behavior*, 2004, vol. 25, issue. 2, pp. 63-87.

CHAPTER5 第5章

报应与功利关系论

事实上，在经历了启蒙时代的思想大爆发和刑法学的学派之争之后，单纯的报应论或功利论的思想已经难觅踪迹。大部分学者所持的观点都是二元一体论的观点，只不过各有侧重而已。

5.1 其他理论之批判

5.1.1 对立论之批判

在经历了启蒙时代对酷刑的批判以及刑法学的学派之争之后，大部分学者都认可了二元一体论的观点，因此单纯的一元论的学者不得不说在学术上是偏执的。

一元论的学者往往都是报应论的否定者和预防论的支持者。德国学者罗克辛认为："然而，在今天的学术界，报应理论已经不再是靠得住的了。……换句话说：国家作为一种人所建立的公共机构，没有能力也没有权力将形而上学的正义思想变为现实。……那种认为人们能够对一种痛苦通过附加另外一种痛苦，从而使其得以弥补或者消除的思想，只有在一种宗教信仰中才是可以理解的。……在一种真正能够被人理解的综合理论中，报应也不能作为一种与预防以其共同存在的刑罚目的加以考虑。"〔1〕德国学者 Koriath 认为："一种以根据经验理解的报应原则作为自己出发点的综合理论，是很不可能

〔1〕［德］克劳斯·罗克辛：《德国刑法学总论（第1卷）：犯罪原理的基础构造》，王世洲译，法律出版社2005年版，第38、47页。

的。综合理论的观点一定存在于预防原则之中。"[1]Schünemann 认为："绝对论的刑罚根据是没有说服力的，并且抨击那些意图通过这些根据基础为刑罚强调经验性保留标准的做法。"[2] Duff 认为："惩罚的犯罪预防目的与惩罚之间没有必然的联系。"[3]

笔者认为这种理论是目光狭隘的，只见树木不见森林。首先，刑罚报应论与刑罚功利论在产生上具有一致性。其次，在现有的理论框架内，现实中几乎所有刑罚都要考虑报应和功利两方面因素，单纯的一方压倒另一方的做法既不符合理论，也不符合实践。不仅如此，笔者进一步认为预防主义（普遍抑制）的刑罚是根本不可取的。一方面普遍抑制无法实现其在刑罚理论体系中的独立性，另一方面普遍抑制如果走向极端便会成为重刑主义，会违反人道主义、侵犯人权。

与一元论者相比，一元论的批评者更多。Hart 对一元论的观点进行了批判："现在，很多人被一种怀疑所困惑，这种怀疑来自一种观点，就是在关于惩罚正当性的所有问题的回答上，只有一个合适的最高价值或目的（如威慑、报复、改造），而不知怎么，这个观点是错误的……这些不同的价值或目的是什么，或者，在惩罚的正当性证明上，这些不同的价值或目的是什么，或者，在惩罚的正当性证明上，这些不同的价值或目的如何协调一致，没有一个理论能够说清楚。在可想出的刑罚制度的正当目的中，报应可以有其一席之地……只要承认，既主张刑罚措施的总的正当目的是其有意的后果（功利），又主张对这一正当目的的追求因服从要求刑罚只因某一犯罪而施加于某一罪犯的分配原则而应受到限制或限定，这是完全一致的，便可很大程度上避免功利主义者与其论敌之间阴差阳错的无中生有的论证。"[4]

5.1.2 超越论之批判

陈兴良教授早年曾发表论文《超越报应主义与功利主义：忠诚理论——

---

〔1〕 Koriath, Jura 1995, 635. (Heinz Koriath, Über Vereinigungstheorien als Rechtfertigung staatlicher Strafe, Juristische Ausbildung, 1995, f. 635.)

〔2〕 Schünemann, GA 1995, 226.

〔3〕 Duff, *Trials and Punishment*, Cambridge: Cambridge University Press, 1986, pp. 102-104, 164-170.

〔4〕 H. L. A. Hart, *Punishment and Responsibility: Essays in the Philosophy of Law*, Oxford: Clarendon Press, 1995, p. 2.

对刑法正当根据的追问》，在此文中，陈兴良教授乃是在原有的两种理论之外提出了第三条道路即忠诚理论。对于“第三条道路”的问题，笔者做以下两种分析：第一，如果将这一问题简单化，那么我们发现关于忠诚理论的表述，似乎与社会契约论的内容相差无几，并没有实现所谓的“超越”，因此在后来的著作中也不再被更多的提及和引用。[1]第二，如果将这一问题复杂化，即考察整个德国纯粹规范刑法理论的话，我们也会发现问题依然要回到报应和目的的问题上来。即使我们赋予刑法以人格，那么最为直观的比喻就是刑法就是一位君主，违反刑法就是背叛君主，君主要对叛徒施加惩罚，这时问题又回到了原点——君主惩罚背叛的臣民究竟是因为这些臣民罪有应得（报应）还是为了防止其他臣民的背叛（功利）？帕夫利克指出表达被侵害法规范的一贯权威性乃是报应论的现代版本，[2]笔者对此表示赞同。除此以外，Kaplan 也提出了超越报应与功利的思路，但其内容关注的乃是教育刑理论，因此也谈不上超越。[3]由此可见，所谓“超越论”其实并没有形成真正的超越。

5.2　二元一体论

5.2.1　二元一体论的概念

二元论承认刑罚同时具有报应和功利这两种属性，它们是刑罚的两个不同层面，刑罚的目的一方面在于给犯罪分子施以报应，另一方面在于预防犯罪；折中说则认为刑罚的属性乃是报应和功利的折中，公正是法律的灵魂，功利是法律的载体，二者统一于刑罚之中。

学者的表述也存在一定的差异，措辞各有不同，内容其实一样。其中包括二元论、一体论、折中说、综合说、并和主义，等等。笔者采用了二元一体论的措辞，其中二元强调对立，一体强调统一，报应与功利的关系可以概

〔1〕 陈兴良、周光权：《超越报应主义与功利主义：忠诚理论——对刑法正当根据的追问》，载《北大法律评论》1998 年第 1 卷第 1 辑，第 98~114 页。

〔2〕 [德] 米夏埃尔·帕夫利克：《人格体 主体 公民：刑罚的合法性研究》，谭淦译，中国人民大学出版社 2011 年版，第 5 页。

〔3〕 John Kaplan, Robert Weisberg, Guyora Binder, *Criminal Law: cases and materials*, Aspen Publisher, 2008, p. 71.

括为：二元一体，对立统一。

5.2.2 二元一体论的历史梳理

二元一体论的观点乃是刑罚从其诞生以来就具有的观点，从人类社会诞生以来，人们对刑罚的认识就是二元对立统一的。邱兴隆教授指出："一部西方刑罚学说史就是报应论与功利论世代对立的历史。"〔1〕

报应与功利的二元分化乃是近代人类文明发展的结果，以康德和黑格尔为代表的德国古典哲学的发展促进了人类对于自身理性的认知，在此基础上促使报应主义的理论得到长足的发展，而近代自然科学的发展也促使人类关于功利主义的刑罚理论，尤其是刑罚的具体作用得到了进一步发展。如果说古代的报应与功利的统一是一种简单的朴素的统一的话，那么近代以后的报应与功利的统一则是二者各自进行完整的界限划定以后所达成的统一，这种统一体系更加宏大，认识更加深刻。

5.2.2.1 二元一体论的思想史梳理

荷兰启蒙思想家格老秀斯首先强调刑罚的本质在于报应，同时也认为应把报应与预防结合起来。〔2〕

日本在历史上就有二元一体论的理论传统。

日本学者在日本古代氏族法时期的祓除刑上就已经看到了报应论与功利论的统一，他们认为，"祓除刑的目的，从犯罪的发生，源自身心的污秽，清洁身心是犯罪人迷途知返之途径这一民族信念出发，与其说是对犯罪人施加肉体上的痛苦，不如说是通过责令其向神提供祭祀用具，以为赎罪之物，进行祓除，清洁器污秽，让之重新向善，回归民族共同社会，……其刑罚目的，相当于现代的目的主义。"〔3〕

近代日本的启蒙学者也在批判死刑的时候，提出了报应与功利相统一的观点："刑者，罚恶之物也。罚者，何也？曰：与犯者恶事之罪相抵，是指畏

---

〔1〕 邱兴隆：《穿行于报应与功利之间——刑罚"一体论"的解构》，载《法商研究》2000年第6期，第27页。

〔2〕 马克昌主编：《近代西方刑法学说史略》，中国检察出版社2004年版，第7页。

〔3〕［日］佐佐波与佐次郎：《日本刑事法制史》，有斐阁1967年版，第332页。关于祓除刑，参见周振杰：《日本刑法思想史研究》，中国法制出版社2013年版，第13页。

所为之罪业、生悔悟之心、归善道之物。刑法之目的宜止于此。”[1]日本旧刑法（1880 年刑法）时期的宫城浩藏是典型二元一体论者，就刑罚权的基础，宫城浩藏从折中主义的立场出发，提出了“违背道德之恶害，也即社会之恶害，可出发至”与“社会之恶害，也即对道德之违背，亦可处罚之”的主张，将刑罚定义如下：所谓刑罚，即社会公权力以犯罪为理由对罪犯所科处的痛苦。这一概念虽然承认了报应性，但也主张“刑罚的第一目的在于防止再犯，防止再犯在于让罪犯悔悟向善”。“刑罚的第二目的在于防止目睹犯罪之他人受到感染，而欲达此目的，须对罪恶惩罚之，以对他人警诫”，也即刑罚的目的在于惩戒（特殊预防）和善例（一般预防）。[2]

日本学者泷川幸辰指出：“刑罚是对犯罪的报应，对恶行的恶报。对于刑罚的要素，从以前的认识看就不少。前述意义的报应，即对恶行不给予恶报的刑罚在任何社会都不存在。不言而喻，刑罚是宽大的还是残酷的，是合乎目的的还是盲目的，不具有对恶行以反作用性质恶报的一个都没有。相反，索性现在将恶报作为它的征表考虑即使不是刑罚的唯一要素，而言称为联结犯罪与刑罚的唯一普遍妥当的本质要素。刑罚的本质在于报应，报应的内容在于给犯罪人造成一定的痛苦，而报应的目的又在于对社会秩序的维护。”同时，泷川幸辰也指出刑罚以一般预防和特别预防为目的。他认为对一般预防和特殊预防都要求符合目的性的刑罚，并根据正义性的要求（报应），将犯罪的人、被害人、社会上的一般人都作为人来对待，就应该发现其协调一致之处。社会感情，就是这个协调一致之处的意思。[3]

日本学者大塚仁认为：不能否定刑罚中的报应原理，因为犯了罪才被科以刑罚这种基本的罪刑关系，在刑罚制度的历史沿革中是始终没有改变的，在近日，它也是我们不可动摇的法律确信。不顾过去的犯罪行为对社会造成的侵害事实，只是为了犯人将来的改善而科以刑法，这与我们法律感情不相

---

〔1〕 转引自［日］小林好信、佐伯千仞：《刑法学史》，载［日］福岛正夫、川岛武宜等编：《日本近代法发达史》（第 11 卷），劲草书房 1967 年版，第 217 页。

〔2〕［日］泽登骏雄：《宫城浩藏的刑法理论（1）》，载《法律时报》第 50 卷第 5 期，第 62 页以下；［日］泽登骏雄：《宫城浩藏的刑法理论（2）》，载《法律时报》第 50 卷第 7 期，第 90 页以下。

〔3〕［日］泷川幸辰：《泷川幸辰刑法著作集》（第 1 卷），世界思想社 1981 年版，第 200、201、556、690 页。转引自马克昌主编：《近代西方刑法学说史略》，中国检察出版社 2004 年版，第 296～301 页。

容。刑罚具有报应的性质，是为了恢复被犯罪所侵害的国家法律秩序而由国家对犯人施加的法的反动，作为针对犯罪这种恶而施加的制裁，刑罚在性质上也是恶的，它必然包含着痛苦的内容。大塚仁同时认为，必须肯定刑罚的有用性和合目的性。刑罚的目的主要是一般预防和特殊预防。一般预防是刑罚对社会一般人的犯罪抑制效果，特殊预防是刑罚对受刑人的人格改造作用。关于报应与预防的关系，大塚仁认为预防技能只能在报应原理的范围内加以考虑，不允许超越报应的范围而科以更重的刑罚，无论如何，量定刑罚的根据不是与报应相并列的预防，而是报应之内的预防。〔1〕

日本学者前田雅英指出："所谓刑罚，是为了犯罪预防与犯罪人再社会化的工具。在这个意义上，目的刑是妥当的……刑罚的目的，是增进国民的利益，如果刑事司法不是合理的国民能接受的，这一目的也不能充分实现。因此，可以得出报应，也即罪刑均衡与责任非难的概念。刑罚制度如欲在社会之内有效发挥功能，刑罚就必须得到国民规范意识的支持。显著违反国民的正义感的刑法，是得不到社会安定的。为了获得国民接受，罪刑均衡也是必要的。因此，在刑法的目的之中，除了有效地预防犯罪、促进犯罪人回归社会这些表面上易见的效果之外，还存在着社会秩序安定功能，这必须予以考虑。在现代社会中，不能否定，刑罚也发挥着抚慰被害人的报复感情、预防犯罪等维持、增强伦理、道德的作用。"〔2〕

日本刑法学家泉二新熊在刑罚本质问题上也持综合说。泉二新熊认为，刑罚是以预防犯罪为目的的报应，它必须将一般预防和特别预防两者作为自己的目的。刑罚的量应该按照犯罪者的动机、意志、责任的种类和他所侵害的法律权益在社会上的价值大小以及他的非社会根基的深浅程度（例如，有本能性犯罪倾向的人比偶发性犯罪人，他的非社会性根基要深，这是很容易看出来的）决定。〔3〕

日本学者草野豹一郎在刑罚本质问题上也持综合说。他在承认刑罚起源于复仇观念的前提下指出：当今，无论是司法实践还是公民的法律意识都与报应思想有着极为密切的关系，但刑罚的本质并非仅在报应，刑罚的目的应

〔1〕 李海东主编：《日本刑事法学者》（上），法律出版社、成文堂1995年版，第341~317页。

〔2〕［日］前田雅英：《刑法总论讲义》，东京大学出版会2006年版，第30~32页。

〔3〕 李海东主编：《日本刑事法学者》（上），法律出版社、成文堂1995年版，第59页。

视为目的刑论与报应刑论的结合，原因为：①目的刑论的真正实现有赖于刑罚给犯人造成一定痛苦；②只有使犯人造成一定的痛苦才能起到改造犯人的作用，即收到特殊预防之效；③刑罚必定是对犯罪者的生命或身体的自由或财产的剥夺，所以难以否认其给犯人所造成的痛苦，而且一般预防亦是通过对罪犯施以刑罚以达到警戒或威吓非犯罪者之目的。[1]

日本刑法学家团藤重光在刑罚观念上持相对报应刑论，因而在刑罚本质问题上持综合说。团藤重光指出，刑罚是因犯罪而加于行为人的国家的非难形式。在作为对犯罪的非难的意义上，刑罚是一种报应。但是，刑罚应通过明确宣告犯罪的规范意义唤醒、强化犯罪人与一般人的规范意义，在此意义上，应承认刑罚的特殊预防与一般预防作用。[2]

日本学者内藤谦也持综合说，他认为，刑罚以犯罪行为的实施为前提，是作为对犯罪的反作用而科处的法益剥夺，在这个意义上说是一种“报应”，但它必须具有防止犯罪、保护生活利益的效果。内藤指出，在考虑通过刑罚的一般预防效果与特别预防效果来防止犯罪、保护生活利益时应注意以下问题：①对于防止犯罪来说，刑罚比社会福利政策、教育等非刑罚手段有效得多，而且一般预防与特殊预防足通过唤醒社会一般人、犯罪者本人的规范意识才具有持续的“效果”，而不是通过对他们的感激才具有“效果”。②追求刑罚的一般预防效果与特殊预防效果时，存在过度科处刑罚的危险，特别是在追求一般预防效果时，容易将犯罪者作为手段来对待。因此，必须确立刑罚以行为责任为前提条件，并以行为责任为界限的原则。[3]

日本学者福田平也持综合说。福田平指出，刑罚剥夺了犯人的财产、自由甚至生命，对犯人来说，刑罚是痛苦、是罪恶。即使把刑罚理解为出于对犯罪人的改善而采取的教育性处遇，也无法抹去刑罚是由国家强制施加的害恶之意义。具有痛苦意义的刑罚，只有作为针对犯罪这种过去所实施的罪恶的报应，才被正当化。因此，给犯人以与其犯罪不相应的重的刑罚，无论是为了本人的改善（特殊预防），还是为了警戒他人（一般预防），都是不正义的。同时，福田平指出：说刑罚具有报应性质，是对犯罪的反动，是痛苦，

---

〔1〕 李海东主编：《日本刑事法学者》（上），法律出版社、成文堂 1995 年版，第 117 页。
〔2〕 李海东主编：《日本刑事法学者》（上），法律出版社、成文堂 1995 年版，第 239 页。
〔3〕 李海东主编：《日本刑事法学者》（上），法律出版社、成文堂 1995 年版，第 348~349 页。

并不意味着可以施加无用的痛苦和害恶。刑罚不仅仅是报应。之所以处罚犯罪人，是为了通过处罚来预防犯罪，维持社会秩序。以实施了犯罪为理由而处的刑罚，也具有改善犯罪人、使其复归社会（特殊预防）的目的，同时也具有使犯人以外的一般人觉醒规范意识，不陷入犯罪（一般预防）的目的。[1]

日本学者牧野英一从犯人、社会与被害人三个方面进行观察，进而对刑罚的功能做了如下分类：①从犯人角度说，刑罚首先对犯人发挥作用，此为特别预防。具体而言，又可分为两点，即社会的适合和社会的隔离。②从社会的角度说，刑罚又具有警戒一般社会以为前车之鉴的作用，此之谓一般预防。一般预防又有满足一般社会报应思想的作用。③从被害人的角度说，刑罚不能忽视被害人的法益受到不当侵害之事实，因而具有满足被害人某些要求的作用。[2]

日本学者大谷实则在此基础上，将刑罚的机能分为报应机能、一般预防机能以及特别预防机能三种。所谓报应机能，是指刑罚所具有的平息社会上的一般人对具体犯罪的愤慨、减缓犯罪被害人所受到的心理上的痛苦的机能。所谓一般预防机能，是指刑罚所具有的防止社会上的一般人陷入犯罪的机能。它包括在刑罚法规中预告刑罚，威慑一般人不敢犯罪的机能和由于刑罚的宣判执行的威慑效果，从而使一般人不敢犯罪的机能。所谓特别预防机能，是指防止特定的犯罪人（及受刑人）的将来犯罪的机能。具体而言，又包括三种不同的机能：①通过宣告具体刑罚，唤醒犯罪人的规范意识的机能；②通过执行自由刑，将受刑人与社会相隔离，使其一时或者永久地丧失再犯的可能性的隔离机能；③使受刑人对其过去的犯罪行为进行反省，将来不致再犯的改造机能。[3]

日本学者吉川经夫在论及刑罚的机能时，也秉承三分法将其明确分为对一般社会的机能、对犯罪行为者的机能以及对被害人的机能。[4]

日本学者西原春夫认为，刑罚的机能有四种：报复感情绥靖机能、保安的机能、赎罪的机能以及预防的机能。所谓报复感情绥靖机能，是指被害者

---

〔1〕 李海东主编：《日本刑事法学者》（上），法律出版社、成文堂 1995 年版，第 367~368 页。

〔2〕［日］牧野英一：《日本刑法》，有斐阁 1939 年版，第 576~577 页。

〔3〕［日］大谷实：《刑事政策学》，黎宏译，法律出版社 2000 年版，第 288~290 页。

〔4〕［日］吉川经夫：《改定刑法总论》，法律文化社 1974 年版，第 288~290 页。

及其家属乃至社会一般的报复感情得以和缓并满足的机能。只要国家独占刑罚权，禁止私下复仇，只要人类还没有消灭复仇的心理，刑罚就会行使这一机能。保安机能，是指刑罚在实际执行时所产生的机能，是罚金、罚款等财产刑罚中看不到的机能，是由于将犯人隔离于社会而保障社会的安全机能。赎罪的机能，是指正在执行中的刑罚所能看到的机能，受刑者自己由于受到刑罚的痛苦而赎罪，对其洗刷责任产生作用。赎罪并不仅仅是为了预防再犯，也是为其消除犯罪的羞耻心，与犯罪的过去决裂。可以认为，刑罚是受刑者自己进行自我改造的一种手段。所谓预防的机能，又分为一般预防机能和特别预防机能。一般预防机能是针对一般人的、利用威慑来防止犯罪的机能。无论是在规定刑罚于法律之内的阶段，还是在裁判所宣判的阶段及至刑罚的执行阶段，一般预防都起着一定的作用。而特别预防机能，是针对犯人本人的，是一种使其不再重新犯罪的机能。特别预防机能只是从刑罚宣判阶段起才发挥作用，在刑罚执行阶段则更为活跃。刑罚的机能对于有理性的人来说，使其深深体会到其行为的反规范、反社会伦理的意义，告诫其今后不再重新犯罪。〔1〕

日本学者野村稔认为："刑罚是以剥夺法益为形式表现出的责任非难的现实表现欲发现形式。所以，刑罚的内容与性格由责任决定。在这一意义上，责任奠定刑罚的基础与性格。应该认为，责任是针对实施违法行为本身所进行的，作为规范报应的非难，这一责任是针对行为者的规范意识所施加的所谓非难作用，并通过让之觉醒，前瞻性地实现特别预防效果或者犯罪预防效果。刑罚就是这一作用的现实的担保。"〔2〕

中国台湾地区学者谢瑞智指出：台湾地区刑法学界多数学者认为，刑罚的本质在世界范围内历来有报应和预防两种理论，目前，这两种理论已非绝对的排斥、择一而用，而是相互妥协、融合而共同揭示刑罚的本质。〔3〕

中国台湾地区学者甘添贵认为，从目前刑法学界对于刑罚本质的通说来看，大都认为应将报应刑与目的刑论合并加以理解，而以正义及合目的性作为刑罚之根据。报应刑论强调刑罚的报应技能，认为有犯罪必有刑罚，设立

〔1〕［日］西原春夫：《刑法的根基与哲学》，顾肖荣等译，上海三联书店1991年版，第30~31页。

〔2〕［日］野村稔：《刑法总论》（补订版），成文堂1998年版，第465~466页。

〔3〕谢瑞智：《犯罪与刑事政策》，台北文笙书局1996年版，第142页。

刑罚，是因为犯罪存在，两者之间的对应关系无法否认。在此意义下，某种犯罪以某种价值相当的刑罚予以适当表明，实不外为报应的观念。目的刑论则将刑罚的目的予以多元理解，认为，一般预防与特别预防并非处于择一或排他的关系。一般预防是通过适用刑罚，抑制潜在犯人犯罪；通过适当的刑罚科处，维持一般人的规范意识。特别预防是通过适当的个别处遇，而促醒犯人的规范意识，防止其再犯并促使其复归社会。因此，两者之间具有相互补充的作用。[1]

也有学者提出了目的报应论（Teleological Retributivism），结合了目的刑论（Teleology）和报应刑论（Retributivism）的观点。[2]

David Boonin 在其著作中将刑罚的基本理论分为“结果主义”（Conse-Quentialist Solution）和“报应主义”（Retributivist Solution）。在结果主义之下区分行为功利主义（Act-Utilitarian）、规则功利主义（Rule-Utilitarian）、其他功利主义（Utilitarian）和非功利主义（Nonutilitarian）；在报应主义之下区分了基于该当的报应（Desert-Based Retributivism）、基于剥夺的报应（Forfeiture-Based Retributivism）、基于平等的报应（Fairness-Based Retributivism）以及其他报应理论（Other Versions of Retributivism）。[3]

德国学者 Köstlin 指出：“刑罚只有在报应主义的范围内且达到刑罚目的的必要范围内才得处之。”二元一体，报应优先。Ortolan 指出：“虽然刑罚的根据在于报应主义，但在不损害此主义的观念范围内才得处之。”Finger 指出：“刑罚的目的在特别预防的范围内存在改善、威吓及淘汰，而在一般预防方面，在适合正义公平观念程度内，应当保证以威吓满足法律观念。”[4]《德意志帝国法院刑事判例集》第 58 卷第 109 页：“……决定性的是……出于第一位的赎罪需要，刑罚的报应目的，以及可能还存在的威慑的目的。”[5]

5.2.2.2 二元一体论的运行机制述评

有学者从刑种入手对二元一体论的关系进行了设计。王世洲教授认为：

---

〔1〕甘添贵：《刑罚之重要理念》，台北瑞兴图书有限公司 1996 年版，第 224 页。

〔2〕Gertrude Ezorksy, *Philosophical Perspectives on Punishment*, State University of New York Press, 1972, p. xi.

〔3〕David Boonin, *The Problem of Punishment*, New York: Cambridge University Press, 2008, p. vii.

〔4〕[日] 久礼田益喜：《日本刑法总论》，严松堂 1929 年版，第 23 页。转引自马克昌主编：《刑罚通论》，武汉大学出版社 1999 年版，第 57 页。

〔5〕RGRspr, Bd. 58, f. 109.

"应当选择分刑种分阶段以预防为基础的综合理论。首先，'以预防为基础的综合理论'，是这个理论的整体特征。其次，是在死刑中基本体现正义性报应理论和在其他刑种中基本体现预防论的综合，同时结合在立法阶段主要体现一般预防的思想，在司法程序中体现特殊预防和报应的观点，在执行中体现特殊预防的原则的综合。"〔1〕

有学者从整个刑事司法的运作程序来对二元论进行设计。"……从国家运用刑罚的活动的阶段性来设计一体论模式。费尔巴哈、迈耶、哈格与帕多瓦尼等均是以国家运用刑罚的活动的阶段性为线索来设计其一体论模式。费尔巴哈模式、罗斯模式与哈格模式将运用刑罚的活动分为立法与审判两个阶段，并都是将一般预防与法律报应分别作为立法与审判的根据。略有不同的是，费尔巴哈未给个别预防以任何地位，而哈格则认为个别预防只要是有效的便可以在审判阶段有其一席之地，但个别预防对量刑的影响必须在报应所允许的范围内。迈耶与帕多瓦尼将运用刑罚的活动分为刑的规定（法定刑）、刑的裁量（宣告刑）与刑的执行（执行刑）三个阶段，但是，两者在这三个阶段应该分别以何为根据的问题上主张不同。在迈耶模式中，刑的规定与刑的裁量的根据均是报应，刑的执行的根据是个别预防，至于一般预防，没有作为刑罚根据的一席之地。在帕多瓦尼模式中，法定刑的确立以一般预防为主要根据，但报应与个别预防对根据一般预防而确定法定刑的轻重具有制约作用。因此，他主张一般预防是确定法定刑的主要根据，但不是其唯一的根据；宣告刑因是法定刑的兑现而与法定刑一样服务于一般预防，一般预防因而同样是确定宣告刑的根据，但直接决定犯罪人宣告刑的标准应该是报应与个别预防，一般预防与个别预防不能作为适用超过与犯罪的罪过相适应的宣告刑的根据，但可以作为适用轻于与犯罪相适应的宣告刑的根据；执行刑构成维护法定刑的可信性与严肃性的手段，因而自然服务于一般预防，同时，刑罚的执行意味着罪犯为犯罪而付出实际的精神痛苦与代价，因而构成对犯罪的报应，但作为决定刑罚的执行的直接根据的是个别预防。"〔2〕

笔者在本书中没有从现实运行的角度来对二者关系进行设计，这是笔者

---

〔1〕 王世洲：《现代刑罚目的理论与中国的选择》，载《法学研究》2003 年第 3 期，第 107 页。

〔2〕 邱兴隆：《穿行于报应与功利之间——刑罚"一体论"的解构》，载《法商研究》2000 年第 6 期，第 33 页。

刻意回避，而非疏忽大意。从司法运作程序来设计报应与功利的二元论模式有其巧妙之处，但从拓展现有理论体系、推进研究发展来看却存在一定的问题。笔者回避这一问题的原因在于：

(1) 从理论建构来看，过于急切地进入现实意义讨论不利于刑罚原理的发展深化。前文提到许多学者从司法运作程序来设计报应与功利的二元论模式，这种学术上的努力是值得肯定的，但它的缺点就在于没有对刑罚原理进行更深挖掘，而试图在原有基础上建构更高层次的体系，其结果是不可靠的。正如拆旧房盖新房，新房要加高，那么地基就要再挖深。地基不深则房子不稳，不加深地基而只加高楼房乃是一件危险的事。本书所提出的理论体系要比原有的理论体系具有更深的层次和更多的要素，地基更深，桩基更多，所以本书的理论体系如果结合司法运作来进行理论设计，其复杂程度和精密程度显然要远远超过原有的理论。本书的目标就是要先对刑罚原理的静态理论体系进行深入建构，而其动态运行则是笔者未来的研究规划。

(2) 从知识整合来看，对新的科学发现应当持审慎态度。一方面，科学发现成为理论知识需要过程，理论知识应用于现实实践需要过程，基础研究向应用研究的推进也需要过程。另一方面，本书所对应的研究领域乃是刑事司法，乃是关系到公民基本权利的环节，更应该是一个审慎的过程，不宜操之过急。

5.2.3 二元一体论的理论体系

对立统一乃是对刑罚报应论与刑罚功利论的关系最为贴切的描述。

需要注意的是，有关对立的阐述乃是为了将二者进行区分，从而更加深入细致地分析报应论与功利论各自的理论重点，对立并不意味着二者不可融合。统一必须建立在对二者的对立进行深入研究的基础上，泛泛而论二者并非对立实则统一的观点缺乏是缺乏创新精神和实质贡献的。

报应与功利的二元一体论背后所体现的是道德哲学道义论与功利论的二元对立统一。传统道德哲学分为道义论和功利论，前者以康德、黑格尔为代表，后者以边沁、休谟、亚当·斯密为代表。道义论认为道德行为不允许有功利的考虑，行为的目的必须是出于纯粹“善”的考虑，而不是为了达到某一特定功效。功利论恰恰相反，它认为一种行为只有具备特定的功效才是道德的。但对具体的人和具体行为而言，道德偏好一经设定，后续的道德行为选择就不再具有任何功利目的。这种道德偏好的设定很可能是经过进化选择积累下的遗传特征——本能，因此我们不需要后天理性对其科学性进行论证。但这并不是说这种本能不具有科学性，恰恰相反这种科学性不仅是可以论证的，而且是在千万年的进化过程中得到检验和完善的。道义和功利乃是既对立又统一的。刑罚本质中的报应论与功利论的对立统一恰恰是道德哲学中这种对立统一在刑罚上的反映。

5.2.3.1　刑罚报应论与刑罚功利论的对立

报应论回答的是刑罚好不好的问题，功利论回答的是刑罚有没有用的问题。报应论针对的是刑罚的本体价值，功利论针对的是刑罚的工具价值。报应论是刑罚的哲学问题，功利论是刑罚的科学问题。类似的区别在西方学者的著作中也得到了体现。[1]一般认为立法侧重功利，侧重普遍抑制；司法侧重报应，侧重个别抑制。刑事司法侧重报应，刑事司法转移处置措施则侧重功利。量刑中对犯罪社会危害性的考察侧重报应，对人身危险性的考察侧重功利。实刑侧重报应，缓刑侧重功利。自然犯侧重报应，法定犯侧重功利。

报应的实现是必然的，功利的实现是或然的。刑罚一旦执行完毕，报应即告完成，但刑罚功利论的个别抑制和普遍抑制则未必。无论是哪种抑制作用，其实现都需要满足各种条件，其维持还要接受时间的检验。

5.2.3.2　刑罚报应论与刑罚功利论的统一

之前的学者往往认为报应与功利存在冲突，并普遍采取折中说来解决二者的矛盾。事实上这是一种误解。二者是相对的，但并非矛盾的。关于报应的最经典的解释就是——杀人偿命。而对于预防的最经典最简单的解释就是——因为杀人偿命，所以不去杀人。由此可见一旦“杀人偿命”成了一种普遍规则，那么它就自然而然地具有了普遍抑制的效果。这就是所谓规则功利主义的概念，Rawls也恰恰是在这一点上论证了报应论与功利论的统一。[2]历史上

---

〔1〕 G. E. Moore, *Principia Ethica*, Cambridge University Press, 1903; Igor Primoratz, *Justifying Legal Punishment*, Atlantic Highlands, N. J., Humanities Press International, 1989; Edmund L. Pincoffs, *The Rational of Legal Punishment*, New York: Humanities Press, 1966.

〔2〕 John Rawls, “Two Concepts of Rules”, in *The Philosophical Review*, 1955, vol. 64, issue. 1, pp. 3-32.

所认为的刑罚报应论的衰落、刑罚功利论的兴起，事实上只是事物的两个方面在不同的时期分别占据了主导地位，而并非先有报应后有预防。而在这种区别的前提下，报应与功利乃是相伴而生的。

制度的立法的刑罚体现了抽象的普遍的报应与抽象普遍抑制（抽象威慑）的统一。具体的个案的刑罚体现了具体的个案的报应与个别抑制的统一，也体现了报应与具体普遍抑制（具体威慑）的统一。

反向主观个别抑制体现了报应论与功利论的内部统一。反向主观个别抑制（反向矫正）是刑事法律科学的理论支点、刑事司法体制的逻辑起点、刑罚学的核心内容，是刑罚报应论和刑罚功利论的内在的最为紧密的结合，是报应论与功利论的内部统一。黑格尔的理论实际上十分典型地体现了这一点："罪犯的定在的意志必须受到影响。这一点与这一事实有关，即惩罚一定要给罪犯留下印象。如果惩罚没有留下印象，那么他的定在的意志就不会受到它的侵害。"[1]而在笔者看来，这其实就是黑格尔朴素的心理学观点的体现。不过，需要注意的是，黑格尔对于侵害抑制的消除强调的是，侵害意志相对于法精神而言是负值，因此法精神需要通过对负值的负值，即负负得正的计算来使法的值恢复正值。邱帅萍指出："黑格尔的刑罚目的观最终导向的很可能是对罪犯的矫正。"[2]而在功利论内部，反向主观个别抑制与抽象普遍抑制的综合起来称为"训诫"，或者也可以称为"规训"，英语可以翻译为discipline。此外，主观个别抑制与道义报应具有统一性。A. C. Ewing 从道德教化的角度论证了刑罚的教育功能。[3]Ewing 的理论可以为道义报应和主观个别意志的结合提供非常贴切的说明。Hampton 十分直白地指出："刑罚的教育功能在于杜绝人们犯罪，但这并不仅是因为他们认为犯罪是错误的。他们不犯罪是因为他们害怕如果犯罪将会受到以刑罚形式出现的报复。"[4]

---

〔1〕 Joseph J. Kominkiewicz, Jean-Christophe Merle, Frances Brown, *German Idealism and The Concept of Punishment*, translated by Jean-Christophe Merl, Cambridge University Press, 2009, p. 141.

〔2〕 邱帅萍：《刑罚目的的理论研究——基于近代刑罚的思想史的解读》，北京师范大学 2012 年博士学位论文，第 45 页。

〔3〕 A. C. Ewing, *The Morality of Punishment: With Some Suggestions for a General Theory of Ethics*, London: Kegan Paul, Trench, Trubner & Co., Ltd., 1929.

〔4〕 Jean Hampton, "The Moral Education Theory of Punishment", in *Philosophy & Public Affairs*, 1984, vol. 13, issue. 3, pp. 208-238; Jean Hampton, "Correcting Harms versus Righting Wrongs: the Goal of Retribution", in *UCLA Law Review*, 1992, vol. 39, pp. 201-244.

R. A. Duff 认为刑罚不仅是对犯罪人的犯罪行为表示否定，也是对犯罪人所采取的严厉处遇（hard treatment）。[1]

安抚作用体现了报应论和功利论的外部统一。既是刑罚报应论的内容，也是刑罚功利论的内容，安抚作用乃是刑罚报应论和刑罚功利论的外部结合。

报应乃是刑罚本质中最根本，最重要的内容。刑罚功利论的作用是客观存在的，是不容忽视的。但刑罚功利论的实现是有条件的，刑罚功利论的作用是有限的。单纯调节刑罚试图加强对犯罪的抑制作用是很难实现的，即使能够实现也要受到报应论的限制。

综上所述，刑罚原理，报应功利，二元一体，对立统一。

---

〔1〕 R. A. Duff, *Punishment*, *Communication and Community*, Oxford：Oxford University Press, 2001.

REFERENCES

参考文献

1. 专题文献

1.1 刑罚报应论

[法] 巴尔扎克:《家族复仇》，郑克鲁译，漓江出版社 1981 年版。

周天游:《古代复仇面面观》，陕西人民教育出版社 1992 年版。

徐晓光:《中日古代复仇问题比较》，载《比较法研究》1994 年第 2 期。

王立、雷鸣:《酷刑族诛与扩大化复仇的伦理逻辑——复仇主题中伦理之于复仇对等性和法律的僭越》，载《大连大学学报》2004 年第 5 期。

霍存福:《复仇 报复刑 报应说——中国人法律观念的文化解说》，吉林人民出版社 2005 年版。

汪丁丁、罗卫东、叶航:《人类合作秩序的起源与演化》，载《社会科学战线》2005 年第 4 期，第 45 页。

高艳东，《现代刑法中报复主义残迹的清算》，载《现代法学》2006 年第 2 期。

杨联陞:《中国文化中“报”“保”“包”之意义》，贵州人民出版社 2009 年版。

王立、刘卫英编:《中国古代侠义复仇史料萃编》，齐鲁书社 2009 年版。

吴燕、罗跃嘉:《利他惩罚中的结果评价：ERP 研究》，载《心理学报》2011 年第 6 期。

李佳、蔡强、黄禄华、王念而、张玉玲:《利他惩罚的认知机制和神经生物基础》，载《心理科学进展》2012 年第 5 期。

Jeffrie G. Murphy, "Three Mistakes about Retributivism", in *Analysis*, 1971, vol. 34, issue. 5, pp. 166-169.

Joel Feinberg, "The Expressive Function of Punishment", in Hyman Gross and Andrew von Hirsh eds., *Sentencing*, New York & Oxford, 1981.

John Monahan, "The Case for Prediction in the Modified Desert Model of Criminal Sentencing", 5 *Int'l J. L. & Psychiatry*, pp. 103, 105, 1982.

Richard Adamiak, *Justice and Hisotry in the Old Testament: the Evolution of Divine Retribution in the Historiographies of the Wilderness Generation*, Cleveland: J. T. Zubal, 1982.

Antonio Beristain, *La pena-retribución y las actuales concepciones criminológicas*, Ediciones Depalma, 1982.

J. Deigh, "On the Right to Be Punished: Some Doubts", in *Ethics*, 1984, vol. 94, pp. 191-211.

Ted Honderich, "Punishment, the New Retributivism, and Political Philosophy", in *Royal Institute of Philosophy Lecture Series*, 1984, vol. 18, pp. 117-147.

Jeffrie G. Murphy, "Retributivism, moral education, and the liberal state", in *Criminal Justice Ethics*, 1985, vol. 4, issue. 1, pp. 3-11.

Daniel Kahneman, Jack L. Knetsch and Richard H. Thaler, "Fairness and the Assumptions of Economics", in *The Journal of Business*, 1986, vol. 59, issue. 4, pp. S285-S300.

Michael S. Moore, "The Moral Worth of Retribution", in Ferdinand Schoeman ed., *Responsibility, Character, and the Emotions*, 1987, pp. 179, 212-15.

Richard H. Thaler, "Anomalies: The Ultimatum Game", in *The Journal of Economic Perspectives*, 1988, vol. 2, issue. 4, pp. 195-206.

Andrew von Hirsch, Martin Wasik & Judith Greene, "Punishments in the Community and the Principles of Desert", in *Rutgers Law Journal*, 1989, vol. 20, p. 595.

John Braithwaite & Philip Petit, *Not Just Deserts: A Republican Theory of Criminal Justice*, Oxford: Oxford University Press, 1990, p. 180.

David Dolinko, "Three Mistakes of Retributivism", in *UCLA Law Review*, 1991, vol. 39, pp. 1623-1658.

David Dolinko, "Some Thoughts About Retributivism", in *Ethics*, 1991, vol. 101, issue. 3, pp. 537-559.

Jeremy Waldron, "Lex Talionis", in *Arizona Law Review*, 1992, pp. 25-27.

Russ Shafer - Landau, "The Failure of Retributivism", in *Philosophical Studies*, 1996, vol. 82, issue. 3, pp. 289–316.

Paul H. Robinson and John M. Darley, *Justice, Liability, and Blame: Community Views and the Criminal Law*, Westview Press, 1995.

A. R. Damasio, *Descartes' error: Emotion Reason, and the Human Brain*, New York: Harper Collins, 1995.

Paul H. Robinson and John M. Darley, "The Utility of Desert", in *Northwestern University Law Review*, 1997, vol. 91, issue. 2, pp. 453–499.

M. Moore, *Placing Blame*, Oxford: Clarendon, 1997.

David Dolinko, "Retributivism, Consequentialism, and The Intrinsic Goodness of Punishment", in *Law and Philosophy*, 1997, vol. 16, issue. 5, pp. 507–528.

Russell L. Christopher, George P. Fletcher, "The Place of Victims in the Theory of Retribution", in *Buffulo Criminal Law Review*, 1999, vol. 3, pp. 51, 58.

Kevin M. Carlsmith and Paul H. Robinson Jonn M. Darley, "Incapacitation and Just Deserts as Motives for Punishment", in *Law and Human Behavior*, 2000, vol. 24, issue. 6, pp. 659–683.

Herbert Gintis, "Strong Reciprocity and Human Sociality", in *Journal of Theoretical Biology*, 2000, vol. 206, issue. 2, pp. 169–179.

Peter French, *The Virtues of Vengeance*, University of Kansas Press, 2001.

A. J. Calder, A. D. Lawrence, A. W. Young, "Neuropsychology of Fear and Loathing", in *Nature Reveiw Neuroscience*, 2001, vol. 2, pp. 352–363.

John M. Darley, Paul H. Robinson, Kevin M. Carlsmith, "Why Do We Punish? Deterrence and Just Deserts as Motives for Punishment", in *Journal of Personality and Social Psychology*, 2002, vol. 83, pp. 284–299.

Russell L. Christopher, "Deterring Retributivism: The Injustice of 'Just' Punishment", in *Northwest University Law Review*, 2002, vol. 96, pp. 843, 893.

Edward Rubin, "Just Say No to Retribution", in *Buffalo Criminal Law Review*, 2003, vol. 7, issue. 1, pp. 17–83.

R. Boyd, H. Gintis, S. Bowles & P. J. Richerson, "The Evolution of Altruistic Punishment", in *Proceedings of the National Academy of Sciences of the United States of America*, 2003, vol. 100, issue. 6, pp. 3531–3535.

Erik Luna, "Punishment Theory, Holism, and the Procedural Conception of Restorative Justice", in *Utah Law Review*, 2003, pp. 205, 220.

A. Yasuda, A. Sato, K. Miyawaki, H. Kumano & T. Kuboki, "Error–related negativity reflects detection of negative reward prediction error", in *Neuroreport*, 2004, vol. 15, issue. 16, pp. 2561–2565.

María José Falcón y Tella & Fernando Falcón y Tella, *Punishment and Culture*, Leiden & Boston: Martinus Nijhoff Publishers, 2006.

Leo Zaibert, *Punishment and Retribution*, Ashgate Publishing Limited, 2006.

D. Knoch, A. Pascual-Leone, K. Meyer, V. Treyer, E. Fehr, "Diminishing Reciprocal Fairness by Disrupting the Right Prefrontal Cortex", in *Science*, 2006, vol. 314, pp. 829-832.

F. T. P. Oliveira, J. J. McDonald & D. Goodman, "Performance Monitoring in the Anterior Cingulate is Not All Error Related: Expectancy Deviation and the Representation of Action-outcome Associations", in *Journal of Cognitive Neuroscience*, 2007, vol. 19, issue. 12, pp. 1994-2004.

Paul H. Robinson & Robert Kurzban, "Concordance and Conflict in Intuitions of Justice", in *Minnesota Law Review*, 2007, vol. 94, pp. 1829.

Paul H. Robinson and John M. Darley, "Intuitions of Justice: Implications for Criminal Law and Justice Policy", in *Southern California Law Review*, 2007, vol. 81, issue. 1, pp. 1-66.

Gordon Bazemore, "The Expansion of Punishment and the Restriction of Justice: Loss of Limits in the Implementation of Retributive Policy", in *Social Research*, 2007, vol. 74, p. 651.

Paul H. Robinson, "Competing Conceptions of Modern Desert: Vengeful, Deontological, and Empirical", in *Cambridger Law Journa*, 2008, vol. 67, pp. 145-146.

D. Polezzi, I. Daum, E. Rubaltelli, L. Lotto, C. Civai, G. Sartori et al., "Mentalizing in economic decision-making", in *Behavioural Brain Research*, 2008, vol. 190, issue. 2, pp. 218-223.

Paul H. Robinson, *Intuitions of Jutice and the Utility of Desert*, Oxford: Oxford University Press, 2013.

M. A. S. Boksem & D. De Cremer, "Fairness concerns predict medial frontal negativity amplitude in ultimatum bargaining", in *Social Neuroscience*, 2010, vol. 5, issue. 1, pp. 118-128.

1.2 刑罚功利论

王顺安:《刑罚预防新论——兼议“严打”及其刑罚效益原则》，载《政法论坛》1998年第1期。

王振生:《间接一般预防是刑罚的根本目的》，载《河北法学》2006年第6期。

[美] 马库斯·德克·达博:《积极的一般预防与法益理论——一个美国人眼里的德国刑法学的两个重要成就》，林荫译，载《刑事法评论》2007年第2期。

陈金林:《积极一般预防理论研究》，武汉大学出版社2013年版。

Edwin Pwers and H. L. Witmer, *An Experiment in the Prevention of Delinquency*, New York: Columbia University Press, 1951.

Helen L. Witmer and Edith Tufts, *The Effectiveness of Delinquency Prevention Programs*, Washington, D. C.: Children's Bureau, U. S. Department of Health, Education, and Welfare, 1954.

Nathan Azaran, "Fixed Ratio Punishment", in *Journal of the Experimental Analysis of Behavior*, 1963, vol. 6, p. 141.

Daniel Glaser, *The Effectiveness of a Prison and Parle System*, Indianapolis: Bbbs - Merrill, 1964.

John Conrad, *Crime and Its Correction*, Berkeley: University of California Press, 1965.

Price-Lapedis, "Jail Inmates Also Are People Who Need People", in *Federal Probation*, September, 1965.

Walter C. Bailey, "Correctional Outcome: An Evaluation of 100 Reports," in *Journal of Criminal Law, Criminology, and Police Science*, 1966, vol. June, pp. 156-157.

David Street, Robert D. Vinter and Charles Perrow, *Organization of Treatment*, New York: Free Press, 1966.

President's Commission on Law Enforcement and Administration of Justice, *Juvenile Delinquency and Youth Crime*, Washington, D. C. : U. S. Government Printing Office, 1967.

Martin R. Haskell and Lewis Yablonsky, *Crime and Delinquency*, Chicago: Rand McNally, 1970, p. 467.

Michael Hindelang, "A Learning Theory Analysis of the Correctional Process," in *Issues in Criminology*, 1970, vol. 5, issue. 1, pp. 43-58.

Gene Kassebaum et al., *Prison Treatment and Parole Survival*, New York: John Wiley, 1971.

James Robison and Gerald Smith, "The Effectiveness of Correctional Programs," in *Crime and Delinquency*, 1971, vol. 17, issue. 1, p. 80.

Robert M. Carter, Daniel Glaser, and Leslie T. Wilkins, *Correctional Institutions*, Philadelphia: J. P. Lippincott, 1972.

Jerome Beker and Doris Hyman, "A Critical Appraisal of the California Differential Treatment Typology of Adolescent Offenders", in *Criminology*, 1972, vol. 10, issue. 1, p. 3.

National Advisory Commission on Criminal Justice Standards and Goals, *Corrections*, Washington, D. C. : U. S. Government Printing Office, 1973.

H. L. Ross, "Law, Science, and Accidents", in *The Journal of Legal Studies*, 1973, vol. 2, issue. 1, pp. 1-78.

Robert Martinson, "What works? Questions and answers about prison reform", in *The Public Interest*, 1974, vol. 35, pp. 22-54.

Irvin Waller, *Men Released From Prison*, Toronto: University of Toronto Press, 1974.

Douglas Lipton, Robert Martinson, and Judith Wilks, *Effectiveness of Correctional Treatment: A Survey of Treatment Evaluation Studies*, New York: Praeger, 1975.

Stephen J. Morse, "Twilight of Welfare Criminology: A Reply to Judge Bazelon", in *Southern California Law Review*, 1975, vol. 49, p. 1247.

Frank Zimring, "Punishment and Deterrence: Bad Checks in Nebraska: A Study in Complex Threats", in David Greenberg ed., *Corrections*, 1977, p. 173.

D. Beyleveld, *A Bibliography on General Deterrence Research*, Farnborough, UK: Saxon House, 1980.

Stephen Lande, "An Interresponse Time Analysis of Variable Ratio Punishment", in *Journal of the Experimental Analysis of Behavior*, 1981, vol. 35, p. 55.

H. L. Ross, Richard McCleary, and Thomas Epperlein, "Deterrence of Drinking and Driving in France: An Evaluation of the Law of July 12, 1978", in *Law & Society Review*, 1981, vol. 16, p. 345.

Ehrlich, "On the Usefulness of Controlling Individuals, An Economic Analysis of Rehabilitation, Incapacitation and Deterrence", in *American Economic Review*, 1981, vol. 71, p. 307.

Steven Shavell, "Criminal Law and the Optimal Use of Nonmonetary Sanctions as a Deterrent", in *Columbia Law Review*, 1985, vol. 85, pp. 1232-1236.

D. A. Andrews, "Does Correctional Treatment Work? A Clinically Relevant and a Psychologically Informed Meta-analysis", in *Criminology*, 1990, vol. 28, p. 369.

Jeffrey Grogger, "Certainty v. Severity of Punishment", in *Economic Inquiry* 1991, vol. 24, p. 297.

Charles Patrick Ewing, "Preventive Detention and Execution: The Constitutionality of Punishing Future Crimes", in *Law and Human Behavior*, 1991, vol. 15, issue. 2, pp. 139-163.

Lucian Bebchuk & Louis Kaplow, "Optimal Sanctions When Individuals Are Imperfectly Informed About the Probability of Apprehension", in *Journal of Legal Study*, 1992, vol. 21, p. 365.

Franklin E. Zimring & Gordon Hawkins, *Incapacitation: Penal Confinement and the Restraint of Crime*, New York: Oxford University Press, 1995.

D. S. Nagin, "Deterrence and incapacitation", in M. H. Tonry ed., *The Handbook of Crime and Punishment*, 1998, p. 345.

Steven D. Levitt, "Why Do Increased Arrest Rates Appear to Reduce Crime: Deterrence, Incapacitation, or Measurement Error?", in *Economic Inquiry*, 1998, vol. 36, p. 353.

Daniel Kessle and Steven D. Levitt, "Using Sentencing Enhacement to Distinguishing Between Deterrence and Incapacitation", in *Journal of Law and Economics*, 1999, vol. 42, p. 343.

Dan M. Kahan, "The Secret Ambition of Deterrence", in *Harvard Law Review*, 1999, vol. 113, pp. 413-414.

Guyora Binder & Nicholas J. Smith, "Framed: Utilitarianism and Punishment of the Innocent", in *Rutgers Law Journal*, 2000, vol. 32, pp. 115-224.

Philip L. Reichel, *Corrections: Philosopies, Practices, and Procedures*, Allyn and Bacon, Boston, 2001.

Yair Listokin, "Effecient Time Bars: A New Rational for the Existence of Statutes of Limitations in Criminal Law", in *Journal of Legal Study*, 2002, vol. 31, p. 99.

David Anderson, "The Deterrence Hypothesis and Picking Pocket at the Pickpocket's Hanging", in *American Law and Economics Review*, 2002, vol. 4, p. 295.

Paul H. Robinson & John M. Darley, "The Role of Deterrence in the Foumulation of Criminal Law Rules: At Its Worst When Doing Its best", in *Georgetown Law Journal*, 2003, vol. 91, p. 949.

Gary Kleck, "Constricted Rationality and the Limits of General Deterrence", in T. Blomberg and S. Cohen eds., *Punishment and Social Control*, New York: Aldine de Gruyter, 2003.

Dhammika Dharmapala & Nuno Garoupa, "Penalty Enhancement for Hate Crimes: An Economic Analysis", in *American Law & Economics Review*, 2004, vol. 6, p. 185.

Paul H. Robinson & John M. Darley, "Does Criminal Law Deter?", in *Oxford Journal of Legal Studies*, 2004, vol. 24, pp. 173-205.

Todd Clear, George F. Cole & Michael Reisig, *American Corrections*, 7th ed., CA: Thomson/Wadsworth, 2006.

D. M. Kennedy, *Deterrence and Crime Prevention: Reconsidering the Prospect of Sanction*, New York: Routledge, 2009.

Curt T. Griffiths, *Canadian Corrections*, Nelson Education Ltd., 2010.

1.3 刑罚

吴荣曾:《试论先秦刑罚规范中所保留的氏族制残余》, 载《中国社会科学》1984年第3期。

陈明华:《当代苏联东欧刑罚》, 中国人民公安大学出版社1989年版。

[美] 理查德·霍金斯、杰弗里·P. 阿尔珀特:《美国监狱制度——刑罚与正义》, 孙晓雳、林遐译, 中国人民公安大学出版社1991年版。

[日] 森下忠:《犯罪者处遇》, 白绿铉等译, 中国纺织出版社1994年版。

邱兴隆:《刑罚理性导论: 刑罚的正当性原论》, 中国政法大学出版社1998年版。

陈兴良,《超越报应主义与功利主义: 忠诚理论——对刑法正当根据的追问》, 载《北大法律评论》1998年第1期。

邱兴隆:《刑罚理性评论: 刑罚的正当性反思》, 中国政法大学出版社1999年版。

邱兴隆、许章润:《刑罚学》, 中国政法大学出版社1999年版。

谢望原:《刑罚价值论》, 中国检察出版社1999年版。

邱兴隆:《关于惩罚的哲学：刑罚根据论》，法律出版社 2000 年版。

钟安惠:《西方刑罚功能论》，中国方正出版社 2001 年版。

翟中东:《刑罚个别化研究》，中国人民公安大学出版社 2001 年版。

马克昌:《刑罚通论》，武汉大学出版社 2002 年版。

[斯洛文尼亚] 卜思天·M. 儒攀基奇:《刑法——刑罚理念批判》，何慧新等译，中国政法大学出版社 2002 年版。

赵秉志:《刑罚总论问题探索》，法律出版社 2003 年版。

邱兴隆:《刑罚的哲理与法理》，法律出版社 2003 年版。

董淑君:《刑罚的要义》，中国政法大学 2003 年博士学位论文。

[英] 凯伦·法林顿:《刑罚的历史》，陈丽红、李臻译，希望出版社 2003 年版。

王世洲:《现代刑罚目的理论与中国的选择》，载《法学研究》2003 年第 3 期。

邱兴隆主编:《比较刑法（第 2 卷）：刑罚基本理论专号》，中国检察出版社 2004 年版。

董淑君:《刑罚的要义》，人民出版社 2004 年版。

谢望原:《欧陆刑罚制度与刑罚价值原理》，中国检察出版社 2004 年版。

吴宗宪:《当代西方监狱学》，法律出版社 2005 年版。

高艳东:《刑事可罚根据论纲》，西南政法大学 2005 年博士学位论文。

韩铁:《刑罚目的的建构与实现》，中国人民公安大学出版社 2005 年版。

侯国云主编:《刑罚执行问题研究》，中国人民公安大学出版社 2005 年版。

袁彬:《刑法的一种心理学分析》，载《刑事法杂志》2005 年第 2 期。

黄立:《刑罚的伦理审视》，人民出版社 2006 年版。

包雯、李玉华等:《21 世纪刑罚价值取向研究》，知识产权出版社 2006 年版。

王立峰:《惩罚的哲理》，清华大学出版社 2006 年版。

加兰:《懲罰與現代社會》，商周出版城邦文化事业股份有限公司 2006 年版。

加兰:《控制的文化：當代社會的犯罪與社會秩序》，巨流图书有限公司 2006 年版。

王云红:《流放的历史》，中国文史出版社 2006 年版。

[法] 米歇尔·福柯:《规训与惩罚》，刘北成、杨远婴译，生活·读书·新知三联书店 2007 年版。

吴宗宪:《西方国家刑罚哲学述评》，载赵秉志主编:《京师法律评论》，北京师范大学出版社 2007 年版。

郑莉芳:《犯罪与刑罚的心理对抗——兼谈刑罚配置的改革路径》，载《西南民族大学学报（人文社科版）》2007 年第 10 期。

高铭暄、赵秉志主编:《刑罚总论比较研究》，北京大学出版社 2008 年版。

王志亮:《外国刑罚执行制度研究》，广西师范大学出版社 2009 年版。

沈海平：《寻求有效率的惩罚——对犯罪刑罚问题的经济分析》，中国人民公安大学出版社 2009 年版。

［澳］迈克尔·R. 达顿：《中国的规制与惩罚——从父权本位到人民本位》，郝方昉、崔洁译，清华大学出版社 2009 年版。

邓文莉：《刑罚配置论纲》，中国人民公安大学出版社 2009 年版。

［美］保罗 H. 罗宾逊：《刑法的分配原则——谁应受罚，如何量刑?》，沙丽金译，中国人民公安大学出版社 2009 年版。

刘晓山：《目的刑论研究》，中国人民公安大学出版社 2010 年版。

李川：《刑罚目的理论的反思与重构》，法律出版社 2010 年版。

李想：《游离于报应与威慑之外：犯罪学视角下刑罚理论的迷失》，载《犯罪研究》2010 年第 2 期。

张小虎：《刑罚论的比较与建构》，群众出版社 2010 年版。

徐久生：《刑罚目的及其实现》，中国方正出版社 2011 年版。

郝方昉：《刑罚现代化研究》，中国政法大学出版社 2011 年版。

蔡一军：《刑罚配置的基础理论研究》，中国法制出版社 2011 年版。

薛静丽：《刑罚权的动态研究》，山东大学 2011 年博士学位论文。

胡志军：《刑罚功能新论》，山东大学 2011 年博士学位论文。

吴宗宪主编：《中国刑罚改革论》，北京师范大学出版社 2011 年版。

何秉松主编：《全球化时代犯罪与刑罚新理念》，中国民主法制出版社 2011 年版。

A. C. Ewing, *The Morality of Punishment*, London: Kegan Paul, Trench, Trubner & Co., Ltd., 1929.

J. D. Mabbott, "Punishment", in *Mind*, 1939, vol. 48, issue. 190, pp. 152-167.

Robert Ervin Gahringer, "Punishment as Language", in *Ethics*, 1960, vol. 76, pp. 46-48.

Edmund L. Pincoffs, *The Rational of Legal Punishment*, New York: Humanities Press, 1966.

Antony Flew, "The Justification of Punishment", in H. B. Action ed., *The Philosophy of Punishment*, 1969.

S. E. Grupped., *Theory of Punishment*, Bloomington, Ind.: Indiana University Press, 1971.

Gertrude Ezorksy, *Philosophical Perpectives on Punishment*, State University of New York Press, 1972,

Norval Morris, "The Future of Imprisonment: Towards a Punitive Philosophy", in Michigen Law Review, 1974, vol. 72, pp. 1161-1174.

Norval Morris, *The Future of Imprisonment*, Chicago: University of Chicago Press, 1974.

Ernest Van Den Haag, *Punishing Criminals: Concerning a Very Old and Painful Question*, New York: Basic Books, 1975.

Arthur W. Campbell, *Law of sentencing*, CB Callaghan, 1978.

Andrew von Hirsch, *Doing Justice: The Choice of Punishments*, New York: Hill and Wang, 1976.

Philip Bean, *Punishment*, Oxford: Martin Robertson & Company Ltd., 1981.

Stanley A. Cohen, "An Introduction to the Theory, Justifications and Modern Manifestation of Criminal Punishment", in *McGill Law Journal*, 1981, vol. 27, p. 73.

Richard Wasserstrom, "Capital Punishment as Punishment: Some Theoretical Issues and Objections", in *Midwest Studies in Philosophy*, 1982, vol. 7, pp. 475-478.

George Gescheider, Edgar Catlin & Anne Fontana, "Psychophysical Measurement of the Judged Seriousness of Crimes and Severity of Punishments", in *Bulletin of the Psychonomic Society*, 1981, vol. 19, pp. 275-278.

Andrew von Hirsch, "Neoclassism, Proportionality, and the Rationale for Punishment: Thoughts on the Scandinavian Debate", in *Crime and Delinquency*, 1983, vol. 29.

Peter Spierenburg, *The Spectacle of Suffering*, Cambridge University Press, 1984.

Jean Hampton, "The Moral Education Theory of Punishment", in *Philosophy & Public Affairs*, 1984, vol. 13, issue. 3, pp. 208-238.

H. L. A. Hart, *Punishment and Responsibility*, New York: Oxford University Press, 1986.

Duff, *Trials and Punishment*, Cambridge: Cambridge University Press, 1986.

Andrew von Hirsch, *Past or Future Crime: Deservedness and Dangerousness in the Sentencing of Criminals*, New Bruck and London: Rutgers University Press, 1987.

N. Lacey, *State Punishment*, London: Routledge, 1988.

Samuel Pillsbury, "Emotional Justice: Moralizing the Passions of Criminal Punishment", in *Cornell Law Review*, 1989, vol. 74, pp. 655-663.

Igor Primoratz, *Justifying Legal Punishment*, Atlantic Highlands: Humanities Press International, 1989.

Norval Morris & Michael Tonry, *Between Prison and Probation*, 1990.

David Garland, *Punishment and Modern Society: a Study in Social Theory*, Oxford: Clarendon Press, 1990.

Adam J. Hirsch, *The Rise of the Penitentiary: Prison and Punishment in Early America*, New Haven: Yale University Press, 1992.

Jean Hampton, "Correcting Harms versus Righting Wrongs: the Goal of Retribution", in *UCLA Law Review*, 1992, vol. 39, pp. 201-244.

DennisStevens, "The Depth of Imprisonment and Prisoniztion: Levels of Security and Prisoners' Anticipation of Future Violence", in *Howard Journal of Criminal Justice*, 1994, vol. 33, pp. 137-157.

Robert Harlow, John M. Darley & Paul H. Robinson, "The Severity of Intermediate Penal Sanctions: Psychophysical Scaling Approach for Obtaining Community Perceptions", in *Journal of Quantitative Criminology*, 1995, vol. 11, pp. 71-95.

Isaac Ehrlich, "Crime, Punishment and the Market of Offenses", in *Journal of Economic Perspectives*, 1996, vol. Winter, p. 43.

R. A. Duff, "Penal Communications: Recent Work in the Philosophy of Punishment", in *Crime & Justice*, 1996, vol. 20, pp. 1-7.

M. Matravers, *Punishment and Political Theory*, Oxford: Hart, 1999.

Alan Norrie, *Punishment*, *Responsibility and Justice*, London: Butterworths, 2000.

Georg Rusche and Otto Kirchheimer, *Punishment and Social Structure*, New Brunswick: Transaction Publishers, 2003.

Paul H. Robinson & Barbara Spellman, "Sentencing Decisions: Matching the Decisionmaker to the Decision Nature", in *Columbia Law Review*, 2005, vol. 105, pp. 1124-1161.

Michael Tonry, "Obsolescence and Immanence in Penal theory and Policy", in *Columbia Law Review*, 2005, vol. 105, p. 1264.

Maria José Falcón y Tella & Fernando Falcón y Tella, *Punishment and Culture*, Leiden, Boston: Martinus Nijhoff Publishers, 2006.

David Boonin, *The Problem of Punishment*, New York: Cambridge University Press, 2008.

Andrew von Hirsch, Andrew Aashworth & Julian Roberts, *Principled Sentencing*, Third Edition, Oxford and Portland: Hart Publishing, 2009.

Curt T. Griffiths, *Canadian Corrections*, Nelson Education Ltd. , 2010

1.4 刑事法律科学

胡政之:《刑律原论》，右文社中华民国三年（1914年）发行。

江镇三:《新刑法总论》，会文堂新记书局民国二十四年（1935年）发行。

［日］森武夫:《犯罪心理学》，邵道生译，知识出版社1982年版。

林山田:《犯罪问题与刑事司法》，台湾商务印书馆1982年版。

［苏］A. A. 皮昂特科夫斯基等:《苏联刑法科学史》，曹子丹等译，法律出版社1984年版。

［英］J. W. 塞西尔·特纳:《肯尼刑法原理》，王国庆等译，华夏出版社1989年版。

［意］恩里科·菲利:《犯罪社会学》，郭建安译，中国人民公安大学出版社1990年版。

［日］木村龟二主编:《刑法学词典》，顾肖荣、郑树周等译，上海翻译出版公司1991

年版。

陈兴良:《刑法哲学》，中国政法大学出版社 1992 年版。

李海东主编:《日本刑事法学者》，法律出版社、成文堂 1995 年版。

江振良:《中国历代刑法》，香港东方时代出版社 1995 年版。

谢瑞智:《犯罪与刑事政策》，台北文笙书局 1996 年版。

周良沱:《犯罪效益》，载《青少年犯罪研究》1997 年第 4 期。

[德] 克劳斯·罗克辛:《德国刑法学 总论》(第 3 版)，王世洲译，法律出版社 1997 年版。

赵秉志主编:《海峡两岸刑法总论比较研究》（下卷)，中国人民大学出版社 1999 年版。

张明楷:《外国刑法纲要》，清华大学出版社 1999 年版。

曲新久:《刑法的精神与范畴》，中国政法大学出版社 2000 年版。

卢建平:《社会防卫思想》，载高铭暄、赵秉志主编:《刑法论丛》，法律出版社 2000 年版。

[德] 弗兰茨·冯·李斯特:《德国刑法教科书》，徐久生译，法律出版社 2000 年版。

《刑事思潮之奔腾——韩忠谟教授纪念论文集》，财团法人韩忠谟教授法学基金会 2000 年版。

何秉松主编:《刑法教科书》(上卷)，中国法制出版社 2000 年版。

[英] J. C. 史密斯、B. 霍根:《英国刑法》，李贵方等译，法律出版社 2001 年版。

陈兴良:《本体刑法学》，商务印书馆 2001 年版。

刘英奎、张小乐:《野蛮的文明——历代刑法》，辽海出版社 2001 年版。

[日] 野村稔:《刑法总论》，全理其、何力译，法律出版社 2001 年版。

[日] 牧野英一:《日本刑法通义》，陈承泽译，中国政法大学出版社 2003 年版。

[日] 大塚仁:《刑法概说（总论）》(第 3 版)，冯军译，中国人民公安大学出版社 2003 年版。

马克昌:《比较刑法原理——外国刑法学总论》，武汉大学出版社 2002 年版。

马克昌主编:《近代西方刑法学说史略》，中国检察出版社 2004 年版。

王觐:《中华刑法论》，中国方正出版社 2005 年版。

朱颖:《犯罪新闻报道的文化问题之比较》，载《国际新闻界》2005 年第 5 期。

吴宗宪:《西方犯罪学》(第 2 版)，法律出版社 2006 年版。

[日] 西田典之:《日本刑法总论》，刘明祥、王昭武译，中国人民大学出版社 2007 年版。

[日] 大谷实:《刑法总论》(新版第 2 版)，黎宏译，中国人民大学出版社 2008 年版。

陈子平:《刑法总论》，中国人民大学出版社 2009 年版。

[美] 迈克尔·戈特弗里德森、特拉维斯·赫希:《犯罪的一般理论》, 吴宗宪、苏明月译, 中国人民公安大学出版社 2009 年版。

赵秉志主编:《英美刑法学》(第 2 版), 科学出版社 2010 年版。

[德] 安塞尔姆·里特尔·冯·费尔巴哈:《德国刑法教科书》(第 14 版), 徐久生译, 中国方正出版社 2010 年版。

[日] 庄子邦雄:《近代刑法思想史序说——费尔巴哈和刑法思想史的近代化》, 李希同译, 中国检察出版社 2010 年版。

张明楷:《刑法学》(第 4 版), 法律出版社 2011 年版。

林钰雄:《新刑法总则》, 台湾元照出版有限公司 2011 年版。

周振杰:《日本刑法思想史研究》, 中国法制出版社 2013 年版。

宋远升、高玉冰:《犯罪新闻报道的双向效果与少年犯罪》, 载《犯罪研究》2013 年第 3 期。

James F. Stephen, *A History of the Criminal law of England*, Macmillan, 1883.

Francis A. Allen, *The Borderland of Criminal Justice*, University of Chicago Press, 1964.

James Q. Wilson, *Thinking About Crime*. New York: Basic Books, 1975.

David Bazelon, "The Morality of Criminal Law", in *Southern California Law Review*, 1975, vol. 49, p. 385.

C. Ray Jeffery, *Crime Prevention Through Environmental Design*, Beverly Hills & London: Sage Publications, 1977.

Richard A. Posner, "An Economic Theory of the Criminal Law", in *Columbia Law Review*, 1985, vol. 85, p. 1193.

Wayne R. LaFave & Austin W. Scott Jr, *Substantive Criminal Law*, 1986.

Floyd Feeny & Robbers, "The Reasoning criminal : Rational Choice Perspectives on Offending", 58*David Cornish & Ronald Clarke*, 1986.

Valerie P. Hans, "An Analysis of Public Attitudes Toward the Insanity Defense", in *Criminology* , 1986, vol. 24, pp. 393-406.

Jeffrie G. Murphy & Jean Hampton, *Forgiveness and Mercy*, Cambridge University Press, 1988

Anthony Duff, *Philosophy and the Criminal Law*, Cambridge: Cambridge University Press, 1988.

Charles Torcia, *Wharton's Criminal Law*, Clark Boardman Callaghan, 1989.

Michael R. Gottfredson, Travis Hirschi, *A Genral Theory of Crime*, Stanford University Press, 1990.

R. A. Duff, *Intention, Agency and Criminal Liability*, Oxford: Blackwell, 1990.

Paul H. Robinson, "The Role of Harm and Evil in Criminal Law: A study in Legislative Deception", in *Journal of Contemporary Legal Issues*, 1994, vol. 5, pp. 299–322.

John M. Darley, Catherine Sanderson & Peter LaMantia, "Community Standards for Defining Attempt: Inconsistencies With the Model Penal Code American Penal Code", in *American Behavioral Science*, 1996, vol. 39, p. 405.

Steven D. Levitt, "The Effect of Prison Population Size on Crime Rates: Evidence from Prison Overcrowding Litigation", in *The Quarterly Journal of Economics*, 1996, vol. 111, p. 319.

Tomas J. Philipson & Richard A. Posner, "The Economic Epidemiology of Crime", in *Journal of Law and Economy*, 1996, vol. 39, p. 405.

David P. Farrington, "Human Development and Criminal Careers", in Mike Maguire, Rod Morgan & Robert Reiner ed., *Oxford Handbook of Criminology*, 2nd ed., 1997.

L. Farmer, *Criminal Law, Tradition and Legal Order*, Cambridge: Cambridge University Press, 1997.

P. Rush, S. McVeigh and A. Young, *Criminal Legal Doctrine*, Dartmouth: Aldershot, 1997.

Richard S. Murphy & Erin A. O'Hara, "Mistake of Federal Criminal Law: A Study of Coalitions and Costly Information", in *Supreme Court Economic Review*, 1997, vol. 5, p. 217.

I. Dennis, "The Critical Condition of Criminal Law", in *Current Legal Problem*, 1997, vol. 50, p. 213.

Mike Maguire, Rod Morgan and Robert Reiner eds., "Human Development and Criminoal Careers", in *Oxford Handbook of Criminology*, 2nd ed., 1997.

Ian Ayres & Steven D. Levitt, "Measuring Positive Externalities from Unobservable Victim Precaution: An Empirical Analysis of Lojack", in *The Quarterly Journal of Economics*, 1998, vol. 113, p. 43.

Steven D. Levitt & Sudhir Alladi Venkatesh, "An Economic Analysis of a Drug–Selling Gang's Finances", in *The Quarterly Journal of Economics*, 2000, vol. 5, p. 755.

Lance Lochner, *A Theoretical and Empirical Study of Individual Perceptions of the Criminal Justice System*, Rochester Ctr. For Econ. Research Working Paper Issue. 483 (June 2001).

John M. Darley, Kevin M. Carlsmith & Paul H. Robinson, "The Ex Ante Function of the Criminal Law", 35 *Law and Society Review*, 165, 2001.

Paul H. Robinson & Michael T. Cahill, *Law Without Justice*, Oxford University Press, 2003.

Richard J. Bonnie, Anne M. Coughlin, John C. Jeffries Jr. & Peter W. Low, *Criminal Law*, 2nd ed., New York: Foundation Press, 2004.

Markus D. Dubber & Mark G. Kelman, *American Criminal Law: Cases, Statutes, and Comments*, New York: Foundation Press, 2005.

Joseph G. Cook, Linda Malone, Paul Marcus & Geraldine Szott Moohr, *Criminal Law*, revised sixth ed. , Lexis Nexis, 2009.

John Kaplan, Robert Weisberg, Guyora Binder, *Criminal Law*: *Cases and Materials*, Aspen Publishers, 2008.

Stephen A. Saltzburg, *Criminal Law*: *Cases and Materials*, Matthew Bender & Company, Inc. , 2009.

Joshua Dressler, *Criminal Law*, 5th ed. , Thomson/Reuter, 2009.

Joshua Dressler, *Understanding Criminal Law*, Matthew Bender & Company, Inc. , 2009.

Richard G. Singer & John Q. La Fond, *Criminal Law*, 5th ed. , Aspen Publishers, 2010.

2. 综合文献

2.1　法学

瞿同祖:《中国法律与中国社会》，中华书局 1981 年版。

法学教材编辑部《西方法律思想史编写组》编:《西方法律思想史资料选编》，北京大学出版社 1983 年版。

［美］约翰·罗尔斯:《正义论》，何怀宏等译，中国社会科学出版社 1988 年版。

［德］康德:《法的形而上学原理——权利的科学》，沈叔平译，商务印书馆 1997 年版。

［美］哈罗德·J. 伯尔曼:《法律与革命——西方法律传统的形成》，贺卫方等译，中国大百科全书出版社 1993 年版。

［德］黑格尔:《法哲学原理》，范扬、张企泰译，商务印书馆 1996 年版。

［美］迈克尔·D. 贝勒斯:《法律的原则——一个规范的分析》，张文显等译，中国大百科全书出版社 1996 年版。

张寿民:《俄罗斯法律发达史》，法律出版社 2000 年版。

《世界著名法典汉译丛书》编委会:《汉穆拉比法典》，法律出版社 2000 年版。

张文显、于宁:《当代中国法哲学研究范式的转换——从阶级斗争范式到权利本位范式》，载《中国法学》2001 年第 1 期。

［德］H. 科殷:《法哲学》，林荣远译，华夏出版社 2002 年版。

［美］霍贝尔:《原始人的法: 法律的动态比较研究》，严存生等译，法律出版社 2006 年版。

［美］小奥利弗·温德尔·霍姆斯:《普通法》，冉昊、姚中秋译，中国政法大学出版社 2006 年版。

［美］加里·S. 贝克尔:《人类行为的经济分析》，王业宇、陈琪译，格致出版社、上

海三联书店、上海人民出版社 2008 年版。

［爱尔兰］约翰·莫里斯·凯利:《西方法律思想简史》，王笑红译，法律出版社 2010 年版。

［德］米夏埃尔·帕夫利克:《人格体 主体 公民：刑罚的合法性研究》，谭淦译，中国人民大学出版社 2011 年版。

Eugenii Bronislavovich Pashukanis, *General Theory of Law and Marxism*, London: Ink Links, 1978.

John Rawls, "Two Concepts of Rules", in *The Philosophical Review*, 1995, p. XIV.

2.2 哲学社会科学

［德］恩格斯:《家庭、私有制和国家的起源》，载《马克思恩格斯选集》（第 4 卷），人民出版社 1972 年版。

［美］路易斯·亨利·摩尔根:《古代社会》（上册），杨东莼、马雍、马巨译，商务印书馆 1977 年版。

吕思勉:《吕思勉读史札记》，上海古籍出版社 1982 年版。

《列宁全集》（第 2 版），人民出版社 2017 年版。

［美］罗维:《初民社会》，吕叔湘译，商务印书馆 1987 年版。

［美］莫蒂默·艾德勒、查尔斯·范多伦编:《西方思想宝库》，《思想思想宝库》编委会译，吉林人民出版社 1988 年版。

［古希腊］亚里士多德:《尼各马科伦理学》，苗力田译，中国社会科学出版社 1990 年版。

［古希腊］柏拉图:《柏拉图全集》，王晓朝译，人民出版社 2003 年版。

［德］康德:《道德的形而上学原理》，苗力田译，世纪出版集团、上海人民出版社 2005 年版。

［法］爱弥尔·涂尔干:《道德教育》，陈光金等译，上海人民出版社 2006 年版。

［美］加里·S. 贝克尔:《人类行为的经济分析》，王业宇、陈琪译，格致出版社、上海三联书店、上海人民出版社 2008 年版。

［英］霍布浩思:《社会正义论》，胡泽译，商务印书馆 1935 年版。

［英］密尔:《论自由》，商务印书馆 1982 年版。

H. Rashdall, *The Theory of Good and Evil*, 2nd ed., Oxford: Clarendon Press, 1924.

F. H. Bradley, *Ethical Studies*, Oxford University Press, 1927.

D. Daiches Raphael, *Moral Judgement*, London: George Allen & Unwin Ltd., 1955.

R. L. Franklin, *Freewill and Responsibility*, London: Routledge, 1978.

W. D. Ross, *The Right and the Good*, Clarendon Press, 2002, pp. 56-64.

图书在版编目（CIP）数据

刑罚原理纲要/金翼翔著.—北京：中国政法大学出版社，2019.10
ISBN 978-7-5620-9270-4

Ⅰ.①刑…　Ⅱ.①金…　Ⅲ.①刑罚－理论研究　Ⅳ.①D914.04

中国版本图书馆CIP数据核字(2019)第229156号

出版者　中国政法大学出版社
地　址　北京市海淀区西土城路25号
邮寄地址　北京100088信箱8034分箱　邮编100088
网　址　http://www.cuplpress.com (网络实名：中国政法大学出版社)
电　话　010-58908289(编辑部) 58908334(邮购部)
承　印　固安华明印业有限公司
开　本　720mm×960mm　1/16
印　张　14.5
字　数　245千字
版　次　2019年10月第1版
印　次　2019年10月第1次印刷
定　价　55.00元